湛江港船舶引航

朱建平　席永涛　编

编委会

主　　任	朱建平　席永涛
副 主 任	梁　飞　黄钻升　吴公保
秘　　书	庄盛发
编　　委	朱建平　梁　飞　黄钻升　吴公保
	张映锡　庄盛发　雷明光　卢一肇
	李祖飞　吴铸澎　李　俊　伍　波
	代凤银　吕玉节　郑炎伟　陈小婕
	李华杰　胡甚平　席永涛　轩少永
	张欣欣

序

  中国特色社会主义进入新时代,这是我国发展的新的历史方位。新时代是中华民族走向现代化强国的历史新时期,是科学社会主义在世界社会主义运动史上焕发强大生机活力的历史新时期,是中国特色社会主义开辟现代化新路径,为解决人类问题贡献中国智慧和中国方案、不断为人类做出更大贡献的历史新时期。新时代的港口引航是一门传统的载运技术,更是一门不断创新的航海科学技术。

  引航技术是面向船舶的载运科学。大型化、多样化、绿色化、智能化的趋势成就了新的科技交通工具。船舶的大型化趋势日渐加快,尤其是散货船和集装箱船舶,从 21 世纪初的 15 万吨级和 4 000 标箱迅速发展到目前的 40 万吨级和 24 000 标箱,船舶主尺度大幅增加,其操纵性能、通航能力、安全作业要求也发生了质的变化。船舶的多样化首先是种类的多样化和专门化,而在港口生产中,大型豪华邮轮、液化天然气船、超大型油船、超大型散货船、大型海工作业平台等的引航作业已呈常态化。船舶的绿色化改变了船舶的传统动力燃料,清洁能源的利用与发展深刻影响着船舶的操作要求。船舶的智能化提高了船舶的自动化水平,新仪器、新设备的大量涌现,数字船舶、信息船舶逐步成为港口生产的主体组成部分。因此,面向船舶,新时代的引航技术将传统技术和科学创新融合在一起,需要在引航实践经验总结的基础上,进行技术创新、迭代,并以科学技术知识的形式加以传承。

  引航技术是面向环境的工程工业体系。港口建设发展需要一定的自然条件,优越的地理位置、广阔的水陆域、必要的泊位水深、良好的气象等条件是现代码头长期充满活力的必要保证,也与引航安全息息相关。港口的蓬勃发展推动了经济发展,但也给水上交通带来了重重压力,交通的密集度、交通秩序的有效管理极大地影响了通航效率和安全。港口信息化的大趋势缔造了一个全新的通航环境。地理信息系统和数字海洋平台,互联网与船舶识别系统的融合,可以实时地为引航作业提供数字化的工作环境信息,但安全引航精度要求也越来越高,智能化引航已成为港口管理的技术需求和发展趋势。

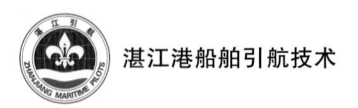

引航技术是面向行业人员的能力体系。新时代的引航工作是由引航员参与下的系统人机工程。传统和创新并存，时代发展和实践积累融通，船舶营运人员不断精进实践技术，引航行业密切关注作业人员的人文特性。人为因素是最具活力和弹性、最具适应力的，但也是最容易受到影响的因素。探索"专业、技能、知识、责任"四位一体的引航员适任能力体系，是引航技术发展的核心。随着科学理论和工程技术的发展，引航员需要建立更加全面的情境意识，确立及时发现和中断安全事故链发展的适任能力体系，这不仅是新时代引航技术发展的要求，更是新时代引航创新的价值。

湛江港，旧称"广州湾"，居粤、桂、琼之地的中心位置，是中国西南、华南地区货物水运进出口的主要通道，素以"大、深、阔、掩护好"而闻名，是中国大陆通往东南亚、非洲、欧洲、大洋洲航程最短的重要港口，港口发展历史悠久。新世纪以来，湛江港引航站为适应港口经济发展的需要，根据湛江港水域条件，结合船舶性能特点，积极开拓创新，使引航技术水平有了很大提高。湛江港精湛的引航技术是湛江港几代引航人不断实践积累和科学创新的成果，在港口发展中发挥了积极作用，也取得了巨大成就，打造成就了一个完全适配世界一流大港发展的先进引航技术体系，尤其是在超大型矿船、油船的引航方面卓有建树。

不忘初心，不负韶华。竭力为全面实施海洋强国战略、加快建设海洋强省、打造世界一流强港贡献集体的引航智慧！谨希望以《湛江港船舶引航技术》的编撰为契机，把航运需求作为引航发展与创新的动力，始终以精湛的引航技术和优良的服务意识挑起港口生产大梁，并积极承担社会责任，"引万船来仪，送舟行天下"，继续为港口经济引航，为贸易安全担当，为"可持续发展港口十强"建设贡献引航智慧和力量。

是为序。

薛一东

中国引航协会会长

前　言

湛江港位于中国大陆最南端的广东省雷州半岛东北部的湛江湾内,是我国沿海对外开放的主要港口之一。湛江港素以天然深水良港著称,港湾周围岛屿环绕,形成天然屏障,港内水深浪静,水域广阔。湛江港居于粤、桂、琼沿海的中心位置,东临南海,南望海南岛、西靠北部湾,北倚大西南,是中国西南、华南地区货物进出口的主要通道,也是中国通往东南亚、非洲、欧洲等地区航程最短的港口。其经济腹地辽阔,包括云南、贵州、四川、广西、湘西及粤西等地区,资源丰富,交通发达。

湛江港是我国沿海主要港口和综合运输体系的重要枢纽。根据《广东省港口布局规划(2021—2035)》,到2025年,湛江港基本建成粤西地区枢纽港,以能源、原材料、集装箱和跨海峡客货运输为主,积极拓展邮轮客运功能,大力拓展商贸物流、保税服务和航运服务等综合服务功能。

多年来,湛江港引航站根据湛江港的建设和发展,通过引航实践、理论梳理和总结,形成了具有湛江特色的船舶引航技术。这些引航技术实践与理论研究的综合成果,能够克服"师傅带徒弟"传统模式下口口相传进行引航技术教育输出的弊端,为传承湛江港引航站引航员培养提供一本满足实际需求的书面引航教材,同时也为引航员或其他航海技术人员提供参考和帮助。

本书将湛江港的引航环境与多年来的实践经验和理论成果有机融合,全书共分8章:第1章介绍湛江港港口与引航概况;第2章介绍湛江港气象水文、航道、引航服务、通航管理和港口服务的基本情况;第3章按照从外到内的顺序阐述不同航段的航法;第4章阐述大小和种类不同的船舶的靠离泊技术;第5章描写不同船舶的锚泊技术;第6章描写湛江港特殊船舶的引领技术;第7章阐述湛江港引航应急技术;第8章阐述雷州港区的船舶引航技术。本书信息更新至2022年7月。

全书由湛江港引航站与上海海事大学合作编写,由朱建平正高级引航员、席永涛教授策划、统稿和编写。湛江港引航站梁飞、黄钻升、吴公保、张映锡、庄盛

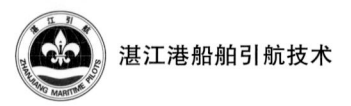

发、雷明光、卢一肇、李祖飞、吴铸澎、李俊、伍波、代凤银、吕玉节、郑炎伟、陈小婕、李华杰，上海海事大学胡甚平、席永涛、轩少永、张欣欣等参与技术分析和内容撰写。

本书在编写过程中得到了多个单位和人员的支持和帮助，在此表示衷心感谢！中国引航协会薛一东会长、陈建华副会长、陆悦铭秘书长对本书的编写进行了指导，湛江港集团陈艺忠提供了多张展现湛江港引航风采的照片，在此一并表示感谢。

读者在阅读或使用本书时应注意参考其他最新资料。书中所述航行、靠离泊和应急等方法仅供参考，实际操作需要根据当时的环境和条件进行适当调整。

鉴于篇幅和资料受限、作者水平有限、时间仓促等原因，本书难免存在不足之处，请读者和学者批评指正。

目　录

第1章　港口与引航概况 ··· 1
1.1　港口概况 ··· 2
1.1.1　港口现状 ··· 2
1.1.2　港界 ··· 3
1.1.3　港口功能区划 ··· 3
1.2　引航概况 ··· 5

第2章　港口引航环境 ··· 11
2.1　气象水文条件 ··· 12
2.1.1　气象 ··· 12
2.1.2　水文 ··· 16
2.1.3　地质 ··· 19
2.2　港口地理条件 ··· 20
2.2.1　进出港航道 ··· 20
2.2.2　锚地 ··· 22
2.2.3　各港区和泊位 ··· 26
2.2.4　导助航设施 ··· 34
2.3　引航服务 ··· 35
2.4　交通管理 ··· 36
2.4.1　水上交通安全管理部门 ································· 36
2.4.2　监管设施 ··· 36
2.4.3　管理分区 ··· 36

  2.4.4 通信联系 ·· 38
  2.4.5 特殊规定和区域 ································ 39
 2.5 港口服务 ··· 42
  2.5.1 拖船服务 ·· 42
  2.5.2 代理服务 ·· 43

第3章 航道引航技术 ·· 45

 3.1 30万吨级航道航法 ···································· 46
  3.1.1 龙腾航道外段 ···································· 46
  3.1.2 龙腾航道内段 ···································· 49
  3.1.3 南三岛西航道 ···································· 51
  3.1.4 东石航道 ·· 53
  3.1.5 东头山航道 ······································ 55
 3.2 7万吨级航道航法 ····································· 58
  3.2.1 麻斜航道 ·· 58
  3.2.2 麻斜西航道 ······································ 60
  3.2.3 莫烟楼航道 ······································ 62
  3.2.4 莫烟楼西航道 ···································· 64
  3.2.5 调顺南航道 ······································ 65
  3.2.6 霞海航道 ·· 67
  3.2.7 调顺岛港区港池航道 ···························· 69
 3.3 进出港其他航段航法 ·································· 72
  3.3.1 斗龙村东航道和龙水岭航道 ···················· 72
  3.3.2 斗龙村北航道 ···································· 73
  3.3.3 南三岛南航道 ···································· 75
 3.4 各港区支航道航法 ···································· 77
  3.4.1 宝钢综合码头支航道 ···························· 77
  3.4.2 中科顺岸码头支航道 ···························· 78
  3.4.3 宝满港区支航道 ································· 79

         3.4.4 207#~209#成品油码头支航道 …………………………… 81
         3.4.5 电厂码头支航道 …………………………………………… 82

第4章 船舶靠离泊技术 …………………………………………………… 85
4.1 中小型船舶靠离泊作业 ……………………………………………… 86
     4.1.1 小型船舶空载靠泊操纵 …………………………………… 86
     4.1.2 小型船舶单拖船靠泊操纵 ………………………………… 89
     4.1.3 小型船舶单拖船离泊操纵 ………………………………… 91
     4.1.4 小型船舶空载单拖船靠泊 ………………………………… 93
     4.1.5 小型集装箱船单拖船协助靠泊 …………………………… 96
     4.1.6 小型杂货船舶单拖船靠离泊 ……………………………… 99
     4.1.7 小型船舶抛锚单拖船协助靠泊 …………………………… 102
     4.1.8 小型船舶单拖船协助靠离泊操纵 ………………………… 105
     4.1.9 油船双拖船辅助靠离泊操纵 ……………………………… 109
4.2 大中型船舶靠离泊作业 ……………………………………………… 114
     4.2.1 5万吨级船舶靠宝钢931#泊位 …………………………… 114
     4.2.2 7万吨级船舶靠离宝钢综合码头911#泊位 ……………… 116
     4.2.3 10万吨级船舶靠中科L2#泊位 …………………………… 121
     4.2.4 中型集装箱船靠离801#泊位 ……………………………… 124
     4.2.5 5万吨级集装箱船靠802#泊位 …………………………… 128
     4.2.6 7万吨级散货船靠401#~402#泊位 ……………………… 130
     4.2.7 7万吨级船舶离401#~402#泊位 ………………………… 133
     4.2.8 巴拿马型船舶靠湛江电厂码头 …………………………… 135
     4.2.9 巴拿马型船舶离湛江电厂码头 …………………………… 139
4.3 超大型船舶靠离泊作业 ……………………………………………… 141
     4.3.1 超大型重载船舶靠宝钢901#泊位 ………………………… 141
     4.3.2 超大型重载船舶靠宝钢902#泊位 ………………………… 144
     4.3.3 超大型空载船舶离宝钢902#泊位 ………………………… 147
     4.3.4 30万吨级船舶靠离东海岛港区中科炼化L1#泊位 ……… 148

4.3.5　超大型重载船舶靠离 601#泊位 ·· 153
　　4.3.6　超大型重载船舶靠 400#泊位 ·· 159
　　4.3.7　超大型重载油船靠 200#泊位 ·· 162
　　4.3.8　超大型油船靠离霞山港区石化码头 210#泊位 ······························ 167
　　4.3.9　海岬型散货船靠离调顺岛港区 300#泊位 ····································· 172

第 5 章　船舶锚泊技术 ··· 179
　5.1　化学品船锚地抛锚 ··· 180
　5.2　重载船舶顶流抛锚（一） ·· 182
　5.3　重载船舶顶流抛锚（二） ·· 184
　5.4　重载船舶顺流抛锚 ··· 186
　5.5　半载船舶顺流抛锚 ··· 188

第 6 章　特殊船舶引航技术 ·· 191
　6.1　无动力船舶进出修船坞操纵 ·· 192
　6.2　无动力船舶系离浮筒 ·· 196
　6.3　大型船舶减载离 601#泊位后靠 405#泊位 ·································· 200
　6.4　大型船舶掉头靠 602#泊位 ·· 205
　6.5　30 万吨级油船重载离泊操纵 ··· 209
　6.6　40 万吨级散货船靠离泊作业 ··· 213
　6.7　超大型船舶满载涨水掉头靠泊 ··· 217
　6.8　超大型船舶微顺流靠泊操纵 ·· 220
　6.9　大型船舶涨潮时段移泊操纵 ·· 224
　6.10　超大型油船引航过程中拖船的运用 ··· 229

第 7 章　船舶航行应急技术 ·· 235
　7.1　船舶应急处置方法 ··· 236
　　7.1.1　船舶搁浅救助措施及脱浅方法 ·· 236
　　7.1.2　船舶碰撞应急措施及救援方法 ·· 241
　7.2　船舶失控应急处置 ··· 246

7.2.1	在航中船舶主机故障应急处置	246
7.2.2	离泊后船舶主机故障应急处置	248
7.3	大型船舶脱浅操作技术	250
7.4	大型船舶搁浅应急救援	254

第8章 雷州港区船舶引航技术 257

- 8.1 雷州港区位置及概况 258
- 8.2 雷州港区引航环境 259
  - 8.2.1 水文气象 259
  - 8.2.2 地理条件 261
  - 8.2.3 港区服务与引航服务 264
- 8.3 电厂码头船舶进出港操纵 265
  - 8.3.1 操纵要求 265
  - 8.3.2 进港靠泊操纵 265
  - 8.3.3 离泊出港操纵 266
  - 8.3.4 靠离泊注意事项 268

附 录 269

- 附录1 湛江港主航道最新水上浮标一览表 270
- 附录2 湛江港岸上导标汇总表 273
- 附录3 湛江港湾内有编号锚地 274
- 附录4 湛江海湾大桥数据 277
- 附录5 湛江港潮流图 278
- 附录6 湛江港海图 282

参考文献 288

第 1 章

港口与引航概况

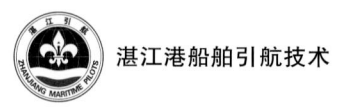

1.1 港口概况

1.1.1 港口现状

湛江港位于广东省西部的湛江市,东出南海,西倚北部湾,南望海南岛,北靠大西南,处于粤、桂、琼三省(区)的结合部。该港北距广州港 301 n mile,香港港 210 n mile,西距北海港 255 n mile,南距海口港 136 n mile,是西南和粤西地区的重要出海口岸,在环北部湾、东南亚及亚太经济圈中均具有极其重要的战略地位。湛江港是我国通往东南亚、中东、非洲、欧洲和大洋洲航程最短的口岸之一,与世界 100 多个国家和地区通航。以湛江港为原点的 1 500 n mile 半径的水域扇形辐射面,涵盖日本、新加坡、韩国、泰国、马来西亚、印度尼西亚、菲律宾等发达国家或新兴工业化国家。

湛江港拥有得天独厚的自然条件,硇洲岛、东海岛和南三岛等岛屿形成了天然屏障,海域宽阔,水深浪静,泥沙回淤少,是国内外著名的天然深水良港,素以"大、深、阔、掩护好"闻名,具备建设一流国际深水大港的潜力。湾域面积 264.9 km^2,其中水域面积 157.9 km^2,水深超过-10 m 等深线的海域面积 16.3 km^2;港湾内自然岸线长达 247 km,是世界第一大港鹿特丹港的 3 倍,目前已经使用岸线 29.15 km,占总数的 11.8%;深水岸线长达 67 km,东海岛 6.5 km 深水岸线大部分自然水深达 26~42 m,适于建设大型原油码头和干散货码头;2021 年,湛江港主航道改扩建工程完成后,湛江港成为华南和西南沿海首个可通航 40 万吨级散货船的港口。

湛江港是集商、渔、军于一体的天然大港,是华南和西南地区出海通道和能源物资、原材料运输的主要中转港。清朝道光年间(1821 年至 1851 年),湛江港逐渐形成"商旅攘熙,舟车辐辏"的商埠;第二次世界大战期间,上海、广州、香港相继沦陷后,湛江港成为当时沿海唯一对外开放的通商口岸;1950 年,湛江市政府开始恢复港口工作;1956 年 5 月 1 日,湛江新港 2 个万吨级泊位及相应设施提前建成投产,是新中国自行设计与建设的第一个现代化大港。经过 60 多年的发展,已建成了石油、矿石、煤炭、化肥、粮食、集装箱等专业化泊位和配套设施。目前湛江港拥有生产性泊位 146 个,港内万吨级以上泊位 42 个,10 万吨以上的泊位 12 个,码头最大靠泊能力 40 万吨级,综合年通过能力达 3.45 亿 t。

1.1.2 港界

湛江港界为下列四连线之范围。

东边线：由硇洲岛东端海头公（20°56′00″N/110°38′00″E）至湛江港灯船（20°56′00″N/110°40′30″E）折向北，经21°06′00″N/110°40′30″E点折向西至南三岛南端20°06′00″N/110°34′30″E点，沿南三岛岸线至南三河口21°11′00″N/110°25′48″E点向北岸安铺角（21°11′24″N/110°26′00″E），经麻斜、莫烟楼、坡头到龙王湾口（21°17′36″N/110°26′18″E），龙王湾北岸西南角（21°18′18″N/110°26′00″E），再沿岸线到新村沙21°21′00″N/110°25′32″E点。

西边线：由硇洲岛西南方的南角沙咀（20°52′42″N/110°33′18″E），经硇洲水道2#灯浮（20°52′54″N/110°31′34″E），经20°55′33″N/110°30′30″E点，沿东海岛岸线经崩塘角、堵海大堤向北经调罗、石头角、湛江港石化码头、霞山港区、长桥码头、海滨宾馆、平乐、霞海、沙湾、过军民大堤沿调顺岛东岸铁路大堤经加隆到北边21°21′00″N纬度线。

北边线：以五里山港的新村沙咀21°21′00″N纬度线为界。

南边线：由硇洲岛西南角的南角沙咀向北沿硇洲岛岸线经淡水、北港、烟楼、斗龙至海头公。

1.1.3 港口功能区划

湛江港贯彻"深水深用，浅水浅用，统一规划，远近结合，综合发展"和"持续发展"的原则，在重点保证港口发展的基础上，建设大型临港工业，并合理安排城市生活及旅游等其他行业对岸线、海域的需求，加强对港区的管理，逐步完善配套设施的建设。

湛江港内各港区位置见图1-1。

湛江港分为调顺岛、霞海、霞山、宝满、东海岛、南三岛和坡头等7个港区，近期以发展散货、油品和矿石运输为主，重点建设宝满港区集装箱码头、霞山港区散（化）货码头、通用码头、油码头，以及东海岛港区大型矿石、原油、煤码头和30万吨级航道改扩建工程，逐步对老港区进行技术改造；开展南三岛、坡头等港区的起步建设。中远期以发展集装箱、石油、散货中转运输为主，续建完成宝满港区集装箱码头、东海岛港区原油、煤炭、矿石专业码头等。

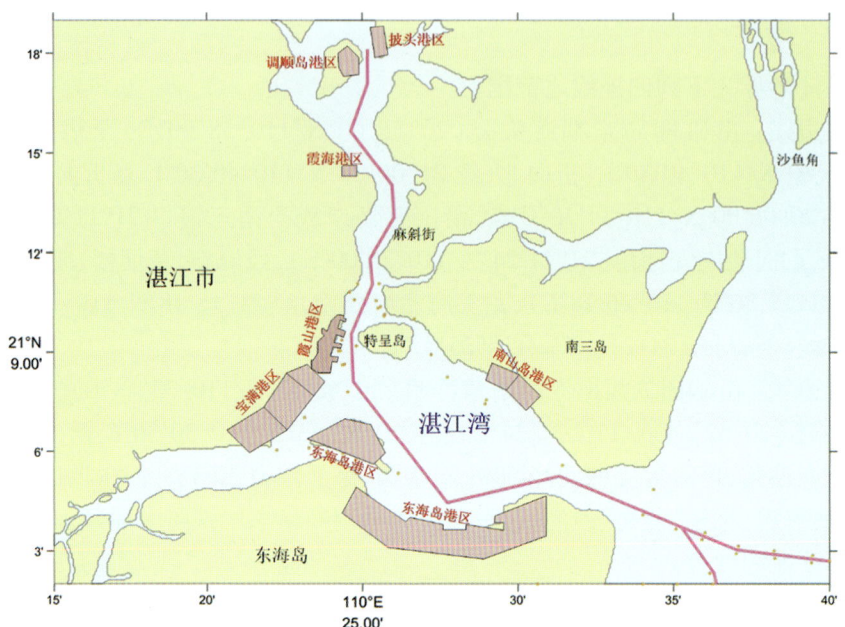

图 1-1　湛江港内各港区位置

1.2 引航概况

湛江港引航站为申请引航的船舶提供湛江港水域航行、移泊、靠(离)泊、进出船坞、船排、系带浮筒、海上过驳、协助遇险船舶脱险等海上各种引航业务。湛江港引航站想港口之所想，急船东货主之所急，为港口、船东、货主提供安全、优质、及时、文明的引航服务。

湛江港引航站以习近平新时代中国特色社会主义思想为指导，坚决贯彻落实党的路线、方针和政策，站领导班子坚守一线，带领一支优秀的引航团队，出色地完成各项生产任务，并顺利圆满地完成了国务院下达的引航体制改革任务，以全新的面貌，为湛江港经济发展保驾护航。湛江港引航站为港口生产提供优质、安全的引航服务，其保障能力、技术水平、安全管理等方面均处于国内领先水平。此外，湛江港引航站行业文明建设也取得了丰硕成果，多次被评为省市先进单位、湛江市口岸文明先进集体，被授予广东省口岸单位共建精神文明先进集体，多人次获得全国优秀引航员、市级优秀党员和先进工作者等称号。

湛江港引航站自1956年开展引航业务以来，已有66年的历史。湛江港引航站为适应港口经济发展的需要，根据湛江港水域条件，结合船舶性能特点，积极开拓创新，使引航技术水平有了很大提高，尤其是在超大型矿船、油船的引航方面卓有建树。

2002年4月27日，长度270 m、吃水16.5 m的15万吨级超大型油船"凯莱"轮，首次成功安全靠泊30万吨级原油码头。

2003年2月14日，湛江港进靠了一艘有史以来最大吨位的油船"亚洲虎"轮。该船长度337 m，吃水14.15 m，载质量27.4万t。

2005年6月9日，湛江港第一次在海上过驳作业，减载船是30万吨级超大型油船"金乐"轮，船长333 m，吃水21.31 m。

2007年1月26日，总长280 m、船宽44 m、吃水仅7.6 m、干舷有16 m多的利比里亚籍的无动力、无锚油驳——"南海胜利"轮，安全顺利地从第一引航锚地经斗龙村北航道拖带进港靠408泊位。

2008年5月26日，30万吨级龙腾航道疏浚完工，吃水达21.13 m、总长327 m的30万吨级希腊籍满载油船"里拉"轮，于当日安全进港靠泊。

2021年6月3日，30万吨级航道改扩建工程完成，湛江港便成功引领开港以来第一艘、也是华南港口第一艘40万吨级散货船"矿石湛江"轮，安全进港靠湛江港 40 万吨级码头,该船为中国香港籍,船长 361.9 m,船宽 65 m,吃水 23.08 m,载质量 399 276.8 t。

随着改革开放和 2000 年湛江港"三大工程"的实施,港口建设取得了跨越式的发展,而随着宝钢湛江钢铁基地和中科炼化项目的全面建成投产,湛江港引航站的引航生产业务得到持续快速发展,并积累了丰富的引航经验,锻炼出一支高素质的引航队伍。引航站内部机构设置比较合理、功能完善、人员配置相对齐全,能为港口引航服务提供全方位的保障。引航站技术力量相对雄厚,在职员工 41 人,引航员 30 人,其中有高级引航员 15 人、一级引航员 8 人、二、三级引航员和助理引航员 7 人。

湛江港引航站以港航总体发展目标为指导,以优质服务和可持续发展为原则,以精心规划和科学论证为依托,力争把湛江港引航站的基础设施建设成为服务高效、功能完善、技术先进、信息发达的立体化引航服务功能平台。近年来,交通车船的舒适性明显提高,引航船队和车队更加适应港口引航业务需求。在 2014 年湛江港引航站开始使用直升飞机接送引航员之前,引航员的海上接送只有引航艇(图 1-2)和引航拖船(图 1-3)。引航艇的演变经历了从新到旧、从慢到快的过程,在玻璃钢引航快艇出来以前,是慢速和残旧的钢制小艇,船速一般在静水中只有 8 kn,新的引航快艇设计船速达 20 kn,大大节省了引航员在接送过程中的时间。引航小艇抗风浪能力小,只能在湾内使用,本港有两艘接送引航员的钢质拖船专门用于湾外水域的引航员接送任务。

图 1-2 引航艇

图 1-3　钢制引航拖船

在引航员接送过程中,不断承受港外大风浪的影响,引航员深刻感受在大风浪中登离船的风险,特别是在攀爬引航软梯的过程中,有时险象环生。为有效解决和消除引航员攀爬引航软梯存在的风险,2006 年开始,湛江港引航站对引航艇或引航拖船上的登离船装置不断进行创新和完善,在引航艇和引航拖船的驾驶台顶层甲板上加装可伸缩踏板(图 1-4),踏板高度离海面约有 9 m,可灵活调整踏板伸出长度,大船的舷梯可以随时调整与踏板在统一水平面,在大船做好下风的情况下,使引航员能便捷地从可活动的引航登离船装置踏上大船准备好的舷梯,实现在大风浪中的安全、快捷、轻松登离船,见图 1-5。

图 1-4　引航艇和引航拖船驾驶台顶可伸缩踏板

图 1-5　利用伸缩踏板装置登离船情况

在港口快速发展过程中,进出港船舶越来越多,现有的引航艇和引航拖船无法满足接送引航员的需求,影响了港口生产。另外,在冬天湾外大风大浪的情况下,用引航拖船接送引航员,在登离船时存在较大的安全隐患。此外,随着引航拖船使用年限增加,主机设备和船况老旧,故障频发,周转困难,影响了船期的及时兑现。为了能更好地保障引航员登离船安全和满足港口生产对引航的需求,2014年9月开始,湛江港引航站与中信海直湛江基地建立合作关系,租用其直升飞机为引航员登离船提供接送服务,实现湛江港引航站接送引航员中的"多式联运"海陆空无缝对接模式,见图 1-6 和 1-7。

图 1-6　直升飞机降落接送方式

图 1-7　直升飞机绞车接送方式

引航员的技术装备主要包括引航导航和监控系统,引航导航系统由笔记本电脑、GPS 定位天线和导航软件组成。根据港口生产的需要,从 2001 年开始,逐步引进精度高、能全天候工作的 DGPS 船舶导航系统;2006 年,与有关科技公司共同开发了新的引航导航系统,并建立本站第一个 AIS 基站,实现对海上船舶实时静动态的全天候监控,有力促进了引航安全和海上船舶的动态交通组织;2012 年,随着抵港船舶的日趋大型化和通航密度的增加,引航距离进一步外延,我们又开发了功能强大的导航和监控系统,导航设备技术性能不断得到优化和提升。

引航信息化建设实现现代化,充分提高引航效率、质量和安全水平,减少引航员的劳动强度和失误率,提高湛江港域引航的国际形象和地位。2005 年,为进一步提高引航服务水平,确保船舶准时、安全、畅达进出港,我们与上海海事大学联合开发了"湛江港引航生产调度和费收"(引航管理系统)和"引航资源保障和机关办公(OA)管理系统","湛江港引航生产调度和费收"使引航业务从引航申请到开票全流程各环节都在网上云端实现。"引航资源保障和机关办公(OA)管理系统"则实现人员和物资等的计算机系统管理,引航站基本实现引航管理办公自动化。2016 年建成我站第二个 AIS 基站,基本实现了全港船舶的监控,可实现任意船舶的远程查询等功能,引航员和客户可随时随地监控船舶(包括船位、航向、航速、船舶资料等实时信息),通过船队在线与调度系统的关联,同时实现船舶动态信息自动推送给协助拖船、码头调度和代理公司,便于拖船、码头调度和代理准确把握船舶动态,协调船舶进港相关业务。2019 年,与大连合一科技公司合作开发了智慧引航系统,引航业务全流程管理实现了智能化管理,代理公司在客户端

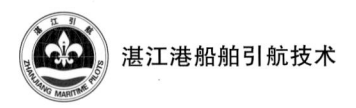

随时随地可以办理引航相关业务,引航业务申请实现零跑腿。同时,电子签证单的应用使沿用了半个多世纪的纸质签证单退出历史舞台。引航站还积极推进引航服务供给侧改革,为广大港航单位提供更安全、更高效、更便捷的引航服务。

湛江港引航站积极参与港口总体布局规划、新码头设计建造和旧码头的技术改造可行性研究、开辟深水航道、水域通航安全的论证和评估,为港口的跨越式发展和地方经济的发展作出了重要贡献,并建立了一套严密、科学而且行之有效的管理体系。不断完善及强化内部管理,壮大引航队伍和培养高素质的引航人才,引航技术水平和服务能力不断上新台阶,更好地满足港航企业各种个性化需求,营造良好的港口营商环境,使抵达湛江港的船长都见证了高水平的引航技术。引航站的创新性技术和服务方式,有力推动了湛江市港口经济发展,为加快建设省域副中心城市和打造现代化沿海经济带的重要发展作出了较大贡献。

第 2 章

港口引航环境

2.1 气象水文条件

2.1.1 气象

湛江地处北回归线以南的低纬地区,属热带和亚热带季风气候,终年受海洋性气候调节,冬无严寒,夏无酷暑,降水充沛,风向季节性变化明显,冬半年盛行偏北风,夏半年盛行偏东南风,夏秋季易受热带气旋影响。

根据湛江国家气象站(站址:21°09′N/110°18′E,观测场海拔高度55.3 m,测风杆观测高度11.5 m)1990—2019年的观测资料,分别对风场、气温、降水、湿度和雾况等基本气象数据进行统计分析,对湛江湾海域的气候特征及各气象要素进行分析。

1) 气温、湿度

湛江地处东亚南部,纬度低,日照强,且东南西三面受海洋围抱,故终年高温、长夏无冬、春早秋迟。温度的年变化不大,日变化也小。历史最高气温为38.4 ℃(1951—2019年);历史最低气温为2.7 ℃(1951—2019年);最高月平均气温为28.9 ℃(7月);最低月平均气温为5.9 ℃(1月);多年平均气温为23.5 ℃;多年平均月最高气温为33.7 ℃;多年平均月最低气温为9.5 ℃;多年平均最高气温≥35 ℃的天数有8.7 d。

根据湛江国家气象站1990—2019年观测资料计算,年平均相对湿度为82%。各月平均相对湿度在75%~88%,相对湿度的季节变化明显,在春夏季高湿季节,相对湿度时常可达100%;但在冬季干燥季节,极端最低相对湿度只有7%(1990年12月15日)。

2) 降水

湛江濒临热带海洋,常受海洋暖湿气流影响,具有相对充足的水汽来源和水汽输送条件,湛江地区年降水量相对丰富,各月均有降水。年内雨水主要集中在雨季(4—10月),占全年雨量的88.4%;冬半年(11月—翌年3月)降水只占全年的11.6%。年平均降雨量为1 693.2 mm;年最大降雨量为2 344.3 mm;年最小降雨量为1 068.5 mm;24 h最大降雨量为297.5 mm;年降水日数平均为134.9 d;年平均日降雨量≥25 mm的日数为20.4 d;年平均日降雨量≥50 mm的日数为8.0 d。

湛江地区4—10月为雨季,降水量为1 429.1 mm,集中了全年88%以上的降潮历时也不相等,一年中的 12 月、6 月是太阳北(南)赤纬最大的月份,此时潮汐日不等现象最明显,3 月和 9 月太阳的赤纬最小,潮汐日不等现象较不明显。各地段潮位变化见表 2-4。

表 2-4　各地段潮位变化情况　　　　　　　　　　　单位:m

地段	大潮			小潮		
	平均高潮	平均低潮	平均潮差	平均高潮	平均低潮	平均潮差
硇洲岛北港	3.50	0.30	3.20	1.90	1.54	0.36
大黄江	3.66	0.25	3.41	2.00	1.58	0.42
东头山	3.82	0.12	3.70	2.08	1.65	0.43
霞山港区	4.09	0.35	3.74	2.31	1.74	0.57
调顺岛	3.70	0.60	3.10	3.10	1.10	2.00

注:本表资料由湛江港口开发咨询服务公司提供。

(2) 潮位特征值

用湛江港验潮站多年资料统计,潮位特征值如下:

历年最高潮位为 6.64 m,历年最低潮位为 -0.57 m,平均高潮位为 3.37 m,平均低潮位为 1.26 m,多年平均海面为 2.20 m,最大潮差(落潮)为 5.45 m,平均潮差为 2.11 m,平均涨潮历时为 6 小时 55 分,平均落潮历时为 5 小时 30 分。

(3) 台风增水概况

湛江湾位于粤西海岸大尺度弯曲处,由东海岛、南三岛和硇州岛所环绕,呈一口袋形,水体易堆积而难以扩散,有利于热带风暴或台风暴潮增水,是广东省风暴潮影响比较严重的海区。据 1954—1976 年资料统计,增水值 ≥1 m 的有 24 次,最大的是 1980 年 7 号台风引起的增水,达 4.63 m,造成近百年来湛江港最高潮位达 6.64 m。

2) 潮流

湛江湾麻斜以北海区,由于水道呈"S"形弯曲,涨潮动力轴在南段和北段偏向西岸,中段偏向东岸;落潮动力轴的分布与涨潮呈相反的趋势。根据实测资料,涨潮垂向平均流速为 39.0~45.0 cm/s;落潮垂向平均流速为 43.0~59.5 cm/s。调顺岛附近海区流速较大,涨、落潮最大流速分别为 47 cm/s、63 cm/s。该区域的涨潮流向主要向北,落潮流向主要向南。

湛江湾麻斜以南至湾口海区,是本湾水域最宽的区域,该湾区深槽、浅滩地形分布较多,流速、流向差异较大,实测涨潮垂向平均流速为 41.5~77.2 cm/s,落潮垂向平均流速为 46.3~163.0 cm/s。深槽区是湛江湾潮流强度较大的区域,其中特呈岛西侧深槽涨潮最大流速为 55 cm/s,落潮最大流速为 77 cm/s;东海岛北侧深槽,涨潮最大流速为 76 cm/s,落潮最大流速为 138 cm/s;湛江湾口门深槽潮流强度最大,实测涨潮最大流速为 79 cm/s,落潮最大流速可达 183 cm/s。由于湛江湾潮汐通道的走向在总体上呈向西南凸出的弓状弧形,受其影响,潮流运动方向在湾口处由东向西,主轴线偏向湛江湾南侧,然后转为西北—东南向,经特呈岛后以南北向为主。

湛江湾口外海区,由于海域开阔,流速减弱,涨潮垂向平均流速 25.3~56.5 cm/s,落潮垂向平均流速为 29.2~77.5 cm/s,涨、落潮最大流速分别为 58 cm/s 和 83 cm/s。潮流主要流向为涨潮西北、落潮东南。湛江湾落急流、涨急流见图 2-3。

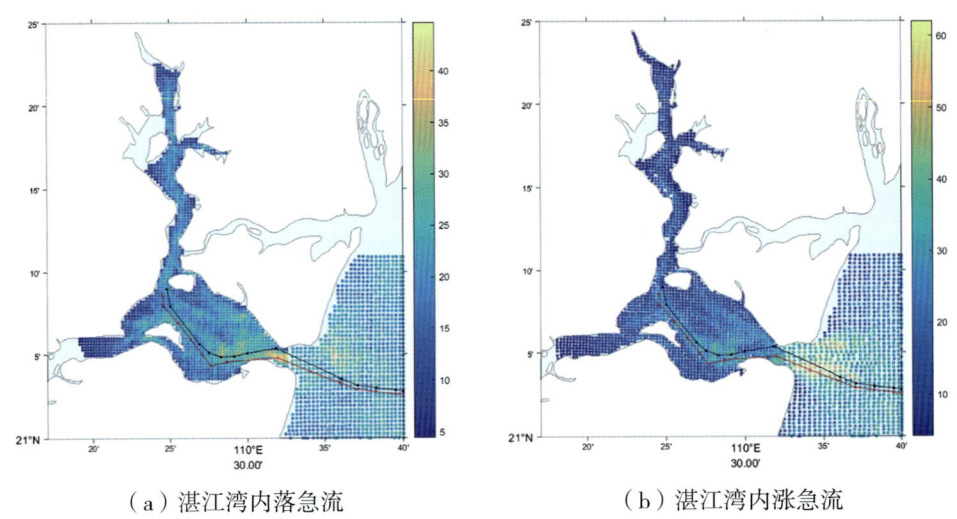

（a）湛江湾内落急流　　　　　（b）湛江湾内涨急流

图 2-3　湛江港落急流、涨急流

3）波浪

(1) 湛江湾外海浪特征

波型:以风浪为主,全年风浪出现频率约为 80%,涌浪为 20%。

波向:常浪向为 ENE,出现频率为 21%;次常浪向为 SE,出现频率为 17%;强浪向为 N,次强浪向为 ESE。

平均海浪状态：年平均波高为 0.9 m，秋、冬季平均海浪状态较大，春、夏季较小。平均波高的最大值为 1.2 m 出现在 11 月；最小值为 0.6 m。

海浪强度：夏、秋季的 7、8、9 月和 11 月，海浪强度大，$H_{1\%max}$ 和 $H_{1/10\,max}$ 的波高值大于 6.0 m。

海浪的周期：年平均周期为 3.6 s，月平均周期变化范围是 3.2~4.1 s。30 年内统计的最大值波高对应的周期，不是该海区的最大周期，说明该海域的最大周期是涌浪为主的混合浪的周期。

（2）湛江湾内海浪特征

湾内有南三、东海、特呈、东头山等大小岛屿环绕，且南三岛与东海岛南北对峙，使港湾形成一个中间大两头小的由东南向西北收缩的海域，由于湾口缩窄加上湾内岛屿较多，外海波浪传进湾内波能逐渐消减，港湾内的波浪主要是受制于本海域的小风区风成浪的影响。由于本海域的风区长度有限，波高在一般情况下都很小，一般波高 0.3 m，最高波高 0.8 m。台风时，波高可达 1.8 m，波长约 18.5 m。

2.1.3　地质

湛江港湾在地质构造上处于新生代坳陷地区。地表露出大片中更新统北海组和早更新统湛江组地层，北海组地层为滨海相沉积，是构成港湾两岸低缓台地的主要地层；其下的湛江组地层则是一套砂与黏土互层的河流三角洲相沉积物，顶部有杂色黏土、红砂层和铁质胶结层，与北海组地层有一假整合接触的侵蚀面，湛江组地层也常出现在海湾的高潮线和海湾的底部，表层含淤泥的砂属于第四纪全新形成的土层，深部的黏土和中粗砂属于湛江组地层。

外航道（龙腾航道）地质主要分两层：表层为细沙层；第二层为亚黏土、亚沙土层。

2.2 港口地理条件

2.2.1 进出港航道

湛江港目前拥有的航道包括湛江港主航道（30万吨级和7万吨级）、斗龙村航道（旧航道），见图2-4。

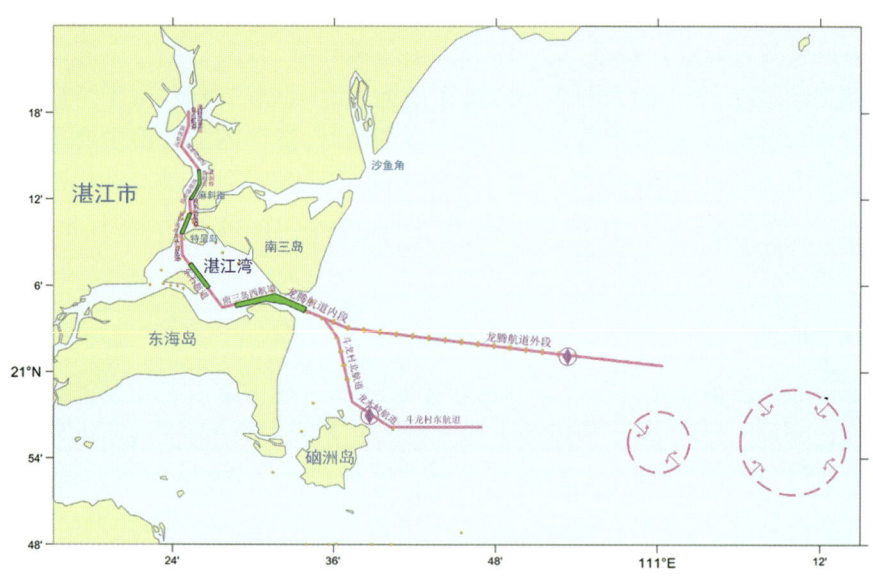

图2-4 湛江港进出港航道示意

1）湛江港30万吨级航道

湛江港30万吨级航道全长34.6 n mile，通航宽度340 m（除会船区外），其中以湛江湾口门为界，内航道长16.66 km，设计底标高-23.0 m（当地理论最低潮面，下同）；外航道长47.44 km，设计底标高-23.6 m。湛江湾口门附近设置会船区，会船区航道长度9 210 m（含过渡段），通航宽度510 m。按照30万吨级满载和15万吨级满载船舶双向通航标准建设，设计底标高与主航道一致为-23.6 m。湛江港30万吨级航道基本情况汇总见表2-5，航道长度合计34.6 n mile（64.1 km）。

表 2－5 湛江港 30 万吨级航道基本情况汇总

30 万吨级航道各航段名称		真航向	转向角和加宽内切半径	航道长度/(n mile)	航道底宽/m	设计水深/m	边坡比	底质
外航道	龙腾航道（外段）	277°～097°	16°/1 800 m	19.91（36.87 km）	340	23.6	1∶5 1∶6	沙、沙泥
	龙腾航道（内段）	293°～113°	36°/4 000 m	5.71（10.57 km）	340	23.6（部分23.9）	1∶5 1∶6	沙、硬沙
内航道	南三岛西航道	257°～077°	65°/4 000 m	3.51（6.50 km）	340	23	1∶5 1∶6	沙、沙泥
	东石航道	322°～142°		4.60（8.52 km）	340	23	1∶5 1∶6	沙泥
	东头山航道	358°～178°	36°/2 800 m	0.87（1.61 km）	340	23	1∶5 1∶6	泥沙

从航道入口往里约 28 km，通航宽度 340 m，边坡 1∶6，其他航段采用复合边坡，以 15 万吨级航道底高程为分界，上层 1∶6、下层 1∶5；内航道段高程－19.5 m 以下采用 1∶5 边坡，高程－19.5 m 以上采用 1∶6 边坡；外航道段高程－20.2 m 以下采用 1∶5 边坡，高程－20.2 m 以上采用 1∶6 边坡。

在 42#和 44#灯浮之间的水域可充分利用宝钢主原料泊位的旋回水域，水深优良，水域宽度较大，也是适合大型船舶会遇的，该水域和 30 万吨级船舶会船区组成湛江港四号会船区。

2）7 万吨级航道

7 万吨级航道（乘潮）：从麻斜航道经莫烟楼航道至调顺岛港区港池航道全长约 9.16 n mile（即 16.96 km），航道通航宽度为 195 m，底标高为－13.6 m，边坡均为 1∶5。湛江港 7 万吨级航道基本情况汇总见表 2－6，航道长度合计 9.16 n mile（16.96 km）。

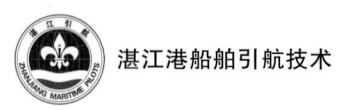

表 2-6　湛江港 7 万吨级航道基本情况

7 万吨级航道各航段名称	真航向	转向角和加宽内切半径	航道长度（n mile）	航道底宽/m	设计水深/m	边坡比	底质
麻斜航道	023°10′~203°10′	25°/1 150 m	1.63（3.02 km）	195	13.6	1∶5	泥、泥沙
麻斜西航道	353°~173°	30°/1 840 m	0.75（1.39 km）	195	13.6	1∶5	泥、泥沙
莫烟楼航道	030°17′~210°17′	37°/1 840 m	1.45（2.68 km）	195	13.6	1∶5	泥、泥沙
莫烟楼西航道	356°34′~176°34′	34°/1 840 m	0.98（1.82 km）	195	13.6	1∶5	沙泥
调顺南航道	322°31′~142°31′		2.04（3.78 km）	195	13.6	1∶5	沙泥
霞海航道	019°47′~199°47′	57°/1 150 m	1.52（2.81 m）	195	13.6	1∶5	沙泥
调顺岛港区港池航道	359°44′~179°44′	20°/1 150 m	0.79（1.46 km）	195	13.6	1∶5	沙泥

3）斗龙村航道

斗龙村航道（原旧航道）：从斗龙村东航道经龙水岭航道、斗龙村北航道至南三岛南航道，全长约 23.3 km，水深 7 m 至 8 m 之间，一般供小型船舶通航。

2.2.2　锚地

湛江港引航锚地、大型过驳锚地如下：

（1）第一引航锚地（亦称北方锚地）见图 2-5，位于龙水岭航道与斗龙村北航道交汇处外侧附近，以 20°58′03″N/110°37′18″E 为中心，半径 740 m 的水域范围内，水深大于 12 m，底质为泥，锚抓力好，为本港 2 万吨级以下船舶的候潮、引航锚地。

图 2-5 湛江港第一引航锚地示意

（2）第二引航、检疫锚地位于湛江湾湾口（见图 2-6），锚地范围为表 2-7 四点坐标连线范围内水域，该锚地水深大于 11 m，底质为泥及泥沙，本锚地东北角设有检疫灯浮标志。

表 2-7 第二引航、检疫锚地范围坐标

点号	纬度	经度
1	21°05′10″N	110°30′12″E
2	21°05′27″N	110°30′12″E
3	21°05′24″N	110°31′26″E
4	21°05′31″N	110°31′26″E

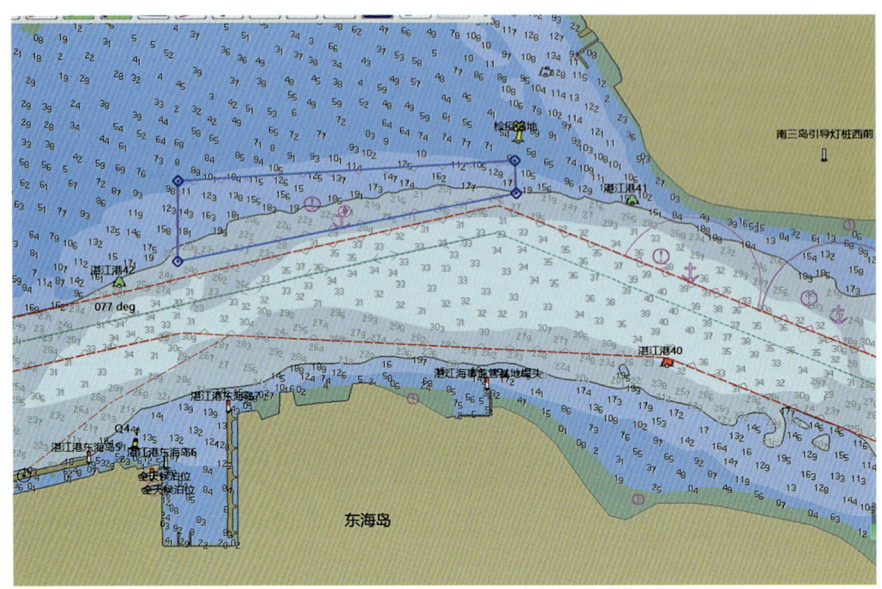

图2-6 湛江港第二引航锚地示意

（3）湛江港第三引航锚地（见图2-7），位于龙腾航道入口处南侧，锚地范围为表2-8四点坐标连线范围内水域，据钻探资料显示该区底质为淤泥，含少量中

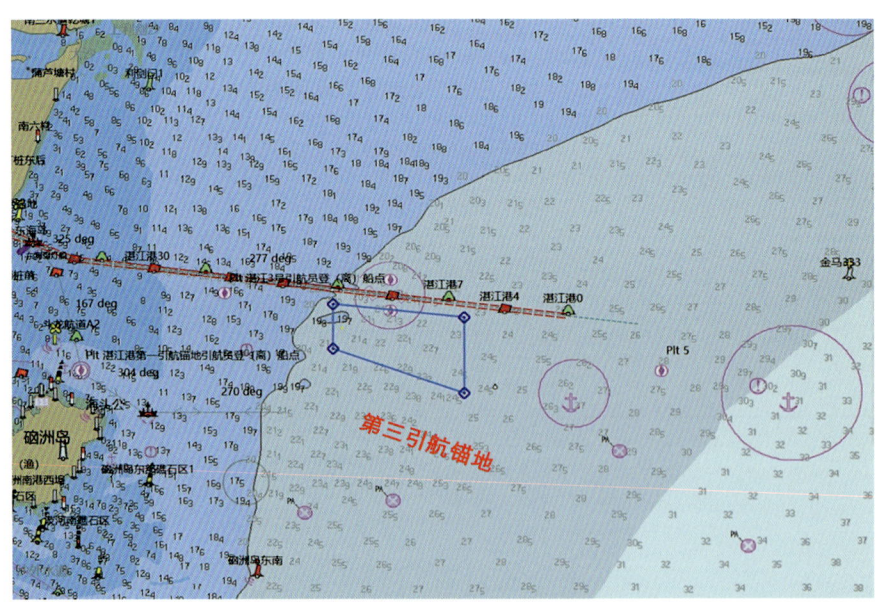

图2-7 湛江港第三引航锚地的示意

细砂,锚抓力好,床底较为平坦,水深 18~25 m,该锚地自从 2000 年 10 月投入使用后情况良好。

表 2-8　第三引航锚地范围座坐标

点号	纬度	经纬
1	21°01′00″N	110°49′00″E
2	21°00′24″N	110°55′00″E
3	20°57′00″N	110°55′00″E
4	20°59′00″N	110°49′00″E

(4) 湛江港第四引航锚地(30 万吨级超大型船舶锚地)(见图 2-8),位于进港航道入口处东南约 30 km 处,以 20°57′N/111°10′E 为中心,半径 3 n mile 的水域范围内,面积 96.98 km²。该锚地水深 30~33 m,底质为沙泥,水域开阔,海底平坦,是可供 30 万吨级船舶锚泊及候潮的锚地。

(5) 大型船舶过驳锚地,位于以坐标 20°57′N/111°E 为中心,半径 1.5 n mile 的水域范围,可作为 30 万吨级超大型油船减载过驳。湛江港港外锚地示意见图 2-8。

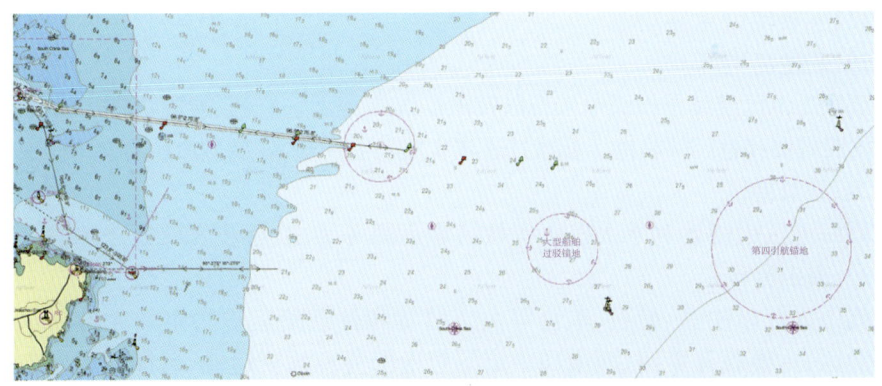

图 2-8　湛江港港外锚地第四引航锚地、大型船舶过驳锚地示意

目前湛江港港内主要生产锚地有 23 个锚位(图 2-9),防台期间增设 6 个锚地,这些锚地大多数分布在湛江港主航道进港方向的右侧。湛江港湾内有万吨级以上常用锚地 18 处(其中第二引航锚地包含 4 处锚地),天然水深 10.2~18.0 m,底质为泥沙;小型船舶锚泊区 8 处,天然水深 2~10 m,底质为泥沙。

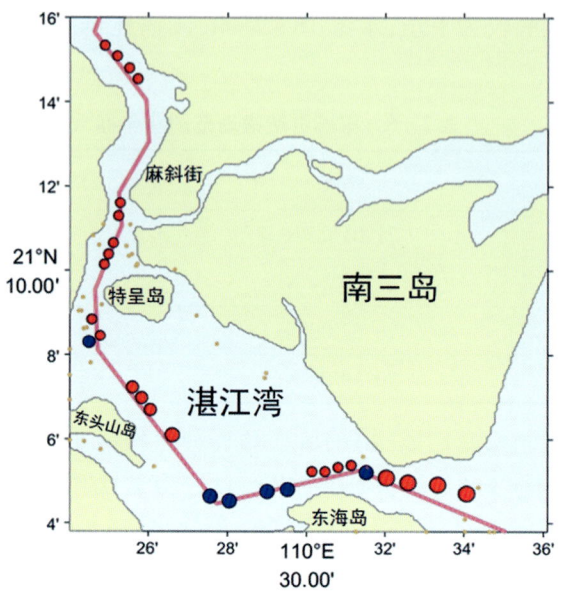

图 2-9　湛江港港内锚地示意

2.2.3　各港区和泊位

2.2.3.1　各港区主要功能

1）调顺岛港区

调顺岛港区继续承担腹地矿石以及电厂煤炭等大宗资源、能源物资运输,远期随着城市发展需要和电厂等临港工业搬迁逐步实施功能调整,发展城市旅游交通码头。

2）霞海港区

霞海港区以邮轮和水上巴士等旅游客运服务为主,逐步发展为旅游港。

3）霞山港区

霞山港区以油品、矿石、粮食等大宗散货和件杂货运输为主的大型深水化综合性港区,主要服务粤西、西南和中南等腹地的能源物资运输,远期随着城市规划发展需要逐步进行调整改造。

4）宝满港区

宝满港区是湛江港重点发展的港区之一,以集装箱和通用货类运输为主,港区分为东部集装箱码头区、中部通用码头区和西部集装箱码头区。

5）坡头港区

坡头港区近期以中海油保障基地功能为主,服务石油企业设备运输,逐步改造为兼顾公共运输服务的通用港区。

6）南山岛港区（含北涯邮轮码头和蓝田作业区）

南山岛港区规划南三岛港区主要发展与旅游相关的邮轮旅游码头，同时兼顾服务海工装备、修造船以及军民融合产业的码头设施。规划南三岛港区分为两个作业区，分别为西部的北涯邮轮旅游作业区和南部的蓝田作业区。

7）东海岛港区（含北作业区、南作业区和东头山岛作业区）

东海岛港区以服务东海岛钢铁、石化及造纸等产业基地为主，保障煤炭、原油、铁矿石等大宗能源、原材料以及工业产成品运输，兼顾腹地物资中转、分拨和远期调顺岛散货运输功能搬迁，逐步发展成为集约化、规模化的大型现代化综合港区。

2.2.3.2 各港区和泊位的主要概况

1）调顺岛港区

调顺岛港区包括新电厂（湛江中粤能源有限公司电厂码头）1个泊位、旧电厂（湛江电力有限公司）1个泊位和湛江港集团有限公司第三分公司所属的6个泊位。调顺岛港区示意见图2-10，各泊位技术参数见表2-9。

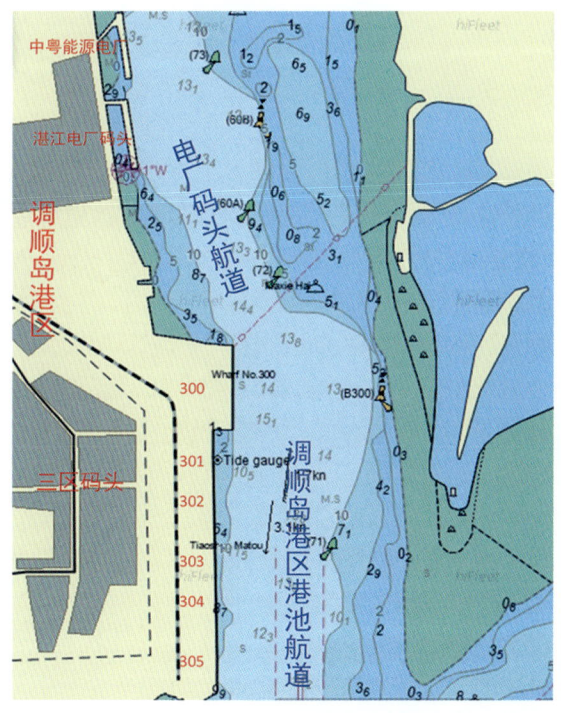

图2-10 调顺岛港区示意

表 2-9 调顺岛港区各泊位技术参数

泊位名称	类型	吨级	泊位方位角	泊位长度/m	停泊水域宽度/m	旋回水域尺度/m
中粤能源电厂	卸煤码头	5万（结构7万）	171°/351°	272	65	570×456
湛江电厂	卸煤码头	7万	171°/351°	288	65	
300#	散货码头	15万	000°/180°	349	90	726×578
301#~302#	杂货码头	1万	000°/180°	364	65	泊位停泊水域外缘之港池航道东边线之间水域都可利用
303#~305#	散货码头	1.5万		602	65	

2）南油码头和海滨船厂

南油码头和海滨船厂示意见图 2-11，各泊位技术参数表见表 2-10。

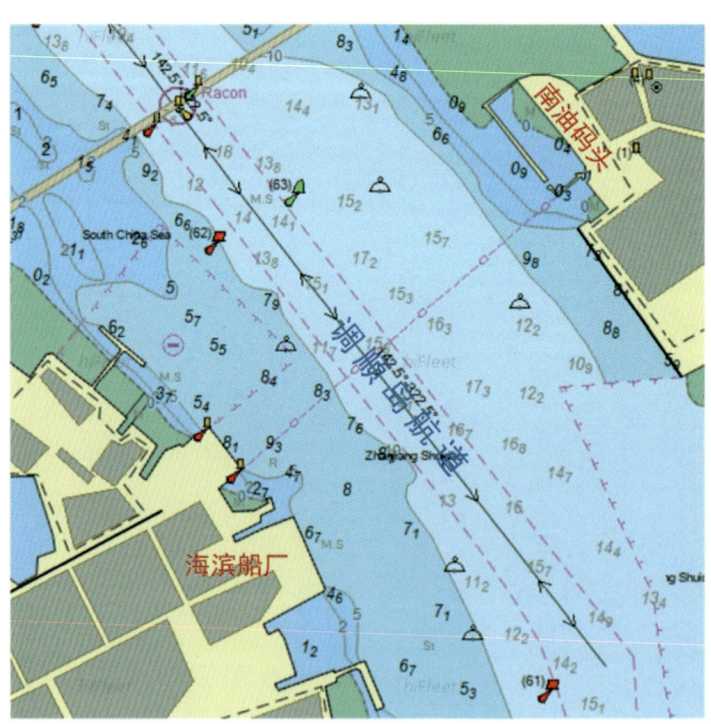

图 2-11 南油码头和海滨船厂示意

表 2-10 南油码头和海滨船厂各泊位技术参数

泊位名称	类型	吨级	泊位方位角	泊位长度/m	停泊水域宽度/m	旋回水域尺度/m
1#	装卸码头	2 000	144°/324°	624	50	泊位对开成片水域都可利用
2#	装卸码头	2 000			50	
3#	装卸码头	2 000			50	
4#	装卸码头	2 000			50	
5#	加油码头	6 000			50	
海工码头	装卸码头	6 000			50	

3）霞山港区

（1）一区泊位

霞山港区一区泊位示意见图 2-12，一区各泊位技术参数见表 2-11。

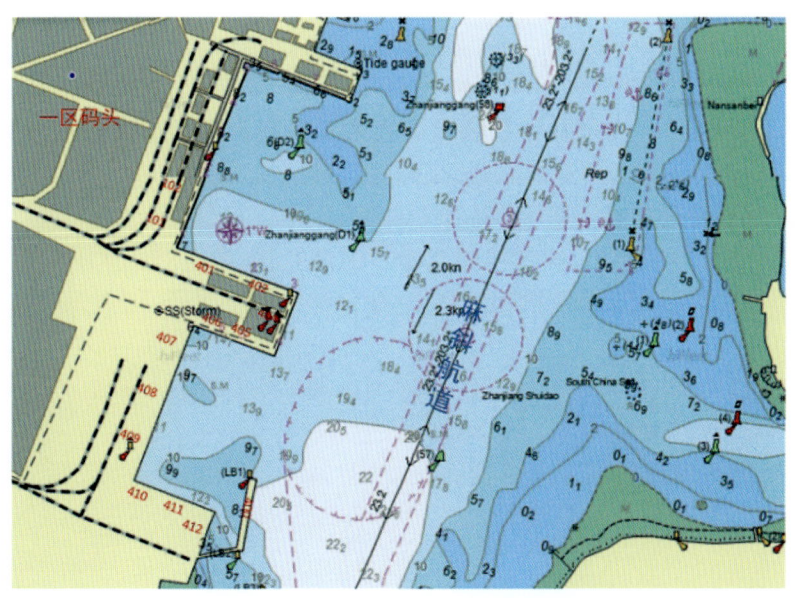

图 2-12　霞山港区一区泊位示意

表 2-11　一区各泊位技术参数

泊位名称	类型	吨级	泊位方位角	泊位长度/m	停泊水域宽度/m	旋回水域尺度/m
101#～102#	杂货码头	1.5万	021°/201°	376	50	D 580
402#～403#	散货码头	7万	112°/292°	540	90	500×310
404#	散货码头	5万	021°/201°	275	80	D 500
405#～406#	散货码头	10万	112°/292°	378	90	D 460
407#～409#	杂货码头	2万	021°/201°	762	50	D 452
410#～411#	杂货码头	1.5万	112°/292°	396	56	D 452
400#	散货码头	20万	011°/191°	330+40	100	780×624

（2）石化码头区

霞山港区石化码头区各泊位示意见图 2-13，各泊位技术参数见表 2-12。

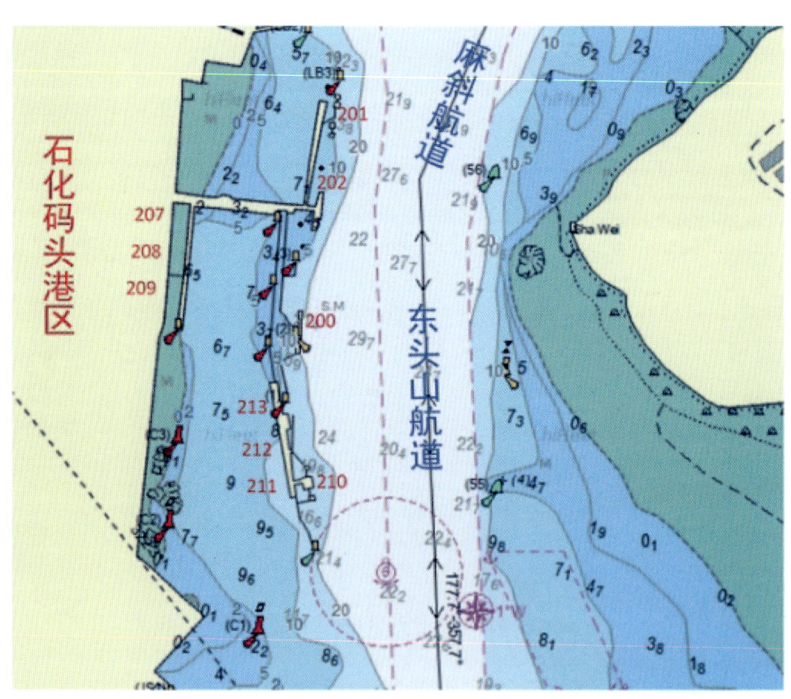

图 2-13　霞山港区石化码头区各泊位示意

表 2-12　霞山港区石化码头各泊位技术参数

泊位名称	类型	吨级	泊位方位角	泊位长度/m	停泊水域宽度/m	旋回水域尺度/m
200#	油码头	30 万	005°/185°	470	120	835×570
201#	油码头	5 万	010°/190°	138	64	570×456
202#	油码头	2.5 万	010°/190°	124	52	570×456
207#~209#	油码头	3 千	006°/186°	374	36	D 196
210#	油码头	30 万	171°/351°	470	118	835×570
211#	油码头	2 万	171°/351°	394	49	D 326
212#~213#	油码头	5 000	171°/351°	394	35	D 226

4) 宝满港区

霞山港区散货码头及宝满港区各泊位示意见图 2-14,各泊位技术参数见表 2-13。

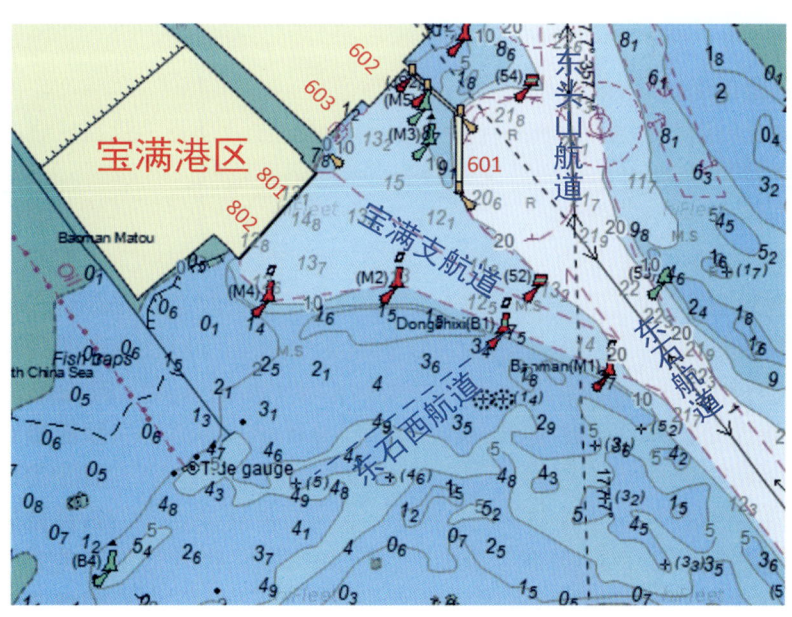

图 2-14　霞山港区散货码头及宝满港区泊位示意

表2-13　霞山港区散货码头及宝满港区泊位技术参数

泊位名称	类型	吨级	泊位方位角	泊位长度/m	停泊水域宽度/m	旋回水域尺度/m
601#	散货码头	40万	000°/180°	450	132	905×724
602#	散货码头	7万	042°/222°	311	65	D 446
603#	散货码头	15万	042°/222°	369	90	D 578
801#	集装箱码头	5万	042°/222°	678	65	D 580
802#	集装箱码头	5万				

5）东海岛

（1）中科石化港区

东海岛中科石化港区泊位示意见图2-15，各泊位技术参数见表2-14。

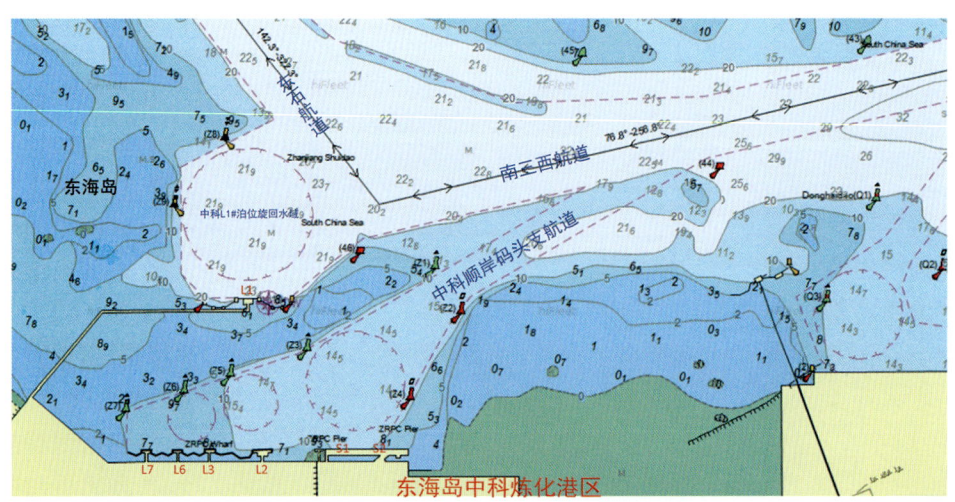

图2-15　东海岛中科石化港区泊位示意

表2-14　中科石化港区各泊位技术参数

泊位名称	类型	吨级	泊位方位角	泊位长度/m	停泊水域宽度/m	旋回水域尺度/m
L1	油码头	30万	090°/270°	440	120	D 670
L2	油码头	10万	090°/270°	320	86	D 492
L3	油码头	1万	090°/270°	193	41	D 282

表 2-14(续表)

泊位名称	类型	吨级	泊位方位角	泊位长度/m	停泊水域宽度/m	旋回水域尺度/m
L6	油码头	5 000	090°/270°	158	39	D 246
L7	油码头	5 000	090°/270°	177.5	35	D 250
S1	散货码头	7万	090°/270°	278	65	D 456
S2	杂货码头	1万	090°/270°	139	44	D 292

(2)宝钢港区

东海岛宝钢港区各泊位示意图见 2-16,各泊位技术参数见表 2-15。

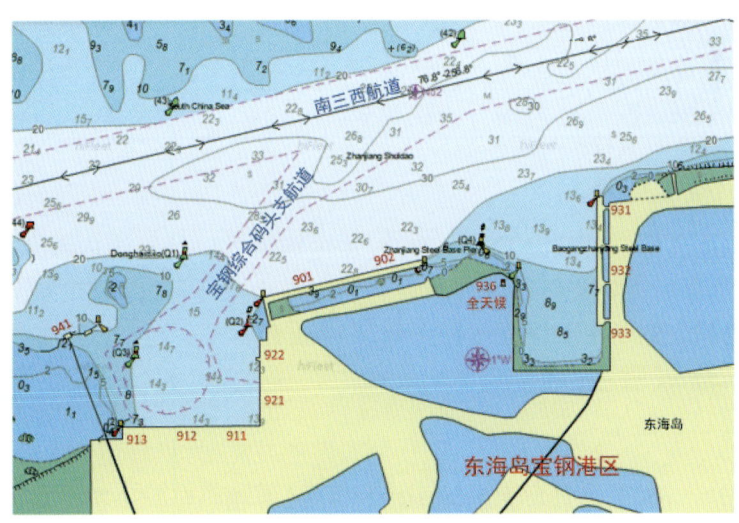

图 2-16 东海岛宝钢港区各泊位示意

表 2-15 宝钢港区各泊位技术参数

泊位名称	类型	吨级	泊位方位角	泊位长度/m	停泊水域宽度/m	旋回水域尺度/m
901#	卸矿码头	30万	077°/257°	428	116	850×680
902#	卸矿码头	30万	077°/257°	428	116	
911#/912#	散货码头	7万	090°/270°	586	65	D 460
913#	重件码头	5 000	090°/270°	123	37	D 248

表 2－15(续表)

泊位名称	类型	吨级	泊位方位角	泊位长度/m	停泊水域宽度/m	旋回水域尺度/m
921#	散货码头	3.5 万	000°/180°	220	61	D 460
922#	散货码头	1 万	000°/180°	220	41	D 460
931#（成品 1#~3#）	杂货码头	5 万	000°/180°	376	65	D 446
932#~933#（成品 4#~7#）	杂货码头	1 万	000°/180°	478	44	D 292
936#	杂货码头	3 000	090°/270°	132	21	D 292
全天候	杂货码头	5 000	090°/270°	141	23	D 292
941#	化工码头	3 000	090°/270°	148	30	250×200

2.2.4 导助航设施

湛江港航道的导助航设施比较齐全,从主航道入口处到湾内最北端,共布设有 80 座水上浮标。各支航道也都布设有相应的水上浮标,有的在岸上还建有导标。湛江港航道除了水上浮标比较齐全,岸上也建有不少导标。具体参见湛江港岸上导标汇总表(附录2)。

2.3 引航服务

湛江港引航站为申请引航的船舶提供湛江港水域航行、移泊、靠（离）泊、进出船坞、船排、系带浮筒、海上过驳、协助遇险船舶脱险等海上各种引航业务。

湛江港引航站联系电话：值班调度室电话0759－2250770，传真电话0759－2254224；办公室传真电话0759－2236666。

交通运输部海事局2021年公布的湛江港引航员登离船水域示意见图2－17，具体如下：

（1）以20°58′.05N/110°37′.30E为中心，半径740 m的水域；

（2）以21°04′.93N/110°29′.85E为中心，前后1 n mile的航道水域；

（3）以21°01′.00N/110°42′.00E，21°01′.00N/110°45′.00E，21°03′.00N/110°42′.00E，21°03′.00N/110°45′.00E四点连线内的水域；

（4）以21°01′.00N/110°49′.00E，21°00′.40N/110°55′.00E，20°57′.00N/110°55′.00E，20°59′.00N/110°49′.00E四点连线内的水域；

（5）以20°58′.00N/111°04′.00E为中心，半径2 n mile的圆形水域；

（6）以20°28′.00N/109°43′.00E为中心，半径1 n mile的圆形水域。（雷州大唐电厂的船舶登离船点）

详细情况可以参阅交通运输部海事局有关文件。

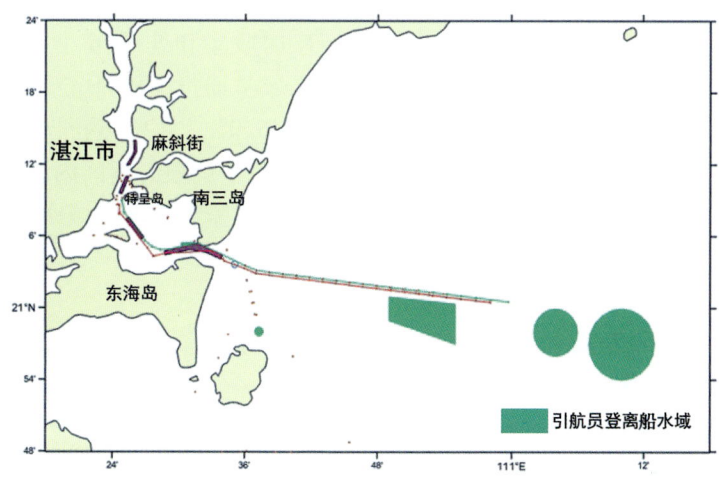

图2－17　湛江港引航员登离船水域示意

2.4 交通管理

2.4.1 水上交通安全管理部门

湛江海事局是湛江水域的海事主管机关。湛江海事局各职能部门、海事处依据相关的法律法规、管理规章,对水上交通安全实施监督管理;湛江海事局指挥中心(船舶交管中心)按上述各管理规定,实施监控、指挥和交通管制;湛江海事局所属海事处对湛江海域实施动态巡逻和监管。多年来,海事部门强化现场监管,注重源头管理;抓安全排隐患,抓好重点水域、重点船舶、重点时段的实时监管;致力于各应急预案的组织实施,全力做好船舶防台、防污、搜救等应急反应工作;确保湛江港口水域的交通安全。

2.4.2 监管设施

湛江港 VTS 交管中心、AIS 船舶定位系统,具备对海上船舶动态实施全天候的监控和提供安全信息服务的功能。能有效监视覆盖辖区水域交通动态,纠正船舶违章,预防船舶交通事故,在保障交通法规实施、提高水域通航效率、增进船舶航行安全和保护水域环境等方面发挥重要作用。目前,湛江 VTS 改扩建系统已开始运行,通过 5 个雷达站可覆盖湛江港水域、琼州海峡水域和雷州半岛东岸沿海航区水域,配套的 VHF 通信系统可与上述水域航行的船舶进行无线电通信,4 个气象站可对以上水域的海洋气象信息进行实时收集和处理,6 个 CCTV 监控点可通过目标联动技术实现实时监控。湛江港水域是通过 VTS 中心站位于湛江港霞山港区北凸堤的北端($21°11'00.9''N/110°24'45.0''E$)、位于硇洲岛雾号站内的硇洲岛雷达站($20°56'16.8''N/110°37'51.1''E$)和位于调顺岛港区内海湾大桥雷达站($21°17'28.3''N/110°24'48.3''E$),三站点呈三角覆盖湛江港水域实施海事管理。

2.4.3 管理分区

湛江船舶交通管理系统 VTS 中心监管实行分区管理,VTS 区域分为 A、B、C1、C2、D 等 5 个分区,见图 2-18。

1) A 区

A 区是指 A、B 两点连线,C、D 两点连线,58#灯浮纬度($21°10'54.77''N$)线及岸线之间的海域。

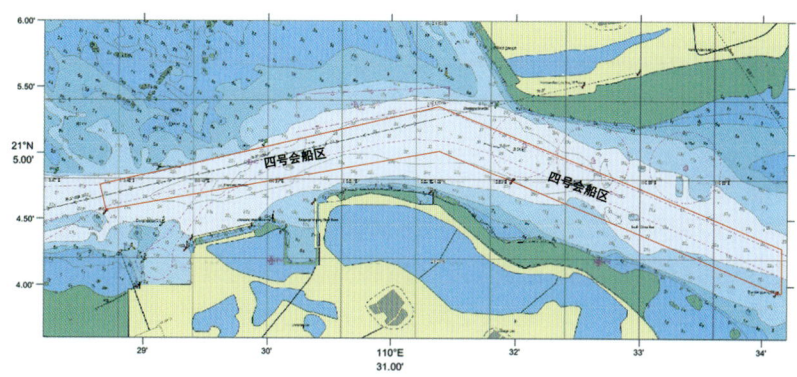

(d)四号会船区

图 2-19　会船区示意

(3)霞山长桥码头(纬线21°11′28″线)以北至南海西部石油公司码头南端,平乐渡口码头南侧(即 21°14′41.6″N/110°26′01″E;21°14′35″N/110°25′50″E;21°14′23″N/110°25′11″E 三点连线)以南之间的水域为禁航区。

6)禁锚区(禁止船舶在桥梁桥区、跨海电缆水域抛锚)

跨过湛江港主航道的桥梁1座(湛江海湾大桥数据见附件4),跨过湛江港主航道的跨海电缆2处,下列水域为具体禁锚区位置。

(1)湛江海湾大桥左右两侧各500 m的水域为桥区水域。

(2)麻斜过海电缆禁锚区的 21°11′52″N 至 21°12′28″N 之间水域。

(3)硇洲岛至川岛电缆的禁锚区:

20°56.6′N/110°36.5′E,20°57.0′N/110°37.1′E,

20°56.2′N/110°39.7′E,20°57.6′N/110°40.2′E,

20°59.8′N/110°42.2′E,21°01.6′N/110°46.5′E,

21°09.7′N/111°01.4′E,21°11.2′N/111°05.2′E,

21°14.4′N/111°10.7′E,21°16.7′N/111°18.2′E,

21°23.5′N/111°25.5′E,21°33.3′N/112°00.0′E。

上述各点连线向东延伸,其左右两侧各500 m范围内的水域为禁锚区。

(4)硇洲岛西北水道海底电缆禁锚区:20°56′04″N/110°31′40″E,经20°55′57″N/110°32′11″5E 和 20°45′45″N/110°32′53″E 二点,止于 20°54′33″5N/110°33′15″8E 连线,左右两侧各500 m范围的水域。(注:没有跨过湛江港主航道)

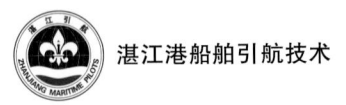

2.5 港口服务

2.5.1 拖船服务

湛江港专门服务港口船舶靠离泊位的拖船主要有湛江港集团(股份)有限公司船舶分公司和广东湛江港龙腾船务有限公司的拖船,海滨船厂有两艘自用拖船,南海西部石油公司湛江基地也是海上作业拖船的补给基地,其拖船在应急时也可以使用,一般情况下船舶作业使用湛江港集团(股份)有限公司船舶分公司和广东湛江港龙腾船务有限公司的拖船。

(1) 湛江港集团(股份)有限公司船舶分公司所属拖船技术参数见表 2‑16。

表 2‑16 湛江港集团(股份)有限公司船舶分公司拖船技术参数一览

船名	船长/m	船宽/m	型深/m	最大吃水/m	马力/HP	牵引力/t	建造日期	类型
湛港引 3	44.5	9.2	4.6	3.7	2 800	25	2013 年 5 月	双车
湛港拖 3	22.3	5.5	2.7	1.5	600	5	2000 年 1 月	双车
湛港拖 6	41.4	9.2	4.65	3.9	2 360	13	1993 年 7 月	双车
湛港引 3	44.45	9.2	4.6	3.7	2 800	25	2013 年 5 月	双车
湛港拖 12	32.9	9.5	4.5	4.3	3 200	40	1985 年 10 月	全回转
湛港拖 1	32.0	10	4.5	3.8	3 400	42	1994 年 9 月	全回转
湛港拖 15	37.6	10.5	4.8	4.3	4 000	52	2011 年 8 月	全回转
湛港拖 16	37.6	10.5	4.8	4.3	4 000	52	2011 年 9 月	全回转
湛港拖 17	37.6	10.4	4.8	3.7	4 000	52	2014 年 9 月	全回转
湛港拖 18	37.6	10.4	4.8	3.7	4 000	52.2	2016 年 1 月	全回转
湛港拖 19	39.6	10.5	4.8	4.3	4 000	52	2020 年 6 月	全回转
湛港拖 20	39.6	10.5	4.8	4.3	4 000	52	2020 年 7 月	全回转
湛港拖 501	38	10.4	4.6	3.6	5 200	62	2005 年 1 月	全回转
湛港拖 502	38	10.4	4.6	3.6	5 200	62	2005 年 1 月	全回转
湛港拖 503	37.6	10.6	4.9	4.6	5 200	63.3	2008 年 12 月	全回转

表 2-16(续表)

船名	船长/m	船宽/m	型深/m	最大吃水/m	马力/HP	牵引力/t	建造日期	类型
湛港拖 504	37.6	10.6	4.9	4.6	5 200	63.3	2008 年 12 月	全回转
湛港拖 505	39.9	10.4	4.9	4.4	5 000	60.7	2016 年 6 月	全回转
湛港消拖 602	43.0	11	5	4.7	6 000	75	2018 年 8 月	全回转
湛港消拖 701	45.2	11	5.1	4.8	7 000	82	2019 年 2 月	全回转

(2) 广东湛江港龙腾船务有限公司所属拖船技术参数见表 2-17。

表 2-17 广东湛江港龙腾船务有限公司拖船技术参数一览

船名	船长/m	船宽/m	型深/m	最大吃水/m	马力/HP	牵引力/t	建造日期	类型
龙腾消拖 601	43.0	11.0	5.0	4.0	6 000	75	2013 年 8 月	全回转
龙腾拖 501	39.3	10.5	4.8	3.9	5 000	60	2019 年 4 月	全回转
龙腾拖 401	39.6	10.5	4.8	3.9	4 000	52	2020 年 8 月	全回转
宝钢拖 4	34.6	10.0	4.5	3.3	4 000	50	1991 年 10 月	全回转

2.5.2 代理服务

湛江港有十多家船舶代理公司为进出港船舶提供代理服务。湛江港主要代理公司联系电话见表 2-18。

表 2-18 湛江港代理公司联系电话

单 位	电 话	单 位	电 话
广东鹏发船务代理有限公司	0759-2381001	中国湛江外轮代理公司	0759-2251410 0759-2381001
湛江安航船务代理有限公司	0759-2381001	湛江外代华远船务代理有限公司	0759-2381098
湛江元亨船务代理有限公司	0759-2283033	湛江中外运船务代理有限公司	0759-2252859 0759-2240010
湛江宝明国际船舶代理有限公司	0759-2227783	湛江中海船务代理有限公司	0759-2255090 0759-2245888

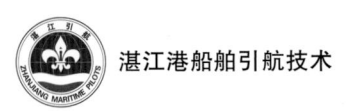

表 2-18(续表)

单 位	电 话	单 位	电 话
湛江宝捷国际船舶代理有限公司	0759-2227783	深圳市一润达供应链物流有限公司	0755-26809618
湛江方兴船务代理有限公司	13536372157	湛江市恒泰船舶代理有限公司	0759-2299860
深圳中联国际船务代理有限公司湛江分公司	0759-2609991	湛江市恒昌船舶代理有限公司	0759-2299722
深圳市招商国际船舶代理有限公司湛江分公司	0759-2258565 0759-2258563	上海华港国际船舶代理有限公司湛江分公司	0759-2258055
湛江广鑫润船舶物流代理有限公司	0759-2272766	湛江远特船舶代理有限公司	0759-2324256
湛江京洋船务代理有限公司	0759-2285528	湛江津瑞物流有限公司	0759-2609059
湛江市冠通物流有限公司	0759-2327932	湛江益冠船务有限公司	0759-2281707

第 3 章

航道引航技术

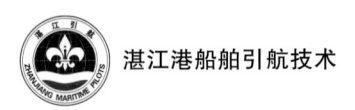

湛江港的航道较长,泊位比较分散,主航道包括30万吨级航道、7万吨级内航道。航道从30万吨级航道入口处至中粤能源电厂码头,航道总长约43.77 n mile(81.06 km)。由于所经过水域不同,航道自然条件和特点各有不同,各有其相应的航法和注意事项。下面根据不同航道进行介绍,希望能对进出港船舶、船长和其他操纵船舶的人员有所帮助,以最大限度促进船舶进出湛江港的航行安全。

3.1 30万吨级航道航法

湛江港30万吨级航道为乘潮通航30万吨级船舶单向航道,以湛江湾口门为界,分外航道和内航道,航道全长34.6 n mile(64.1 km),航道通航宽度340 m(会船区适度拓宽至510 m),内航道设计底标高-23.0 m,外航道设计底标高-23.6 m(局部为-23.9 m)。其中:外航道长25.6 n mile,含龙腾航道外段和龙腾航道内段;内航道长9.0 n mile,含南三岛西航道、东石航道和东头山航道。

龙腾航道导助航设施比较完善,除设在东海岛崩塘角处的引导灯桩外,航道两侧共投放了19对(38座)灯浮、三座单标,在湾口附近的东海岛灯船设有雷达应答器(Racon G),灯船体为红色,该灯船也是南三岛南航道与30万吨级航道的交汇处。航道布置的灯浮效能较好,从1#至36#灯浮采用了同步闪技术,在夜间与附近的海上渔标的灯光有明显区别,位于航道入口处的0#(绿标)灯浮和内、外段转向点处35#、36#灯浮的灯质是快闪,对夜间航行人员有较好的提醒作用,航道上相邻每对灯浮之间的距离约为1.12 n mile,船舶在能见度受限制时能在雷达上识别灯浮。此外,当能见度良好时,在龙腾候潮锚地附近也能观察到龙腾导标,对船舶航行有较好的参照作用。

3.1.1 龙腾航道外段

1) 航道自然条件

龙腾航道外段是从30万吨级的航道起点至35# & 36#灯浮处转向点之间,龙腾航道的外段为人工开挖航道,设计底标高是-23.6 m,底宽是340 m,航道轴线方位角277°~097°,在东海岛崩塘角设有航道引导灯桩,全长约19.9 n mile,底质以泥沙为主。该段航道导助航设施包括东海岛崩塘角处岸上引导灯桩外,在前引导灯桩上安装了雷达应答器(雷康C)。航道入口处设有0#灯浮,为右侧标,两侧共投放 18 对(36 座)灯浮,龙腾航道内外段交汇处为 35# & 36#对标,灯质是快闪,对夜间航行人员有较好的提醒作用。

龙腾航道外段水流运动基本与航道走向相同,其分布规律是落潮大于涨潮,浅海区大于深海区,表层大于底层,平均流速,涨潮时介于 0.18~0.38 m/s,落潮时介于 0.26~0.61 m/s,涨、落潮平均流向分别为 260°/280° 和 095°/125°。航道轴线与主水流之间的夹角,在-10 m 等深线以西航段,基本与航道走向一致,即使是在-10 m 等深线以东,该航段的轴线与常浪向、主流向的交角小,一般天气条件下,风流压角小于 2°,船舶操纵比较方便。航道情况见图 3-1。

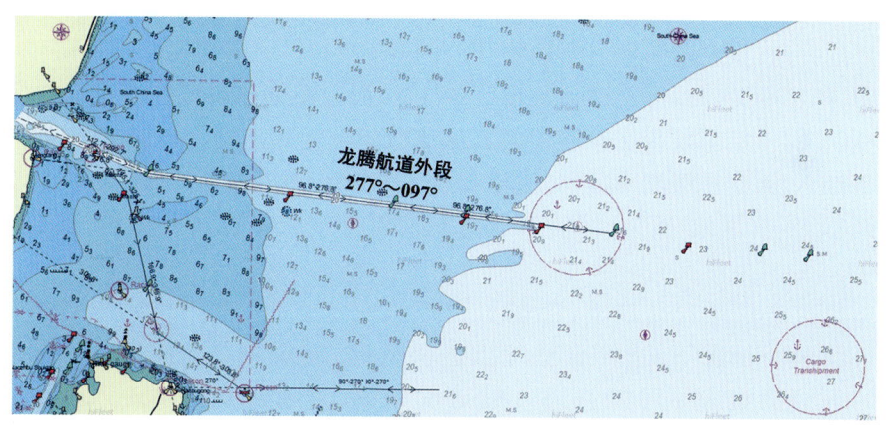

图 3-1 龙腾航道外段

2) 航法

船舶出港,在龙腾航道内外段交汇处转向点(35# & 36#灯浮)转向后,艉对龙腾引导灯桩,取真航向 097°,保持前后灯桩成一线。出港船一般以空载船为主,除了受流影响之外,受风作用也比较明显,应施加适当风流压角,保持船位在航道中轴线附近。空载船吃水较小,可根据本船吃水与航道两侧实际水深关系,可选择合适位置,适时向北或向南转向驶出航道,既可以为引航员离船做好准备,也缩短了船舶占用航道的时间,减少与进港重载船舶的会遇频次,降低船舶避让难度。

龙腾航道内外段交汇处转向点(35# & 36#灯浮)的转向操纵,转向角约 16°,以巴拿马型船舶为例,距转向点约 0.3~0.4 n mile 时,可以开始用舵转向,更为准确的时机需要考虑船舶大小、载况、风流等情况进行加减。一般船舶可用 10°舵角,大吃水船舶必要时可用 20°舵角,之后视船舶应舵情况择机回舵、压舵和把定,

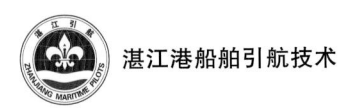

使船位刚好控制在新航段中轴附近,在新航段上继续航行。在该转向点有船舶会遇时,应按规则左对左会遇,进港船舶可适度提早转向,出港船应适度推迟转向,避免转向过程中占用对方安全通航水域。

如果船舶申请了引航,鉴于龙腾锚地一带水域常风浪方向为东北到偏东方向,而且航道入口处东南方水深条件优于北侧,用引航艇送引航员时,引航员通常根据被引船的吃水情况,指令船舶航行在航道或其延伸线南侧,距离航道南边线 1~2 n mile 时,大船采用偏西北航向航行做好下风舷,能有效遮挡右舷风浪,使引航船平稳靠上其左舷,有利于引航员安全登船,引航船开始接近大船并靠,在此过程中,大船逐渐驶向航道,引航员上船后,根据船位与航道相对位置以及航向与航道轴线的夹角,操纵船舶驶上中轴线,取真航向 277°。了解准确船位一般依靠电子海图,能见度良好并可观察到龙腾引导灯桩,可以根据前后灯桩的相对方位,适当调整航向,使船舶航行在航道中间。从该航道开始通航至今的经验来看,一般天气条件下,无论是涨潮或落潮,进港船都是右舷小角度受流压,但流压不大,可向右调整 1°~3° 的流压角,使船舶航行在航道中轴线上或适度偏右,航迹向保持 277°。

如果进港船舶自航进港,船舶可以根据吃水条件,在不妨碍附近航道中船舶正常航行情况下,选择合适地点进入航道,建议需要对航向做大角度调整的一系列操纵应尽可能在进入航道前完成,为船舶小角度进入航道打下基础。

3)注意事项

(1)使用龙腾航道的各种船舶应严格遵守港口各项要求,事先了解航道通航情况,落实好船舶报告制度,并听从湛江交管中心指挥,船舶进出航道前应在 VHF08 频道向湛江交管中心报告。

(2)船舶进港时,应加强瞭望、谨慎驾驶、采用安全航速,超大型船舶可申请拖船护航和海事巡逻船清道,以确保安全。

(3)龙腾航道外段涨潮流向偏西,落潮流向偏东,但流向与航道轴线方位角交角较小,船舶受潮流影响不大,无论涨潮或落潮,流压有向南小分量,在冬春两季受到东北季风影响,合力更明显。

(4)灯浮在风浪作用下产生偏荡,会向下风流一侧漂移一定距离,驾引人员应当明确知道对标中间并非航道中轴线,进出港船舶要给予足够的重视,特别是大型和超大型船舶。

(5)航道中航行船舶应密切注意航道两侧船舶动向,尤其是航道北侧南下进港小型船舶,他们往往会在航道中段斜向进入航道,大型船舶应密切注意其动向,及早沟通联系,协调好避让行动。

(6)航道和锚地附近水域通常有小渔船在进行捕鱼作业,航道中偶有对拖渔船进行捕鱼作业严重影响船舶进出港安全。

(7)龙腾航道外段主要受到海上作业渔船的灯光影响,船舶进港所受背景灯光影响相对较大,船舶出港所受背景灯光影响相对较小。

(8)小型船舶进入航道避免妨碍航道中船舶的正常航行,出港时如果航道外连续水深满足本船安全航行需要,可提早让出航道,避免与船舶在航道中会遇。小型船舶在航道中航行,应主动靠右航行。

3.1.2 龙腾航道内段

1)航道自然条件

龙腾航道的内段东起航道的折点 B(即 35# & 36#灯浮之间),从湛江湾口至与南三岛西航道转向点处,全长约 5.7 n mile,设计底标高是 -23.6 m,底宽是 340 m,航道轴线方位角 293°~113°,底质为泥沙,本航段在"东海岛灯船"至 41#灯浮之间水域,为 30 万吨级船舶会船区,底宽为 510 m。本段航道设有 35# & 36#、37# & 38#两组对标,39#灯浮为左侧单标,龙腾航道与南三岛西航道交汇处附近设有 40#和 41#两座灯浮,40#灯浮为左侧标,41#灯浮为右侧标,在龙腾航道与南三岛南航道交汇处西侧设有"东海岛灯船",安装有雷达应答器(雷康 G)和 AIS,航标管理部门能对其位置实行监测。航道北侧设有 17#~20#锚地,航道西端穿过 17#锚地,39#灯浮以西航道北侧自然水深较好,若锚地里没有船锚泊,船舶避让时结合自身吃水,必要时可酌情使用。

龙腾航道内段与南三岛南航道在"东海岛灯船"附近有交汇,从斗龙村北航道进出港的船舶会在这里穿越航道,形成交叉局面,进出港船舶必须提早协调避让行动。

这一航段由于受地形影响,潮流呈往复流,水流速度较大,涨、落潮流方向与航道方向基本一致,落潮流速一般大于涨潮流速,最大流速超过 3 kn。

龙腾航道内段情况见图 3-2。

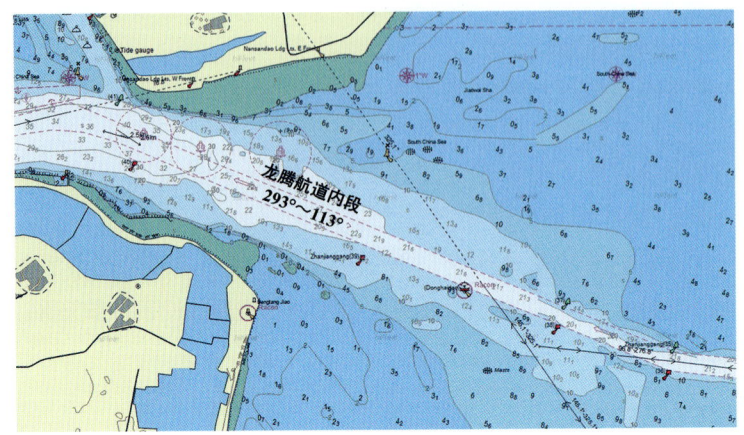

图 3-2 龙腾航道内段

2）航法

船舶进港,从龙腾航道外段转向进入内段后,取真航向 293°,参考 GPS 船位或雷达观测船位,适当修正风流压差角,使船舶保持在航道中轴线上或靠右航行。此段航道可利用"东海灯船"上雷达应达标进行定位,较便利方法是将雷达电子方位线设成偏心显示,方向则调整到与航道轴向相同并将方位线压在应答器回波上,保持本船与方位线的距离在 0.7 链至 1.0 链之间,船舶就能行驶在航道中线附近。当然,更直观方法是利用电子海图航行。该航段 39#灯浮以西航航道北侧自然水深较好,若锚地里没有船锚泊,避让时必要可酌情使用。

船舶出港时,如果 17#锚地中有锚泊船,要稍偏南航行,一般情况下操纵船舶在 18#锚地附近驶入该段航道中轴线,可利用 39#灯浮、38#灯浮连线作为导航参考线,有船舶在会船区会遇时,出港船不应航行在航道中线上,而应航行在会船区中轴偏右航行。

龙腾航道内段与南三岛西航道交汇处转向点（41#灯浮附近）的转向操纵,转向角约 36°,以巴拿马型船舶为例,距转向点约 0.4~0.5 n mile,可以开始用舵转向,更为准确时机需要考虑船舶大小、载况、风流等情况进行加减。一般船舶可用 10°舵角,大吃水船舶必要时可用 20°舵角,之后视船舶应舵情况择机回舵、压舵和把定,使船位刚好控制在新航段中轴附近,在新航段上继续航行。在该转向点有船舶会遇时,应按规则左对左会遇,进港船舶可适度推迟转向,出港船应适度提早转向,避免转向过程中占用对方安全通航水域。

3) 注意事项

（1）对于大型和超大型船舶在重载状态下进港，确定船位时应有一丝不苟的谨慎态度，应采用多种方法和措施获得船位并综合判断、评估，不应只盲目相信单一定位手段。

（2）在转向点附近流态随深槽走向变化而变化，驾引人员应心中有数，根据潮流情况，做好转向前后的安全操纵。

（3）由于龙腾航道内段与南三岛南航道在"东海岛灯船"附近有交汇，船舶应注意瞭望，加强与来往船舶的沟通联系，协调好避让行动。从斗龙村北航道进出港船舶应主动避让龙腾航道进出港船舶。

（4）龙腾航道内段大黄江口水域是本港渔船主要捕捞作业区，渔船密度大，常在航道中来回穿梭，船舶应提早鸣笛警告，超大型船舶必要时可申请拖船或海事巡逻船护航。

（5）在冬季，大型船舶压载状态出港行至该航段后受到东北季风影响会比在港内明显加大，驾引人员应注意修正风压差角。

（6）航道周围背景灯光由锚泊船灯光和海上作业渔船灯光组成，航道的西北端就是第二引航锚地，有时船舶较多，灯光密集，进港船舶受背景灯光影响相对较大，应加强瞭望。

（7）小型船舶在该段航道航行过程中，应主动靠右航行，进港时有他船会遇，若对它船会遇有影响，应充分利用航道北侧锚地可航水域航行，出港时靠近右侧灯浮航行。

（8）进港船舶抵38#灯浮，出港船舶抵39#灯浮，应向湛江交管中心报告，同时注意收听 VHF 有关他船的通航信息。

3.1.3　南三岛西航道

1) 航道自然条件

南三岛西航道（图 3-3）长 3.5 n mile，在 400 m 宽度的范围内水深 10.1~40 m，真航向 257°47′~077°47′，航道的引导灯桩设在南三岛西南角上。航道北侧为湛江港第二引航锚地，目前为小型船舶的待泊锚地，航道南侧为宝钢湛江钢铁基地，航道东端附近设有 41#灯浮，为右侧标，该灯浮在南三岛西南角上的引导灯桩延长线上，航道西端与东石航道交汇，设有 43#、44#、45#和 46#灯浮。航道西端南侧有宝钢湛江钢铁基地综合码头支航道、中科炼化的离岸 30 万吨级码头、顺岸码头及其支航道。

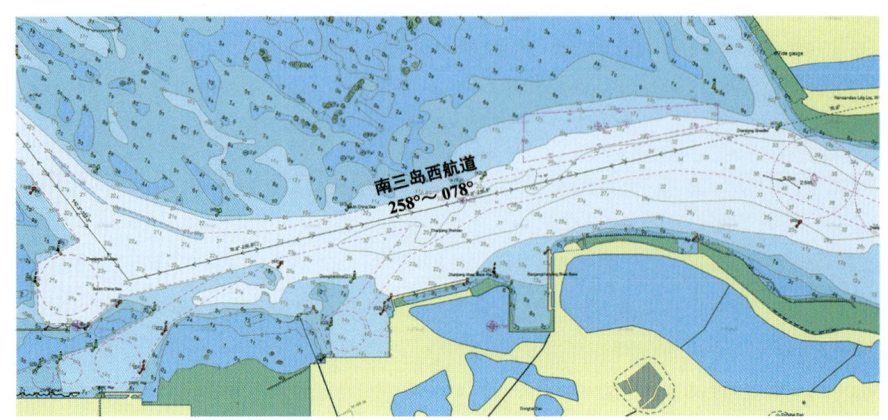

图 3-3　南三岛西航道

航道的西端为会船区,在 41#~43#灯浮之间的水域,航道南侧有宝钢湛江钢铁基地两个 30 万吨级泊位的旋回水域,水深条件良好,为疏导交通流,习惯上该水域常用于大型船舶会遇。

航道上水流速度在半潮时较急,涨潮最大流速 2.5 kn,退潮最大流速超过 3 kn,航道两端附近流向与航道方向约有 20°的交角,中段流向与航道方向基本平行,船舶进口,涨潮时左舷受流,退潮时右舷受流,船舶在 44#和 45#灯浮附近受退潮流向南压的趋势比较明显。

2) 航法

船舶进港,在龙腾航道内段顺利转入南三岛西航道后,注意观察南三岛西南角上前后引导灯桩相对方位变化情况,及时修正风流压差,保持船舶航行在航道中轴线附近,同时寻找并确认 43#、44#、45#和 46#四个灯浮,44#灯浮位置特点刚好在宝钢湛江钢铁基地化工码头栈桥延长线上,较易在雷达上识别该灯浮,通过对灯浮的辨识,为判断船位和下一步转向提供参考。进港船舶在该航段一般保持在航道中轴线或略偏右航行。

船舶出港,一般都沿航道中轴靠右航行,与他船会遇时可以让到航道边线甚至让出航道,毕竟航道南侧水域宽阔,水深条件良好,满足船舶通航安全需要。一般应在 44#与 45#灯浮前控制船位在驶导标线上,取真航向 075°~077°,根据风、流条件,及时适当调整风流压角,保持船位安全。

南三岛西航道与东石航道的转向角度为 65°,以巴拿马型船舶为例的转向操纵,距转向点约 0.5~0.6 n mile,可以开始用舵转向,准确时机需要考虑船舶大小、载况、风流等情况进行加减。一般船舶可用 10°舵角,大吃水船舶必要时可用 20°舵角,之后视船舶应舵情况择机回舵、压舵和把定,使船位刚好控制在新航段中轴附近,在新航段上继续航行。在该转向点有船舶会遇时,应按规则左对左会遇,进港船舶可适度提早转向,出港船应适度推迟转向,避免转向过程中占用对方安全通航水域。

3)注意事项

(1)航道北侧在第二引航锚地有众多小型船舶锚泊,航道南侧为宝钢湛江钢铁基地,在夜间背景灯光影响较大。

(2)出港船舶在位于 47#、48#灯浮时,会观察到 44#、#45 灯浮与宝钢湛江钢铁基地综合码头的进港支航道等灯浮相互交错,驾引人员要十分谨慎驾驶,使用多种方法,正确辨认灯浮。

(3)无论是进口船或出口船,应注意观察在航道及附近船舶的动态,特别是第二引航锚地船舶,起锚靠泊宝钢成品码头需要穿越航道,应及早用 VHF 与对方联系,协调避让行动。

(4)南三岛西航道及其两侧水域,通常有很多小渔船从事捕鱼作业,宝钢湛江钢铁基地泊位北侧有渔桩,船舶航经时应特别谨慎驾驶,及早鸣放号笛警告。

(5)大型或超大型船舶压载受风面积较大,在偏北风或东北风的风力较大的条件下应适当增加风压角,如果同时是落潮期间,风流压差角在转向后的初期还要适当加大。

(6)大型和超大型船舶乘潮进港,由龙腾航道内段转入南三岛西航道初始阶段,左舷受流明显,流压变化大,应及时调整。

(7)大型和超大型船舶进港由龙腾航道内段转入南三岛西航道前,应事先了解宝钢湛江钢铁基地以及中科码头船舶的动态,必要时提早联系,协调避让行动。

3.1.4 东石航道

1)航道的自然条件

东石航道(图 3-4)长 4.7 n mile,在宽度 400 m 的范围内,水深在 11.5 m 以上。该航道引导灯桩设在石头村的石头角上,真航向 322°~142°。航道设有 46#、47#、48#、49#、50#、51#、52#、53#等灯浮。航道东侧设有 8#、9#、10#以及 11#锚地,西侧航道外基本都是浅滩。航道东端有中科炼化离岸 30 万吨级码头和顺岸码头及其支航道,航道西端有宝满港区支航道、散货码头连接水域、东头山航道和 7#

锚地等水域。由于附近水域是各方向交通流的交汇处,船舶的会遇态势比较复杂。

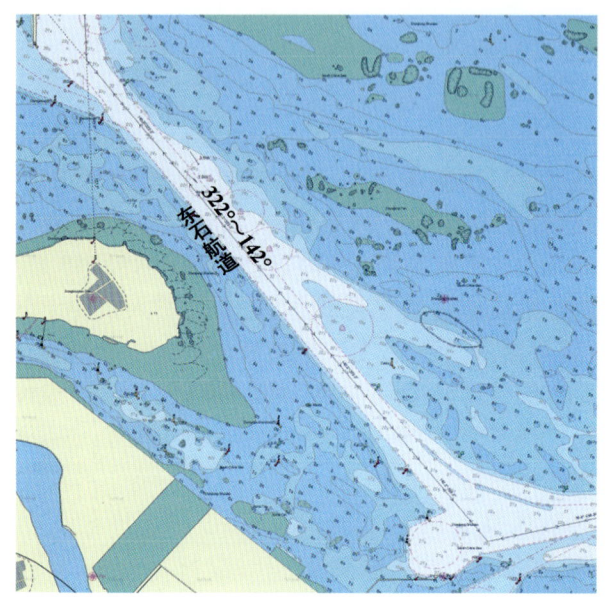

图3-4 东石航道

航道两端流向与航道方向有小交角,南端的交角稍大,约20°,中段流向与航道方向基本相同。涨潮流速1~2 kn,落潮流速2.5~3.0 kn,但近年来随着东海岛及东头山岛沿岸滩涂不断围垦开挖与围填,造成这一带水域水流方向及流速都有所改变。

该航段50#、51#灯浮附近水域为湛江港第三会船区。相关船舶可以按规定在该水域会遇。

2)航法

船舶进港,从南三岛西航道转向驶入东石航道,取真航向322°~323°,艏对石头角引导灯桩。驶过47#与48#灯浮后,可转至真航向323°~325°将50#、51#灯浮置于左舷,53#灯浮置于右舷,并使船舶稍偏右航行,因航道西侧都为浅滩,在此航道航行时,进港船应主动避让出港船。驶过51#灯浮以后,转真航向318°~320°,船首对52#与53#灯浮中间行驶,并注意保持引导灯桩前后灯成一线。

船舶出港时,如遇到能见度不良情况,在雷达上用电子方位线将48#、50#、51#三个灯浮的连线作为避险线,使船舶航行在这条方位线的东侧,到达47#与

48#灯浮前,应先确认 44#与 45#灯浮,以便于顺利转向进入南三岛西航道。

东石航道与东头山航道的交角是 36°,巴拿马型船舶在此转向操纵时,可在距转向点约 0.4~0.5 n mile 时开始操舵转向,操舵实际需要根据船舶速度、载况、风流和船舶会遇等情况进行加减。一般船舶可用 10°舵角,大吃水船舶必要时可用 20°舵角,之后视船舶应舵情况择机回舵、压舵和把定,使船位刚好控制在新航段中轴附近,在新航段上继续航行。在该转向点有船舶会遇时,应按规则左对左会遇,进港船舶可适度提早转向,出港船应适度推迟转向,避免转向过程中占用对方安全通航水域。

3) 注意事项

(1) 小渔船在航道上穿梭频繁,进出港船要特别注意航道上的拖虾船,此类船舶一般不会主动避让来船。船舶在航道上航行时应加强瞭望,掌握渔船动态特点,减速航行,鸣笛警告,谨慎避让。

(2) 当发现航道东侧的几个锚地有船舶要起锚或有船舶从航道转向引入锚地准备抛锚时,应及时用 VHF 呼叫,了解清楚对方的航行意图,协调好避让行动。

(3) 航道的西侧有浅滩、礁石,在能见度不良时,要注意在任何情况下都不要过于偏西航行,重载船舶出港时应尽量保持在航道中线上航行。

(4) 进港船舶应密切观察宝满港区进港支航道、东头山航道、湛江港石化公司成品油码头支航道是否有船出口,同时也要注意 7#锚地的船舶动态,及时在 VHF 上联系,沟通避让,协调行动。

(5) 出港的大型、超大型船舶如果船速较低,在东北风或偏东风较大时会产生较大漂移量,应及早修正,保持船位安全。

(6) 船舶出港时应注意中科码头船舶动态,必要时提早沟通,协调避让行动。

(7) 东石航道是受背景灯光影响最严重的航道之一,包括锚泊船、岸上工厂、码头、油库和建筑物的灯光等。背景灯光影响瞭望,应适度走动,多角度瞭望,谨慎操纵。

(8) 小型船舶习惯看灯浮航行,在 46#灯浮附近转向点,出港小型船舶习惯在 49#灯浮附近靠左航行,若附近有他船进港,将严重妨碍进港船舶安全航行,进港船应提早联系,协调避让行动。

3.1.5 东头山航道

1) 航道自然条件

东头山航道(图 3-5)长 1.5 n mile,航道引导灯桩设在东头山西北角,真航向 358°~178°，底质泥、泥沙，除了引导灯桩外，航道中的灯浮包括 52#、53#、54#、55#和 56#等灯浮。

航道东侧是 7#小油船锚地。航道西侧由南向北依次布置有霞山港区散货码头（601#泊位，40 万吨级）、湛江港石化公司 210#、200#、202#和 201#泊位，航道北端西侧有 400#散货码头（20 万吨级），航道东侧以 55#灯浮为界。本航道在 54#灯浮与石化码头支航道相交。航道北端为 30 万吨级船舶回旋水域，沿东头山航道进港船舶由此转入麻斜航道。流向与航道走向有一小交角，航道南段水流交角稍大。涨潮流速 1.5~2.0 kn，落潮流速 2.5~3.0 kn，船舶进港在涨潮时为右舷受流，落潮时为左舷受流，船舶出港时相反。

图 3-5 东头山航道

2）航法

不需要与他船会遇时，船舶可以利用导标等导助航设备设施，航行在航道中轴线上，需要与他船会遇的，应提早靠航道中轴右侧航行，保持与他船左对左会遇。出港的船舶若右舷水深足够，水域较为宽阔，应尽可能靠右航行，避免妨碍进港大型深吃水船舶的航行安全。

东头山航道与麻斜航道交角为 25°，巴拿马型船舶在此转向时，可在距离转向点约 0.4~0.5 n mile 时开始操舵转向，操舵时机应考虑船速、载况、风流和附近交通流等情况。一般船舶可用 10°舵角,大吃水船舶必要时可用 20°舵角,之后视船舶应舵情况择机回舵、压舵和把定,使船位刚好控制在新航段中轴附近,在新航段上继续航行。在该转向点有船舶会遇时,应按规则左对左会遇,进港船舶可适度提早转向,出港船应适度推迟转向,避免转向过程中占用对方安全通航水域。

3)注意事项

(1)在强偏东风时,船舶受横风影响,注意及时修正风压角,尤其是靠离霞山港区码头或石化公司码头的船舶,船速低,受横风影响更为明显。

(2)进出口船舶在该航道会遇,一般按规则各自靠右航行,小型船舶要主动宽让大型船舶。

(3)船舶在进入本航道前要注意油码头的船舶动态,应及早通过 VHF 联系,并协调好避让行动。

(4)行驶至东头山航道北端附近应注意是否有船从一分公司南、北港池驶出,或在麻斜航道上是否有出口船,若有则应及早用 VHF 联系或声光信号表明本船意图。

(5)船舶出港时,可利用东头山岛上的引导灯桩确认船位,同时注意宝满港区支航道、石化码头区的进出港船,提早沟通,协调避让行动。

(6)船舶转入东头山航道前,或在东头山航道上行驶时,要注意在 7#锚位起锚的船舶动态,及早用 VHF 联系,协调好避让行动。

(7)注意背景灯光影响,加强瞭望,谨慎操纵。

3.2　7万吨级航道航法

湛江港7万吨级航道按乘潮通航7万吨级船舶单向航道建设,包括麻斜航道、麻斜西航道、莫烟楼航道、莫烟楼西航道、调顺航道、霞海航道和调顺港区港池航道。从麻斜航道经莫烟楼航道至调顺岛三区港池航道全长约16.96 km (9.16 n mile),航道通航宽度为195 m,底标高为-13.6 m,于2009年6月底竣工。

7万吨级航道的麻斜航道与30万吨级航道的东头山航道对接,交汇点为56#灯浮。

3.2.1　麻斜航道

1) 航道自然条件

该航道(图3-6)长约1.63 n mile,宽400 m范围内,水深12.6~29.5 m,引导灯桩设在麻斜西南角,真航向023°~203°,流向与航道走向平行,涨潮流速2 kn,落潮流速2.3 kn,底质为泥、泥沙。在该航道中段设有3#、4#锚位和5#临时锚位,

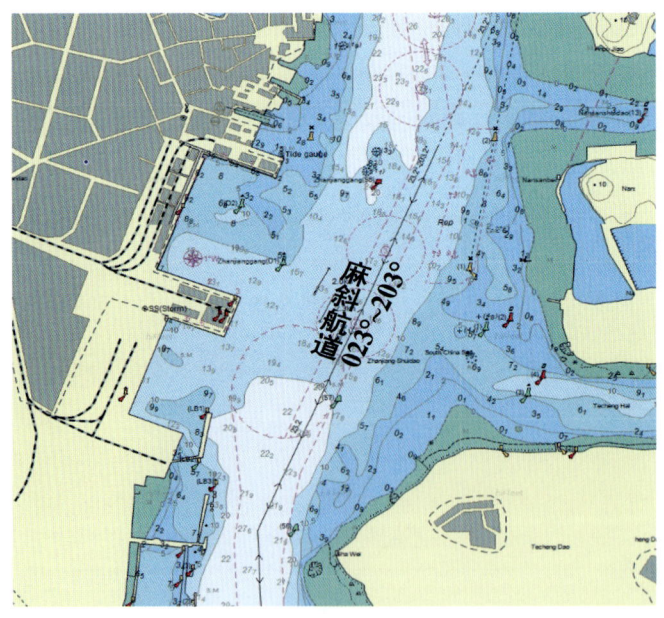

图3-6　麻斜航道

东侧设有南三岛小型油船锚地和特呈岛海水养殖区。56#灯浮设在航道的南端，为右侧标，闪(2)绿6 s，其东面有4.1 m的岩石与浅滩。58#灯浮设在航道的北端，为左侧标，闪(3)红10 s，其西北面有0.7 m与3.1 m的大丘礁和母牛礁两处浅滩和暗礁，而且该水域经常有小型摆渡船为锚地的船舶提供服务，小型船舶穿越航道比较频繁，交通环境比较复杂。

航道的南端为30万吨级船舶回旋水域，航道东侧设有57#灯浮，为右侧标，闪(3)绿10 s。

航道北段也是湛江港第二会船区，相关船舶可以按规定在此水域进行会遇。

2）航法

该航道是湛江港7万吨级航道进港方向的起始段，7万吨级航道全程限速10 kn，船舶从30万吨级航道进港接近麻斜航道时，应提早减速，遵守港规，不得超速行驶。

不需与他船会遇时，船舶可以利用导标等导助航设备设施，航行在航道的中轴线上，需要与他船会遇应提早靠航道中轴右侧航行，保持与他船左对左会遇。进港船舶可以保持在航道中轴线或适度靠右行驶，并注意北端和下一航段通航环境，必要时提早减速，采取安全航速；出港船舶一般都应靠右行驶，并注意前方码头区船舶动态，需要采取避让行动应提早协调。在该航道会船，原则上小型船舶应主动宽让大型船舶。

3#、4#锚位正好位于航道中心线上，一般情况下管理当局不安排船舶锚泊，若有船锚泊，将影响船舶通行，船舶应避免在锚地一带水域会船。

麻斜航道与麻斜西航道在58#灯浮附近交汇，转向角度为25°，巴拿马型船舶可在距离转向点约0.4~0.5 n mile时操舵转向，操舵时机和舵角大小应根据船速、载况、风流和交通流等情况进行调整。一般船舶可用10°舵角，大吃水船舶必要时可用20°舵角，之后视船舶应舵情况择机回舵、压舵和把定，使船位刚好控制在新航段中轴附近，在新航段上继续航行。在该转向点有船舶会遇时，应按规则左对左会遇，进港船舶可适度推迟转向，出港船应适度提早转向，避免转向过程中占用对方安全通航水域。

3）注意事项

（1）来往于特呈岛与霞山和南三岛与霞山之间的小船、车渡船、渔船等特别多，且经常抢越大船船头，通航环境复杂，应加强瞭望，使用安全航速，谨慎驾驶。

（2）航经小油船锚地附近，应注意在该锚地锚泊的小油船是否有船正在起锚掉头的。如有应即鸣笛警告，并作好避让准备。

（3）在非休渔期,渔船都是三五成群地到此处加冰或加油,航行又无序,对此应保持高度警惕,要注意避让从长桥码头出来的渔船船队。

（4）在58#灯浮附近经常设有渔桩,而且这些渔桩有向航道延伸的趋势,在此转向要注意与其保持有足够的安全横距。

（5）出口船在过58#灯浮之前,要注意前方港区是否有船进出,如有则应及时联系,协调避让。

（6）锚地、岸上等背景灯光影响较大,常有快艇等小型船夜间不点灯来回穿梭,应特别注意。

3.2.2 麻斜西航道

1）航道自然条件

麻斜西航道(图 3-7)起点在 3#锚地,附近有 58#灯浮,经过麻斜渡口后到达 59#灯浮,真航向是 353°~173°,航道长约 0.75 n mile,在宽度 400 m 的范围内,水深达 15~28 m,涨落潮的流向与航道方向基本一致,最大涨潮流速约 2.0 kn,最大落潮流速约 2.5 kn。

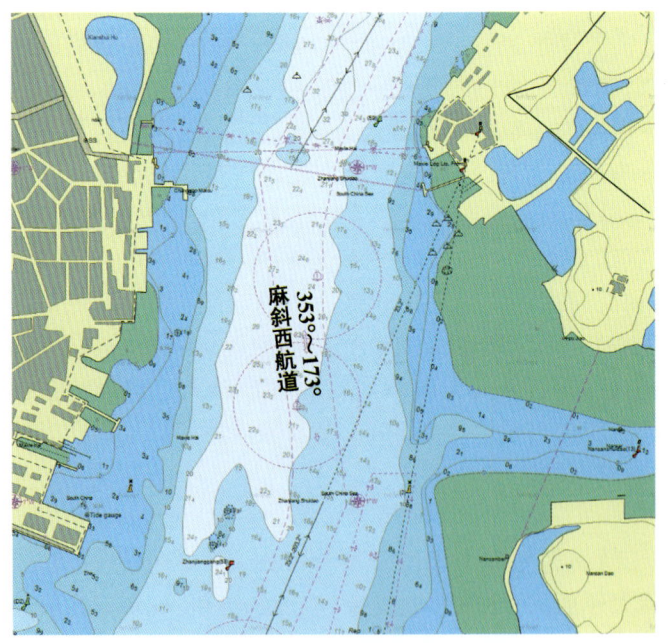

图 3-7 麻斜西航道

航道的中段设有湛江港的 1#锚地和 2#锚地,此两个锚地位于航道中心线上,通常只在防台期间才允许小型船舶锚泊防台,航道西侧长桥锚地平时有较多小型船锚泊,对主航道船舶航行造成一定影响。航道北段与麻斜渡船、南三岛渡船、特呈岛渡船航线交叉,东侧是小油船锚地及网箱养殖场,锚泊的小油船由于受到附近养殖网箱影响,有时锚位会离航道较近。经常有渔船在航道中央放网或拖网捕鱼,航道两侧的小船来往穿梭频繁,通航密度高,在夜间过往小船常有不亮灯和抢过大船头等现象,通航环境比较复杂。在 58#灯浮北侧有大丘礁和母牛礁两处浅滩和暗礁,其附近有较多渔桩,注意保持安全距离。

2)航法

船舶进港,从麻斜航道进入麻斜西航道后,航两侧水深都比较深,满足通航安全要求,视通航环境情况,一般都靠航道中轴线右侧甚至右边线航行,真航向取 000°左右,把 59#灯浮置于本船右侧行驶。

船舶出港,在驶过 59#灯浮后,一般靠航道中轴线行驶,西侧长桥锚地锚泊船较多影响较大时,常常需要沿航道中轴线东侧将 58#灯浮放在本船右侧行驶。

麻斜西航道与莫烟楼航道的交汇点在 59#灯浮(右侧标)附近,转向角度约 30°,巴拿马型船舶可在距离转向点约 0.4~0.5 n mile 时操舵转向,操舵时机和舵角大小应根据船速、载况、风流和交通流等情况进行调整。一般船舶可用 10°舵角,大吃水船舶必要时可用 20°舵角,之后视船舶应舵情况择机回舵、压舵和把定,使船位刚好控制在新航段中轴附近,在新航段上继续航行。在该转向点有船舶会遇时,应按规则左对左会遇,进港船舶可适度提早转向,出港船应适度推迟转向,避免转向过程中占用对方安全通航水域,当然也要与西侧锚泊船保持安全距离。

3)注意事项

(1)该航段是 7 万吨级航道通航环境最为复杂的部分,应加强瞭望,使用安全航速。

(2)此段航道的两侧锚泊船较密集,各种渡船来往穿梭比较频繁,各式各样的小船、渔船抢头占道,进出港船舶航行经过时,无论白天或夜间航行,都应安排人员在船首瞭望。

(3)锚泊船灯光和岸上灯光等影响瞭望,夜间航行尤其要注意观察不亮灯的小船,应经常走出驾驶室瞭望,以便对它们的动态有更准确的判断。

(4)有些小船加装了帆布,影响其视野,机器的噪声又妨碍听到大船汽笛声,因而往往发现来船较晚,应提早降低船速,谨慎操纵。

(5)进港船舶在该航道航行时,如果观察到莫烟楼航道上有出港船,应及早联系,采取协调避让措施。

(6) 在冬春两季,本港多以偏东风和东北风为主,大型船舶空载出港,由于受风面积较大,航经该航道时应注意强横风的影响,及时修正风、流压差。

3.2.3 莫烟楼航道

1) 航道自然条件

莫烟楼航道(图3-8)长1.45 n mile,真航向030°~210°,航道上有59#、60#灯浮作为标示,均为右侧标,航道的水深条件较好,在200 m范围内,水深在20 m以上,在中段的东侧有小范围的14.5~20 m水深区域,航道始末两端潮水的流向与航道的方向有大约30°~40°交角,而中间段流向基本与航道方向相同,涨潮流速约1.5 kn,落潮流速则可达2.5 kn左右。

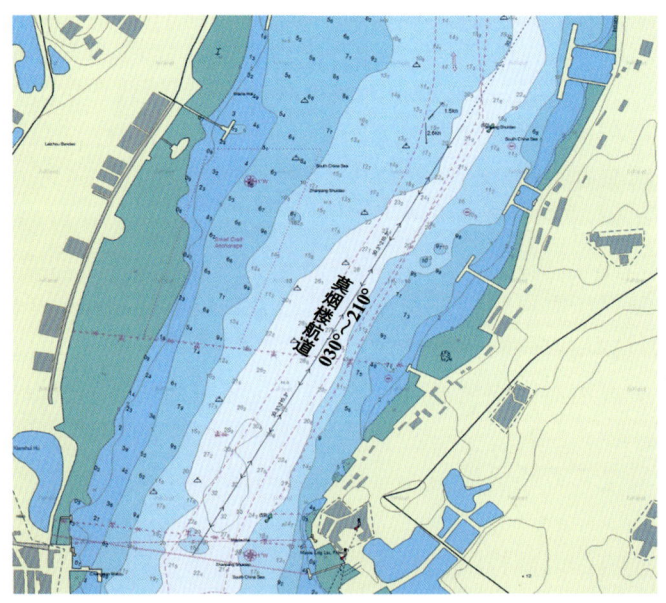

图3-8 莫烟楼航道

莫烟楼航道南端(59#灯浮附近)以北约0.5 n mile的范围内是禁止抛锚区,船舶要避免在此航段抛锚。航道东侧是航行禁区,西侧有较多海军系船浮筒,且夜间无灯光显示,个别浮筒离航道西边线较近,应在雷达上识别。军舰有时系带在浮筒上,在风、流的作用下进入航道,对他船安全航行有一定的影响。航道中常有小渔船活动,妨碍进出港船舶的正常航行。

3）注意事项

（1）斗龙村北航道目前为小型船舶所用,船舶进出该航道前,应向湛江交管中心报告。

（2）台风过后,海上灯浮移位的可能性很大,船舶核实船位,直观有效是利用导标船上的电子设备。

（3）有风流影响时,应偏上风上流行驶,避免被风流压向下方而搁浅。

（4）该航道及附近往往有小渔船捕鱼,航经该航道应加强瞭望,密切注意小渔船动态,谨慎操纵。

3.3.3 南三岛南航道

1）航道自然条件

南三岛南航道(图3-16)长约1.5 n mile,真航向145°~325°,引导灯桩设在南三岛的东南角上。此航道接近大黄江口,中线两侧的水深较深,均在9.0 m以上,涨、落潮流向与航道轴向交角只有5°左右,大潮汛期间流速较急,约2.5~3.0 kn。此航道与龙腾航道内段在"东海灯船"交汇。

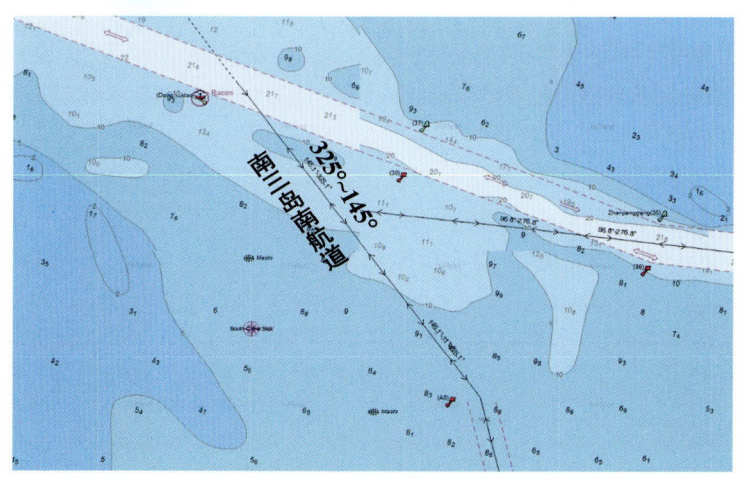

图3-16 南三岛南航道

2）航法

进港船舶驶近A8#灯浮前,可参考南三岛上的引导灯桩或东海岛灯船上的雷康信号,逐渐向左转向转入南三岛南航道,将东海岛灯船置于左舷通过,及时修正风流压差,保持船位在导标线上。

东海岛灯船是南三岛南航道和龙腾航道交汇处,进港船舶通过东海岛灯船后应穿过龙腾航道,转向沿龙腾航道北侧外缘行驶进港;计划经斗龙村北航道出港船舶,一般应沿龙腾航道的右边缘行驶,视吃水情况也可行驶在航道外缘,抵东海岛灯船后转入南三岛南航道出港。南三岛南航道东侧水深较深,船舶如受偏东风或东北风影响可稍偏东航行。

在能见度不高时,应利用雷达助航,艏对南三岛东南角稍偏西处,同时在雷达上寻找东海岛灯船和前方的防台锚地专用标,确认灯船和灯浮后,可转真航向 325°,把东海岛灯船放在左舷通过,艏对该防台锚地专用标,并充分利用电子海图确认船位。穿过龙腾航道,距东海岛灯船约 0.2 n mile 后可沿龙腾航道外沿行驶。

3)注意事项

(1)船舶进口驶近 A8#灯浮前,应及早寻找南三岛航道引导灯桩,也可参考东海岛灯船雷康信号,为定位和转向提供参考。

(2)进入该航道前,发现龙腾航道有大型船舶通航,应主动避让,避免妨碍龙腾航道中大型船舶正常进出港。

(3)船舶从斗龙村北航道进港,抵 A8#灯浮时,应向湛江交管中心报告船位;船舶出港,抵 39#灯浮时应向湛江交管中心报告船位。

(4)在 A8#灯浮附近转向时,如果是涨潮,不要过早转向,该航道西侧水域不宽裕,而且浅点多,应防止被潮流压向西侧,东侧水域相对较宽阔,涨潮时可稍偏东行驶。

(5)东海岛灯船和防台锚地专用标之间的附近水域通常渔船密布,进出港船舶应及时减速,采用安全航速,谨慎操纵。

3.4 各港区支航道航法

湛江港港湾内港区分布比较分散,各港区与主航道连接的支航道较多,下面逐一介绍。

3.4.1 宝钢综合码头支航道

1)航道自然条件

该支航道(图3-17)是按5万吨级散货船单向通航设计,真航向为037°~217°,宽度175 m,长度约230 m,航道的入口附近是天然水深,靠近港池连接水域为疏浚水深,地质是泥、沙,目前实际可用水域宽度达300 m,水深超14 m。本航道与南三岛西航道附近主流向约有40°左右交角,但由于航道的入口处距离东海岛岸边较近,流速较主航道上有所减缓。水域中有三个浮标标识支航道入口和港池边界。

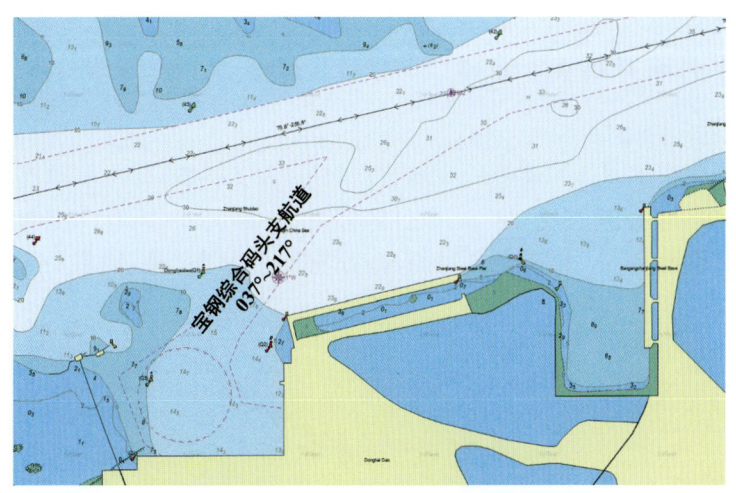

图3-17 宝钢综合码头支航道

2)航法

进港船舶从主航道接近42#灯浮时,逐渐向左转向,涨潮时,应使船首对航道入口处Q_1和Q_2灯浮中间偏左航行,观察流压变化和趋势,适当调整风流压角,始终保持船位在支航道上流一侧或航道中线上行驶;落潮时,应使船首对航道入口处一对灯浮的中间偏右航行,观察流压变化和趋势,适当调整风流压角,始终保持船位在支航道的上流安全位置。

船舶出港时,也应视潮流情况,始终保持船位处于上风流的有利位置,出港并入主航道交通流应采取小的角度进入,如果船舶需要向港内航行,则需大角度进入航道,要提早与周围船舶协调,避免影响他船正常航行。

3) 注意事项

(1) 若有船舶在该港池离泊,进靠的船舶必须及时减速,等待离泊船驶离支航道后,才能进入支航道进港靠泊。

(2) 由于支航道长度短,且转向角度大,5万吨级船舶进靠该码头应在进入港池航道前系带好协助拖船,必要时可利用拖船协助转向和减速。

(3) 支航道方向与水流方向交角较大,重载船舶应选择平潮缓流期间进出航道,空载进出也应注意克服强风的不利影响。

(4) 船舶进出支航道前,应注意主航道上航行的船舶,应及早通报本船航行意图,协调避让行动。进港船一般与主航道出港船正常左对左安全会遇后转入支航道,也可与出港船协调后采取右对右会遇,本船应提早调整船位在主航道的南边线或其外缘。

3.4.2 中科顺岸码头支航道

1) 航道自然条件

中科炼化顺岸固体和液体码头通过支航道(图 3-18)与主航道连接,真方位是 060°～240°,支航道宽度 200 m,设计底标高为-14.5 m,设有 7 座水上浮标,标识支航道和港池水域。航道的入口与 30 万吨级主航道对接,地质是泥、沙。本支

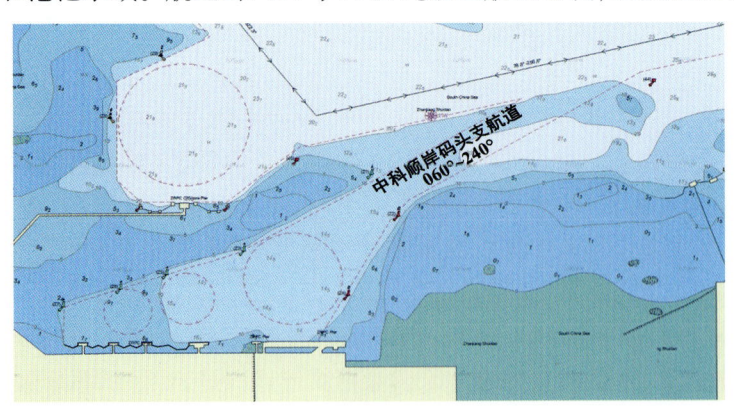

图 3-18 中科顺岸码头支航道

航道与南三岛西航道附近主流向约有 16°左右交角,航道的入口水流较急,航道轴线与流向交角较大,该处流压较大,进入支航道到港池水域的过程中,水流速度逐渐减弱,流向也逐渐与码头平行。

2)航法

进港船舶从主航道驶过 43#灯浮后,逐渐向左转向,涨潮时应使船首对航道入口处 Z1#和 Z2#灯浮中间稍偏左航行,观察流压变化和趋势,适当调整风流压角,始终保持船位在支航道上流一侧或支航道中线上航行;落潮时,应使船首对航道入口处一对灯浮中间偏右航行,观察流压变化和趋势,适当调整风流压角,始终保持船位在支航道上流一侧或中线上航行。进港船若进入支航道期间,条件允许可以与出港船正常左对左安全会遇后转入支航道,否则应与出港船协调,采取右对右会遇,本船应提早调整船位在主航道中轴线南侧,视潮流情况择机转入支航道。

船舶出港时,应视潮流情况,始终保持船位处于上风流有利位置,出港并入主航道交通流应采取小角度进入,如果船舶需要开往港内,则需大角度进入航道,要提早与周围船舶协调,避免影响他船正常航行。

3)注意事项

(1)若有船舶在该顺岸离泊,进靠的船舶必须及时减速,等待离泊船出来让清支航道后,才能进入支航道进港靠泊。

(2)由于本航道长度较短,5 万吨级船舶进靠该码头应在进入港池航道前系带好协助拖船,必要时利用拖船协助操纵。

(3)支航道轴线与水流方向交角较大,重载船舶应选择平潮缓流期间进出该支航道,空载进出也应注意克服强风的不利影响。

(4)船舶进出支航道前,应注意主航道上航行船舶,应及早通报本船航行意图,协调避让行动。

(5)船舶如在落潮流较急时出港,应尽量靠上流一侧航行,避免船舶低速状态被压到 44#灯浮及其西侧浅滩的被动局面。强风中同样要保持谨慎操纵。

3.4.3 宝满港区支航道

1)航道自然条件

宝满港区支航道(图 3-19)方位角为 292°25′~112°25′,与东石航道夹角约为 30°,全航段为人工开挖航道,长度 1 825 m,底标高为-17.6 m,航道宽约 300 m,满足 15 万吨级散货船和 7 万吨级集装箱船安全通航。支航道设有 M1、M2、M3

和湛江港 52#灯浮。宝满港区支航道口流压角较大,船舶低速进出支航道应注意风流的不利影响,提早预配风流压。

目前该支航道服务 602#、603#两个散货船泊位和 801#、802#两个集装箱船泊位。

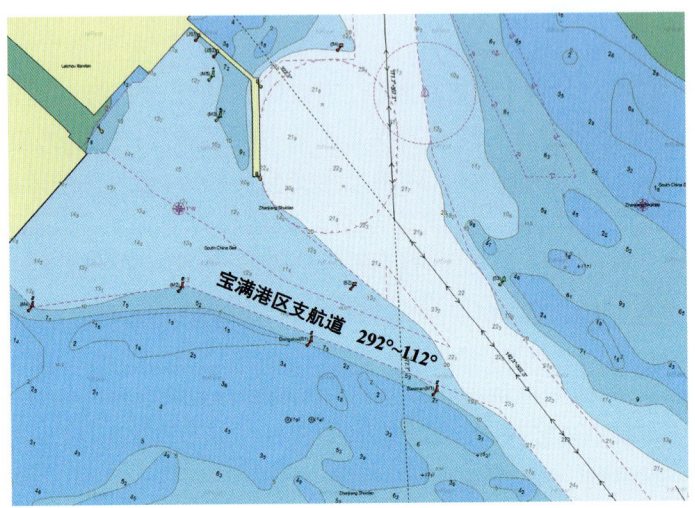

图 3‑19　宝满港区支航道

2）航法

进港船舶,在驶过 8#锚地后,向左转入宝满港区支航道,驶入支航道后,取真航向 292°~293°,视风流压情况,及时调整,保持船位处于有利安全位置。

出港船舶,在港区回旋水域完成掉头操纵后,取真航向 112°~113°,航行在航道中线附近,视风流压情况及时调整航向,保持安全船位,在航道东端向右转向驶入东石航道。

3）注意事项

（1）支航道口附近有主航道转向点、散货码头链接水域、湛江港石化公司成品油码头支航道等航道的交汇水域,通航环境比较复杂,船舶进出支航道前需要全面了解附近通航情况,事先与过往船舶协调好避让行动。

（2）支航道东端与涨落潮的流向有一定交角,船舶在进港航道上航行,受横流影响较大,应注意修正流压差。

（3）由于船舶在港池支航道上行驶速度较低,当受到较强横风影响时,要及早修正风流压,必要时可使用拖船协助。

（4）支航道及附近水域常有小渔船从事捕鱼作业,任意穿行,船舶应注意渔船动向,及早鸣笛警告,进行有效避让。

(5)进出支航道的船舶应主动避让主航道正常航行的大型船舶。

3.4.4 207#~209#成品油码头支航道

1)航道自然条件

支航道(图3-20)位于湛江港霞山港区散货码头与湛江港石化公司210#泊位之间,支航道长1 000 m(0.54 n mile),宽度96 m,设计水深7.8 m,真航向为338°30′~158°30′,底质泥沙。支航道C1#、C2#和C3#灯浮,标识航道边线和211#~213#泊位港池水域。支航道轴线与流向约有30°交角,涨潮流速1.8 kn,落潮流速2.5 kn;港池航段流向与码头走向一致,流速比外段相对较弱。

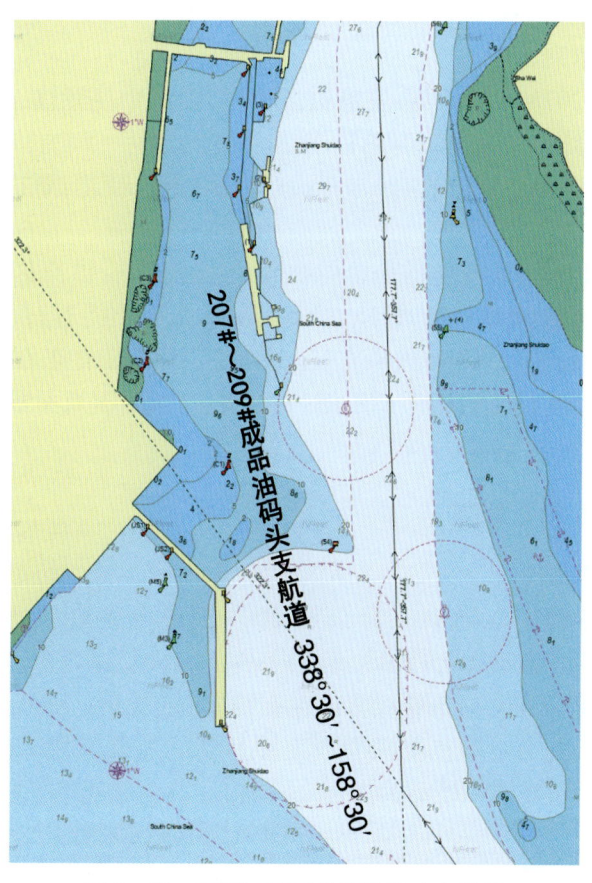

图3-20 207#~209#成品油码头支航道

2）航法

船舶进靠 207#~209#码头，在东石航道 52#、53#灯浮处向右转点向便可进入 207#~209#码头支航道或在 7#锚位起锚进入 207#~209#码头支航道，控制好航速，注意修正风流压差，始终保持船位在支航道中上风流有利位置，防止偏离航道。过 C1#灯浮后，向右转向，可取真航向 000°~005°，便可进入 207#~209#码头港池进行靠泊。

船舶驶离 207#~209#码头，在码头港池内掉好头，船首对 C1#灯标行驶，可取真航向 183°~185°，当船舶与 C2#灯标正横时，向左转向，从 C1#灯浮和 210#泊位南端之间驶出，并注意修正风流压差，防止偏离航道。船舶驶过 C1#灯浮后，可视潮流情况，结合本船吃水，在安全前提下灵活地把 54#灯浮置于本船左舷或右舷转入主航道，或调整航向对 7#锚位方向抛锚。

3）注意事项

（1）船舶从 207#~209#码头支航道进出港，要特别注意修正风流压差角，防止船舶偏离航道搁浅或压到 210#泊位南端。

（2）207#~209#码头支航道经常有渔船捕鱼作业，使用该航道船舶要特别注意，避免受渔船影响出现险情。

（3）207#~209#码头支航道是单向航道，准备进入船舶若发现其他船舶正在或准备使用支航道出港，应立即控速，等待其船出来后才能进入。

（4）船舶进出 207#~209#码头支航道前，要注意瞭望在东石航道及东头山航道上行驶的船舶，应主动避让大型船舶，对于小型船舶应及早联系，协调好避让行动。

3.4.5　电厂码头支航道

1）航道自然条件

进港船舶经过湛江港第三分公司 300#泊位港池转入电厂码头支航道（图 3－21），该航道长约 0.6 n mile，真航向 340°~160°，在 200 m 宽度范围内的水深约 12.5 m，水流方向与航道轴线方向存在约 20°的夹角。受到湛江港 300#泊位岸线地形的影响，航道南端在退潮时产生冲开流。航道东侧设有 72#、73#灯浮，航道东侧水深较浅，地质以礁石为主。

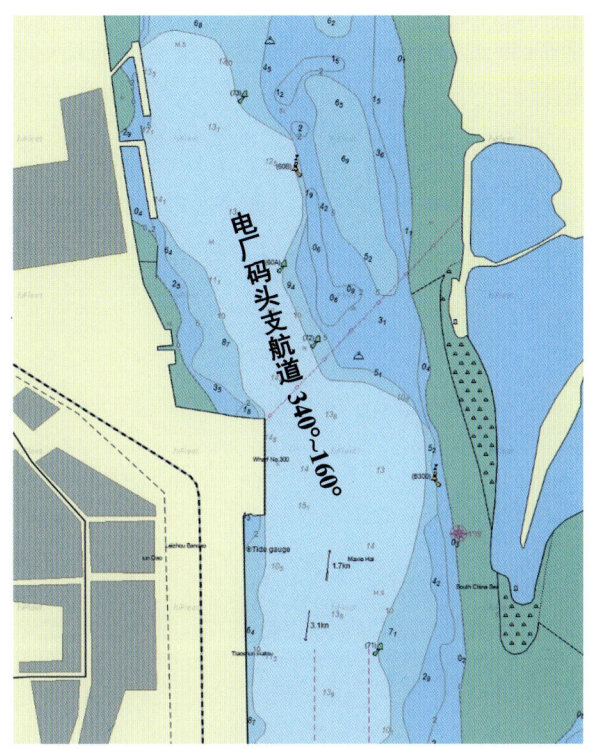

图 3-21　电厂码头支航道

由于水域狭窄,该航道水流较急,造成涨落潮流速都较大,涨潮流速为 2.0 kn,落潮流速可达 3.0 kn。

2) 航法

进港靠泊电厂码头的重载船舶一般在三分公司码头港池带妥协助拖船,船舶处于低速淌航状态,当船舶进入三分公司 300#泊位,驶过 71#灯浮后,逐渐向左转向,走真航向 340°~343°,艏对本码头北端或加隆码头南侧航行,当船舶驶过三公司码头时,可向左调整航向,以适当的角度接近泊位。

3) 注意事项

(1) 本航道的南端经常有小渔船下网捕鱼,驾引人员应提早了解航道的通航环境,提早控制安全航速。

(2) 进入本航道前,应观察是否有部队船艇从加隆码头驶出,若有情况应及时联系,协调避让措施,避免在该航段会遇。

(3) 船舶从湛江港第三分公司码头港池航道转入本港池航道前,在第三分公

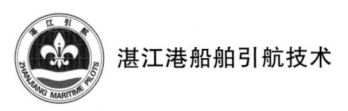

司港池航道可停车淌航,便于在 72#灯浮处转向时用车、舵进行转向。

(4)台风后复产,进港船舶应等待海事巡逻船完成航道巡查后,确认无锚泊船妨碍通航后再进港。

(5)本航道流态较复杂,重载船舶及时调整风流压差角;船舶卸载后出港的初始速度低,更应注意风、流的共同影响。

第 4 章

船舶靠离泊技术

4.1　中小型船舶靠离泊作业

4.1.1　小型船舶空载靠泊操纵

1）船舶资料

BT 轮：载质量 5 020 t，总吨 2 988，船长 98 m，船宽 15.8 m，压载吃水 4.5 m。

BT 轮计划于 2022 年 4 月 28 日 0200 左靠宝钢 933#泊位。

2）泊位介绍

宝钢 933#泊位(图 4-1)位于大黄江口的湛江 2#锚地附近主航道以南，是钢铁成品的重要出口码头。其旋回水域直径 292 m，泊位前沿水深 8.4 m，港池水深 8 m。泊位走向为南北走向(方位角 000°/180°)，一般靠小型船舶，预留泊位长度为 120 m。

图 4-1　宝钢 933#泊位实景

3）气象、潮汐情况

2022 年 4 月 28 日(农历三月廿八)，阴天，东南风 4 级。低潮潮时 0321，潮高 78 cm。作业时 0100 时潮高 136 cm，0200 时潮高 97 cm。退潮潮差 39 cm。

4）拖船配置

BT 轮进港使用一艘拖船"湛港拖 17"协助靠泊。"湛港拖 17"马力为 4 000 HP，带于右侧船首甲板。

5）靠泊操纵过程

登船前准备：通知船长前后准备，备双锚应急；通知拖船在船边待命，随时准备系缆；联系宝钢调度做好靠泊系缆准备；核查大黄江周围船舶动态，为登船后操纵做准备。

登船位置：湛江港第二引航锚地，41#浮标转向后引航员登船，登船航速5~6 kn。登船后，立即核查船位、航向、航速、周围船舶动态，同时与船长交换船舶信息，下令带好前部拖船。

确认会遇船情况，保证安全后，控制船舶左转进港池，逐渐到达图4-2中位

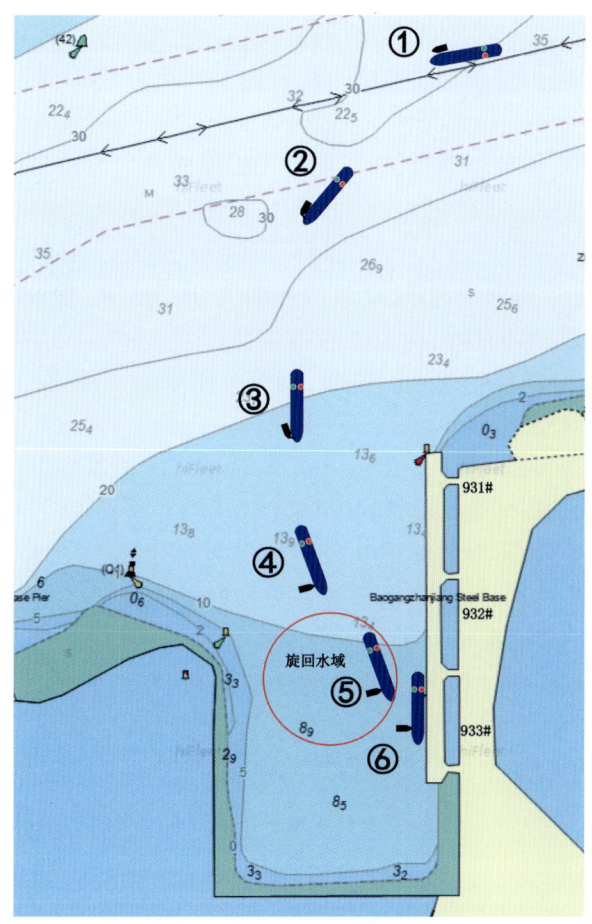

图4-2 小型船舶空载靠泊示意

①②③。至位③时，船速控制在 3~4 kn；在位③~④的过渡期间，船舶受流的影响逐渐减小，受风的影响逐渐加大，停车减速；东南风影响下，船尾受风面积大，船首向上风偏转，同时使用舵和拖船配合，使船舶缓慢左转至位⑤；在位⑤时，船速不应超过 2 kn，船首对准泊位前端，距离码头约 60 m 时抛下右锚，并一次性松出 2 节锚链入水，刹紧锚链。由于惯性，船舶继续前行，锚链紧时可适当松长锚链，利用拖船配合，及早撇缆上岸，先带艏倒缆、艏缆。船尾与泊位后方船舶清爽后，收紧艏倒缆，利用短时慢进车右满舵，靠拢船尾，及时带艉倒缆、艉缆。所有缆绳带好后，协调前后船员绞紧缆绳稳定船舶在位⑥。

6) 靠泊注意事项

(1) 引航员登船前后，应提高情景意识。注意观察进出第二引航锚地的船舶、靠离东区成品码头船舶和在航道中航行船舶的动态，及早联系沟通，广播本船动态，协调避让。

(2) 进港池前，须穿越航道，应与前方出口船舶和后方进口船舶提早联系，协调避让。本船应选择合理的时机，在不妨碍主航道上航行船舶的情况下，大角度快速穿越航道。

(3) 风流影响：进入港池前，受流的影响大，退潮潮差 39 cm，流速急，船舶应抢上流前行，距离宝钢 931#泊位应大于旋回区半径 146 m。进入港池后，受东南风的影响大，须及时调整船舶入泊角度，缩短船岸横距。在图 4-2 中位⑤时，船首距离码头半个船长，船尾距离码头一个船长。

(4) 进港池期间，风流压差大，引航员应观测岸上显著标志，结合雷达本船矢量线做出预判，及时调整航向航速，控制船位。

(5) 右锚抛下后，不应使锚链吃力而妨碍拖船，因此一次性抛下 2 节入水的锚链使锚链垂直是必须的操作，也是船首带拖船必须要注意的。抛下 2 节以后，锚链再次吃力对拖船的影响就不大了。

(6) 东区成品码头泊位停泊的船舶密集。靠泊时，密切注意本船与泊位前后方靠泊船的距离。入泊后，关键是控制纵向速度，应防止锚链受力使船舶后缩。

(7) 当开风较大，必要时，在艏倒缆带好后，解掉船首拖船，让拖船在船尾顶推。

4.1.2　小型船舶单拖船靠泊操纵

1）实操船资料

AB 轮：船长 112.21 m，船宽 19 m，靠泊时前后吃水 3.7 m/5.1 m，载质量 8 500 t，总吨 6 980。2019 年 3 月 7 日 1800 时左舷靠东区 932#泊位。

2）泊位资料

东区 932#泊位(图 4-3)为 1 万吨级杂货船泊位，位于湛江宝钢港区的 931#和 933#泊位中间，东区 932#泊位和 933#泊位设计总长 478 m，泊位方位角 000°/180°，旋回水域直径 292 m，泊位前沿水深 8.4 m，港池水深 8 m。

图 4-3　东区 932#泊位实景

3）气象、潮汐情况

2019 年 3 月 7 日，天气多云，偏东风 4 级。当日靠泊潮汐情况：低潮潮时 1723，低潮潮高 87 cm；1600 时潮高 115 cm；1700 时潮高 89 cm；1800 时潮高 92 cm。

4）拖船配置

一艘拖船("宝钢拖 4")协助靠泊，在右船尾带拖。

5）靠泊操纵要点

靠泊操纵过程见图 4-4，靠泊要点如下：

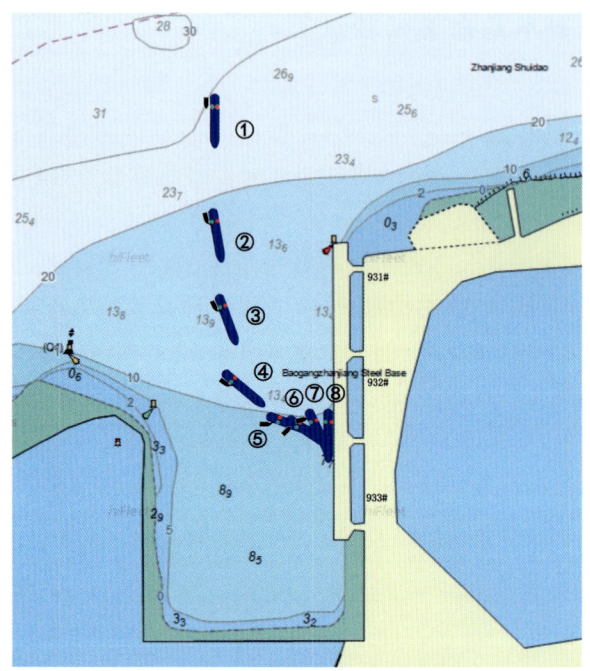

图 4-4 小型船舶单拖船靠泊示意

(1) 余速控制

提前告知船方在 41#灯浮转向后引航员登船,登船速度 5 kn,登船后带拖。船舶驾驶台正横东区成品码头后,即可调整船首向进入港池,在港池口时应尽可能抢占上风上流处。

在图 4-4 位①时,船速控制在 3.5 kn 左右,可停车淌航;在位③时船速约 2.5 kn,此时左满舵进车,同时令拖船向右后 45°摆位以应对船速过快和舵效不好的情况;在位④时船速约 3 kn,令拖船最慢车向右后 45°拖;在位 5 时,令拖船停车做好向后拖的准备,以应对船舶倒车不利的情况,把定船首向对准泊位中间后停车,此时船速 2 kn,抛下右锚。

(2) 入泊角和抵泊横距控制

此次靠泊为吹开风,空载船舶受风明显,在位⑤时,船首向几乎和风向一致,与码头交角约 80°,当船头距离码头约 15 m 时第一根缆绳上桩系妥后,拖船正横顶右船尾,使船首向与码头逐渐平行。船舶平行码头时横距大约为 25 m,然后通过控制缆绳和拖船使船舶平行缓慢地贴上泊位。

(3) 抛锚及带缆

船舶大角度对着泊位中间缓慢前进,在距离码头约 60 m 的位置抛下右锚。抛锚后选择"受力就松锚链"的方式,船首离码头约 20 m 距离时刹住锚链,船舶继续向前大概 5 m 后开始产生退速,把握时机撇上撇缆后,迅速系上第一根艏缆,艏缆上桩后保持松弛状态,拖船正横顶右船尾,控制船舶拢速不得太快,船首向接近平行码头时,松开锚链,开始慢慢绞头缆,紧接着船首又带上一根艏倒缆。同时绞艏缆和艏倒缆,船尾拖船配合绞缆的力度使船舶平行缓慢靠近码头,距离码头大概 5 m 左右,一根艉倒缆上桩,拖船停车,所有缆绳停绞,利用惯性贴上码头,收紧所有缆绳,最后以"2+2"的带缆模式使船舶紧贴在泊位上。

6) 靠泊注意事项

(1) 东区成品码头距离引航员登船点不足 1 n mile,登船前应确保拖船已准备就绪,并通知船方前后准备。登船后,需要穿越航道进入港池,应先联系对本船有碰撞风险的船舶,协调避让后再报告交管船舶动态。

(2) 船舶进入港池口时,因为船速慢,受到横风横流作用明显,应尽可能保证船位在上风上流处,配置合适的风流压差角,必要时应果断加车进入港池,确保安全后再进行下一步操纵。

(3) 东区成品码头预留的泊位位置相对狭窄,船舶应尽早摆正船位与码头平行,且要控制好前冲后缩,安全入泊。

(4) 小船配备大功率拖船协助靠泊时,常常造成拖船妨碍小船转向和保向。小船船尾带拖时,应尽可能将缆绳带在驾驶台附近或稍前,拖船自身应用车跟着小船前进,不能使拖缆受力,也不要顶住小船,否则小船车舵会"失灵"。

(5) 对于一艘拖船或者没有拖船协助的船舶在成品码头靠泊,入泊时应尽可能使船首向和风向一致或相反,这样船首向就不容易发生偏转,船舶也不容易产生漂移,便于靠泊。

(6) 对于只有一艘拖船或者没有拖船协助的靠离泊作业,驾驶台资源的合理利用显得尤为重要,所以在登船后应把自己靠泊方案告知船方,船方也应告知引航员自己存在的任何顾虑,双方必须互相尊重理解,共同为船舶安全保驾护航。

4.1.3 小型船舶单拖船离泊操纵

1) 实操船资料

AB 轮:船长 112.21 m,船宽 19 m,靠泊时前后吃水 3.7 m/5.1 m,载质量

8 500 t,总吨 6 980。AB 轮左舷靠泊,抛右锚 3 节半甲板,4 点钟方向,右船尾带一艘拖船,靠泊时吹开风约 3 级。

2）泊位资料

东区 932#泊位为 1 万吨级杂货船泊位。

3）气象、潮汐情况

离泊条件涨潮流速约 1 kn,东南风 3~4 级。

4）拖船配置

一艘拖船("宝钢拖 4")协助靠泊,在右船尾带拖。

5）离泊操纵要点

对于有一艘拖船协助并有开锚的船舶在东区 4#泊位离泊时,应将拖船配置在外舷船尾处,船首绞开锚,船尾拖船正横拖,配合主机控制前冲后缩,基本上可以做到平行离泊,离泊操纵过程见图 4－5。

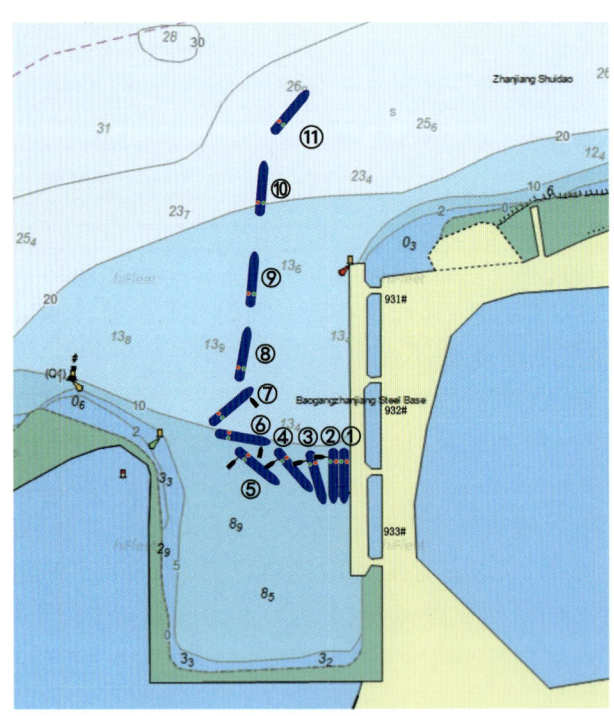

图 4－5 小型船舶单拖船离泊示意

船尾所有缆绳解掉,船首单绑,收紧锚链后船舶艉倒缆不受力,艉缆受力明显,于是解下艉倒缆,仅剩一根艉缆。开始溜艉缆并绞锚,船尾拖船缆绳带力,此时船头船尾一起平行离开码头。当船头距离泊位约 10 m 时解下头缆,继续绞锚,船尾拖船慢车正横拖,船舶可短暂进车抑制船舶退速过快。

当到达位⑤时,锚离底,船舶有明显的退速,令左满舵并短暂进车抑制退速,令拖船靠回解拖后,去右船首顶推。

在位⑥时,令最慢车前进,待船首向如位⑦所示,令拖船停车,利用自身车舵把定航向约 000°,慢慢加车出港池,待船尾正横成品码头北角,可慢慢调整航向进入主航道,保持谨慎驾驶,安全出港。

6)离泊注意事项

(1)成品码头常年受吹开风影响,对于驾驶台在船尾的船舶,船尾受风影响更加明显,若遇强开风天气,拖船又配置在船尾,可以让拖船顶住船尾,再解下艉缆和艉倒缆,防止解掉艉缆绳,船尾快速向外,船头向内触碰码头。

(2)出港池前,应充分利用雷达等瞭望方式确认港池口附近的交通流,存在碍航船舶,应及早联系协调避让。每逢捕鱼季节,常有渔船在港池口下网捕鱼,应及早鸣笛警示,并以安全航速航行。

4.1.4 小型船舶空载单拖船靠泊

1)基本信息

(1)船舶资料:液化石油气(LPG)船,船长 119.6 m,船宽 19.8 m,吃水 4.8 m,空载,右舷单螺旋桨推进器。

(2)水文气象:偏东风,风力 3~4 级,涨水,顺流流速 1 kn,流向与码头岸线基本一致。

(3)靠泊方式:抛锚掉头,右舷靠泊。

(4)拖船配置:一艘拖船协助,总功率 3 400 HP,带于左舷船尾。

2)泊位情况

中科炼化 L6#油码头泊位(见图 4-6)位于 21°03′47.4″N/110°27′07.6″E,泊位方位角 090°/270°,泊位长度 158 m,停泊水域宽度 39 m,码头前沿水深 9.4 m,港池水深 9.2 m,旋回水域直径 246 m。

图 4-6 中科炼化 L6#油码头泊位实景

3) 港池航道情况

支航道与港池水域设有 7 座灯标，左侧标为 44#灯浮、Z2#灯浮、Z4#灯浮，右侧标为 Z1#灯浮、Z3#灯浮、Z5#灯浮、Z6#灯浮、Z7#灯浮，支航道走向为 059°~239°，航道长度约 0.6 n mile，宽度 90 m，水深 14.5 m。港池南北最窄处位于 L7#泊位西端约 205 m，港池东西最小长度（中科炼化散货码头东端至油码头 L7#泊位西端）约 0.7 n mile。

4) 靠泊操作要求

（1）船舶抵达制动水域，距泊位前沿 $3L$~$5L$ 时，惯性余速应控制在 4 kn 左右。船舶抵达下锚点时，速度应控制在 2 kn 以下。

（2）小型船舶靠泊时，通常需抛锚来控制船首，船尾配备一艘拖船协助，还应根据实际情况，合理使用本船车、舵及拖船协助。

（3）操纵分两部分进行，船舶抵达泊位外当掉头水域时，先完成掉头操纵；掉头操纵后完成顶风顶流靠泊操纵。

5) 操纵过程

（1）如图 4-7 位①所示：船舶抵达 43#灯浮，距泊位 2 n mile 时，拖船就位，航迹向 257°，速度控制在 7 kn 左右。根据风流压情况，采用慢速进车配合舵来稳定航向。

（2）如图 4-7 位②所示：船舶抵达 44#灯浮，距泊位 1.6 n mile 时，转向进入中科炼化码头支航道，航迹向 239°，速度控制在 5 kn 左右。

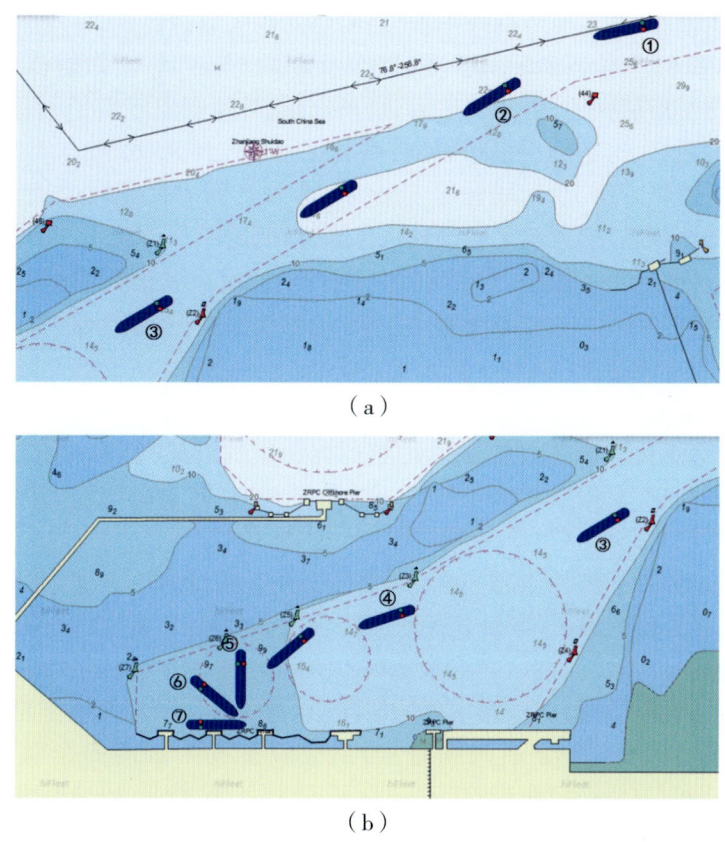

(a)

(b)

图 4-7 小型船舶空载单拖船靠泊示意

（3）如图 4-7 位③所示：船舶抵达 Z2#灯浮,停车淌航,速度控制在 4 kn 左右。船舶受一定的偏顺风流影响,若无舵效,可以采取微速进车,配合使用舵来稳定航向,同时利用船尾拖船向后拖拽来控制速度。

（4）如图 4-7 位④所示：船舶抵达 Z3#灯浮,航迹向 252°,速度控制在 3 kn 以下。停车,利用船舶余速向泊位靠拢。船首向无法稳定时,可以采用短暂的微速进车配合舵,或借助拖船顶/拖加以调整。船首抵达码头泊位东端时,速度控制在 2 kn 以下,使用进车、左满舵,或使用拖船垂直顶船尾,使船首向左转。船舶向左转向掉头时,控制好船首转向角速率及前进速度,适时停车,必要时倒车刹减船速。

（5）如图 4-7 位⑤所示：船舶首尾线垂直码头泊位线时,速度控制在 1.5 kn 左右,并使船首缓慢向左转；船首距泊位横距约 60 m 时,抛下左锚,锚链 1.5 节水面刹住,采用微速进车配合舵或使用拖船顶/拖调整入泊角度,使船舶左舷外当受

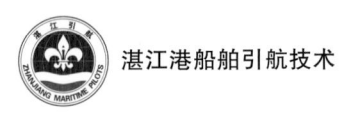

流,适时的松紧锚链;在风流的作用下,使船舶向码头靠拢。

(6) 如图4-7位⑥所示:船首距泊位横距约15 m时,通知船首人员打上撇缆,尽快送出一根前倒缆,倒缆上桩后,绞离水面,并使倒缆适当受力,同时适时松锚链;倒缆吃力后,再送出一根艏缆,艏缆上桩后亦绞离水面,通过收紧艏缆及前倒缆,调整锚链受力情况,使船首缓慢向码头靠拢。同时使用微速进车配合左满舵,或使用拖船顶船尾,使船尾缓慢向泊位靠拢;船尾距泊位约15 m时,通知船尾人员,先带艉倒缆,再带艉缆,艉缆上桩后收紧。通过收紧前后缆绳,使船舶向码头靠拢。根据实际情况及船舶的运动状态,适时使用车、舵及拖船,控制好船舶纵向速度及船舶靠拢速度。

6) 注意事项

(1) 中科炼化支航道与湛江港主航道有一定的交叉角,船舶在支航道航行时,受横流影响较大,应及时修正风流压差角,行驶在航道中线偏上风流处,同时控制好船舶航速,速度宜为5~6 kn。

(2) 小型船舶在港池内靠泊操纵,主要依靠船舶自身的车舵,在调整航向或减少船舶压拢速度时,应果断地使用进车配合舵来调整,不能太过于依赖拖船。

(3) 拖船马力较大,港内靠泊操纵时,由于小型船舶空载、船体质量较轻,使用拖船顶推协助靠泊时,应根据本船的实际运动情况,合理地使用拖船。

(4) 船舶抛锚掉头靠泊操纵时,与泊位应留有一定的安全距离,横距约200 m;下锚点距泊位横距约60 m,出链长度3~4节为宜,如果锚链过短,不易于控制船首,如果锚链过长,离泊时不容易绞起来。

4.1.5 小型集装箱船单拖船协助靠泊

1) 实操船介绍

AS轮:船长126 m,船宽18 m,最大吃水4.5 m,载质量8 200 t。

该轮计划于2022年5月25日1100右靠宝满港区801#泊位。

2) 气象、潮汐情况

2022年5月25日(农历四月廿五),阴天,东南风4级。高潮潮时0758,潮高233 cm。作业时,1000时潮高200 cm,1100时潮高171 cm。退潮潮差29 cm。

3) 泊位介绍

湛江港801#泊位(图4-8)位于湛江宝满港区,与802#泊位相连且处于同一码头前沿线上,两泊位设计总长678 m,泊位方位角042°/222°,旋回水域直径580 m,泊位前沿水深12.3 m,港池水深13.2 m,为5万吨级集装箱船泊位。

图 4-8 实景图

4）拖船配置

AS 轮进港使用一艘拖船（"湛港拖 15"）协助靠泊。"湛港拖 15"马力为 4 000 HP，带于左侧船尾甲板。

5）靠泊操纵过程

引航员登船：登船位置湛江港第二引航锚地，船舶正横 42#灯浮之前引航员登船，登船时航速 6～7 kn。

船舶在正横 51#灯浮后，进入宝满航道前，带好拖船。为保证安全，顶流带拖时航速控制在 6 kn，顺流带拖时，航速控制在 7 kn。

宝满航道航行：接近横流，影响较大，船舶进宝满航道应保持 6～7 kn 的航速。退潮潮差 29 cm，退水较急，船舶应抢上流，尽可能靠航道右侧航行。当驾驶台平齐 601#码头延长线时，逐渐减速，做好靠泊准备。

靠泊过程：靠泊示意见图 4-9。距离码头 5 倍船长（位①），航速控制在 4.5 kn 以下，航向 310°，尽可能使船位趋向旋回水域北面；距码头 3 倍船长之前，航速控制在 3.5 kn 以下，使船首向对准泊位尾端（位②③）；此类船舶船尾驾驶台面积大，受东南风影响也大，船首向上风偏转，待船首对准泊位前端，对比船首到泊位前端距离与驾驶台到船首长度大约相等时，抛下左锚，抛锚船速控制到 2.5 kn 以下（位④）。利用船舶惯性和拢风的作用，使船舶平行接近码头。动车控制船舶纵向速度，使船舶稳定在泊位区间，锚链拉力控制船首靠拢速度，拖船拖力控制船尾靠拢速度。带缆时,为避免螺旋桨受到影响应先带船首缆绳,再带船尾缆绳,为防止船舶受锚链拉力后缩,应先带艏缆。艏缆带好后,与锚一起控制船首,调平船舶缓慢靠拢码头,法向速度控制在 15 cm/s 以下。

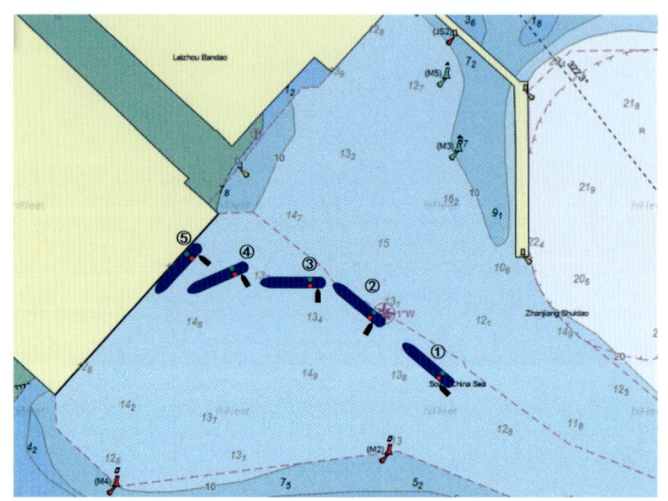

图 4-9 小型集装箱船单拖船协助靠泊示意

6) 靠泊注意事项

(1) 引航员登船前后,应注意周围船舶动态,提高情景意识。注意观察进出第二引航锚地的船舶、靠离宝钢东区和西区码头的船舶以及在附近航道中航行的船舶,发现来船,应及早联系,沟通双方航行意图,协调避让行动。

(2) 宝满航道为单向航道,不能会遇,因此引航员应提早监测宝满港池中的船舶动态,联系海事和港调,在我船靠泊期间,暂停相关船舶出口。如已经有相关船舶正在出口且影响我船,我船应减速或在空闲锚地抛锚等待。

(3) 进宝满航道前,须穿越主航道,应与后方进口船和北向出口船提早联系,协调避让。

(4) 在宝满航道,受东南风影响,顺风航行,船舶降速慢,可使用拖船降速,调整船位。

(5) 左锚抛下后,一次性不能松下过多锚链,建议第一次抛锚 2 节甲板即可,待锚链受力后,再缓慢松出。由于风速较大,靠妥后,抛下 4 节锚链是合适的。

(6) 收绞缆绳时,不能过紧过快,尽可能利用风力使船舶靠拢,利用缆绳适当调整平衡,保持船舶平行入泊。

4.1.6　小型杂货船舶单拖船靠离泊

1）实操船资料

HF 轮：2021 年 10 月 23 日 0800 时，右舷靠 302#泊位，船长 92.05 m，船宽 15 m，靠泊时前后吃水 5.7 m/5.8 m，排水量 6 209 t，总吨 2 758。

2）泊位资料

湛江港 302#泊位位于湛江调顺港区，与正北向的 301#泊位及正南向的 303#泊位相接且处于同一码头前沿线上，302#泊位和 301#泊位设计总长 364 m，泊位方位角 000°/180°，旋回水域直径约 450 m，泊位前沿水深 10.1 m，港池水深 10.1 m，为 1 万吨级杂货船泊位。

3）气象、潮汐情况

2021 年 10 月 23 日，天气多云，东北风 3 级。23 日靠泊时潮汐，高潮潮时 1237，高潮潮高 326 cm，0700 时潮高 108 cm，0800 时潮高 147 cm，0900 时潮高 194 cm。

4）拖船配置

一艘拖船（"湛港拖 16"）协助靠泊，在左船尾带拖。

5）靠泊操纵要点

靠泊操纵过程见图 4-10。靠泊要点如下：

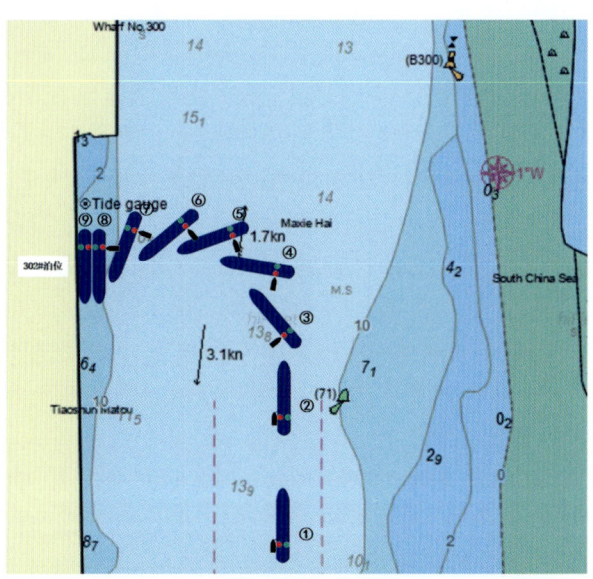

图 4-10　小型杂货船舶单拖船靠泊示意

（1）余速控制

小型船舶排水量小，船舶惯性小，相对中大型船舶而言，减车降速时机稍晚。船舶驾驶台正横69#灯浮，控制船速约7 kn，准备带拖；船舶转向后驾驶台正横70#灯浮，船速约5 kn，拖船在左舷船尾带妥，船舶微速进；当驾驶台正横71#灯浮，船速约为3 kn；船舶在位⑥时，船速约为1.5 kn，抛下左锚，船舶停车；在位⑦时，船舶进速约为0.5 kn，短暂进车后停车；在位⑧时，船舶进速基本上为0。

（2）入泊角度和拢速控制

船尾正横71#灯浮后，以左舵10缓慢向左旋回；在位③时，拖船立起来，船舶转头率增大，正舵；在位④时，压右满舵，抑制转向角速度，使船舶缓慢旋回；在位⑤时，船首向指向泊位中间偏后；在位⑥时，船首向指向泊位船头红旗，转向角速度基本上为零，正舵，抛下左锚；在位⑦时，船舶靠拢速度较快，刹住锚链，船首向向左偏转，压右舵20，微速进，抑制船舶偏转的趋势后停车；在位⑧时，船首向与码头平行，距离码头约1倍船宽，船舶靠拢速度约10 cm/s，敞开锚链，然后通过艏缆、艏倒缆以及左锚控制船头，拖船控制船尾的方式，使船舶缓慢平稳的贴上码头。

（3）抛锚及带缆

抛锚点选择在预设泊位正中，距码头约80 m的位置。当船舶到达位⑥时，船首距离码头约80 m，令抛下左锚。抛锚后保持锚链敞开，一直到达位⑦时，才暂时性的刹住锚链抑制船头拢速，拢速减缓后又令敞开锚链。在接近位⑧，撇上撇缆，系上了第一根艏缆，紧接着在位⑧又系上了一根艏倒缆，而后一直等待船舶贴上码头后才系其余缆绳，最终以"2+2"的带缆模式使船舶紧贴在泊位上。

6）离泊操纵

2021年10月27日1400时，HF轮离泊，船舶最大吃水3.7 m，一艘拖船协助离泊。当天小雨，北风2级。27日高潮潮时1610，高潮潮高237 cm，1300时潮高200 cm，1400时潮高213 cm，1500时潮高228 cm。离泊操纵过程见图4-11。具体操纵如下：

左船尾带好拖船后，拖船先松缆，且拖缆不要受力，再解掉船尾所有缆绳，同时船首收紧锚链并单绑。待船尾所有缆绳清爽后，发现艏倒缆不受力，便解掉艏倒缆，此时船舶只剩下一根艏缆和码头相连，船身基本静止。令船首人员一边溜缆，一边绞锚，船舶缓慢后退的同时，船尾向码头压拢，令拖船缆绳带力，确保船尾安全。在位置②，船头离开泊位约10 m，解下所有缆绳，同时继续绞锚，此时令拖船停车，使船尾向外横移速度小于船头向外横移速度，并适当进车，控制退速。在位④，锚链清爽，令微速进，拖船靠回。在位⑤，停车，解下拖缆，拖缆清爽后，进车出港。

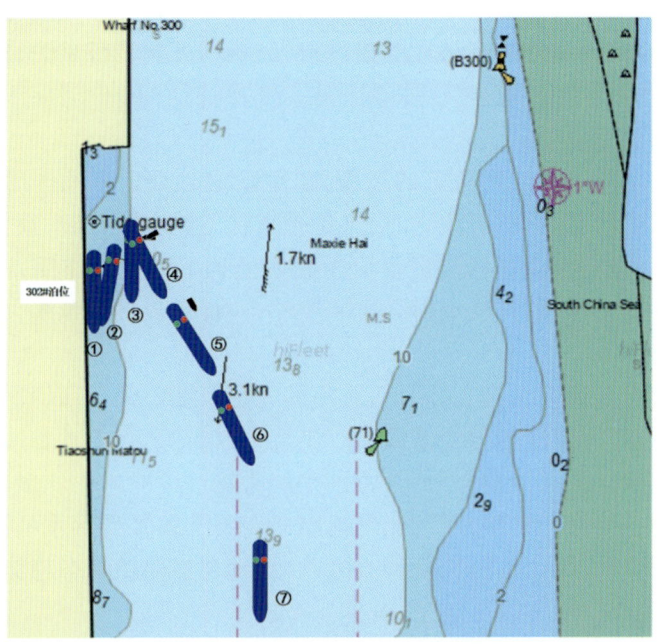

图 4-11 小型杂货船舶单拖船离泊示意

7）注意事项

（1）靠泊注意事项

①302#泊位抛锚靠泊，抛锚点选择在预设泊位船中前后 20 m，正横泊位约 50~80 m 的水域。吹拢风强劲应适当加大抛锚横距，吹开风柔和时可适当缩小抛锚横距。这里再提出一个判断横距的小技巧，当船首和 300#泊位延长线相交，此时船首与泊位横距约 75 m，可以通过船首人员视觉判断再报告驾驶台，也可以用雷达方位线和活动距标圈组合来判断。

②船首对着码头掉头，一定要控制好余速，余速过快时，可通过倒车和拖船减速等方式降低船速，以确保船舶安全。在涨水掉头时，当船首向垂直码头后，船身往往会后缩，此时可适当进车控制船位和船首向。

③松锚链时，切不可一次性松出锚链太长，致使锚链堆积失去锚拉力，导致船首在受到向码头方向的作用力时无法抑制船首靠拢速度。在条件较好时，可以一直敞开锚链，这样船首向不容易发生偏转，谨慎的做法应该在锚链受力时再松；在船舶受到强拢风或强拢流作用时，还可以选择用锚机慢慢松出锚链。

④一般小型船舶的旋回性能和保向性能都比较好，但在车、舵作用下，船舶速

度和转头率变化也很快,所以用车用舵应该谨慎,特别是在靠离泊时。

⑤302#泊位,码头碰垫较小且磨损严重,船舶尽可能平行靠泊,靠拢速度一定要缓慢。

(2)离泊注意事项

①离泊是从静态进入到动态的过程,船舶系泊时受到多种作用力,这些作用力处于一种平衡状态,当解下缆绳时,这种平衡状态就会被打破,致使船舶前冲后缩或者偏转。引航员离泊时,一定要分析船舶受到了哪些力作用,每一根缆绳又会对船舶起到什么作用,再决定解缆先后顺序,一步一步解掉缆绳,始终把船舶控制在安全状态。

②船尾缆绳未清爽时,切忌用车,避免缆绳卷入螺旋桨,所以我们常常用船头单绑,船尾解掉所有缆绳的方式来离泊。

③小型船舶空载离泊排水量小,特别是船头吃水可能才 1 m 多,当绞锚时,船头向外偏转的趋势会非常快,所以船尾拖船一定要准备妥当后才可绞锚。在绞锚过程中,要询问船方剩余锚链长度和方向,并认真观察船舶动态趋势,及时采取有效措施。

④湛江港用拖船对小型船舶的作用非常明显,最好从最低挡车开始用车,观察船舶态势,在使用拖船过程中,必须认真观察,拖船及时停车,以免形成不利态势。

⑤离泊时遭遇强拢风时,最后一节锚链可以先不绞,卧底链不仅可以抑制船首向码头靠拢的趋势,还可以稳定船首向,通过船舶倒车增加足够的横距后,再绞起所有锚链离开码头。

4.1.7 小型船舶抛锚单拖船协助靠泊

1)实操船介绍

船长 112.2 m,船宽 19 m,吃水 5.4 m,总吨 6 980,净吨 2 928。

本次靠泊作业为左舷靠泊 407#泊位。

2)气象、潮汐情况

407#泊位港池内没有潮流,港池口外有南北方向的潮流,涨潮向北,退潮向南,急流时可达 2.5 kn。靠泊时东南风 2~3 级,退潮流 0.5 kn。

3)泊位情况

湛江港 407#泊位(图 4-12)位于霞山一区南港池。长度 210 m,方位 021°~201°;泊位前沿水深 10.2 m,港池水深 10 m;旋回水域宽度 450 m,可供 2 万吨级船舶靠泊。

图 4-12　湛江港 407#泊位实景

4）拖船配置

按照拖船使用规定，长度 100 m 左右的船舶靠离泊，只准许使用一艘拖船协助，本次靠泊作业，协助拖船配置在右舷船首。

5）靠泊操纵

小型船舶在靠泊过程中，为了靠离泊安全，靠泊时最好抛下开锚。本次实操中利用单拖船协助靠泊操纵，可以分为抛锚操纵和靠泊操纵两部分。靠泊示意见图 4-13。

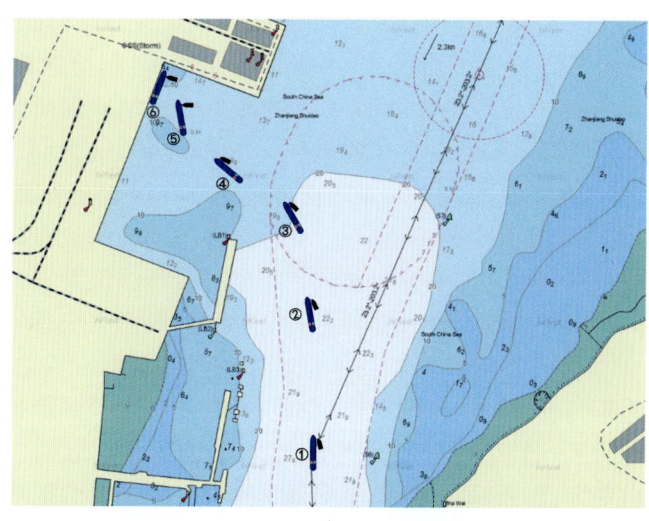

图 4-13　小型船舶抛锚单拖船靠泊示意

（1）抛(开)锚的操纵

靠泊抛锚和锚地抛锚的操纵是基本相同的，只是靠泊抛锚对锚位的准确性要求更高，余速要尽量低，对抛锚后的船首向也有要求。抛锚前的船舶操纵非常关键，抛开锚工作可以从带拖船开始，经过第一次转向，然后通过横流区，再作第二次转向，控制余速和横距的同时寻找抛锚点，最终抛下开锚，完成抛开锚操纵的5个环节。

①带拖船。船舶到达202#泊位正横附近(此时距离407#泊位1.0 nm)，控制船速在5 kn左右，带好拖船。拖船可以带在船首，也可以带在船尾；拖船带于船首，有利于控制船首动态。带好拖船后，逐渐控制余速，保证船舶与400#泊位横距不小于400 m，船速不大于4 kn。如果船速过快，可以短暂倒车，也可以用拖船向后慢拖。为第一次转向做准备，然后缓慢向着第一转向点前进。

②第一次转向。船舶到达400#泊位中点正东方约400 m处开始转向，转头角速度控制在15度左右。如果用舵达不到目的，就车舵配合；如果速度过快(若超过4 kn)，就用拖船顶推协助转向，主机视情况停车或者倒车。此阶段的操纵目标是船舶从404#泊位和400#泊位之间的中点或者稍微偏南的位置通过横流区，以免受横流的影响。

③通过横流区域。穿过横流区的操纵是和第一次转向的后半部分和第二次转向的前半部分紧密连接的。如果第一个转向转到很理想的角度，那么过横流区就可以考虑第二次转向的角度；如果转得不好，船舶被压向下风下流位置，就要加车加速避开目前的危险，至于给第二次转向造成的困难，再做处理。

④第二次转向。船舶过了横流区，不受横流影响后，就要考虑第二次转向。这个转向，首先要保证开锚有足够的横距，其次要有合适的靠拢角度，横距要比靠拢角度更为重要。此时船舶驾驶台位置离码头在350~400 m之间，船速要控制在2.5 kn或以下，而且还在逐渐减少。船舶通过用舵或者短暂进车满舵所获得的惯性缓慢右转，向着开锚点的位置转动淌航，开始寻找抛开锚的位置。

⑤抛下开锚。第二次转向的前半部分是粗略寻找开锚位置，后半部分是精确寻找开锚位置。理想开锚点，为横向离码头4倍船宽，纵向离船首(当船舶靠好码头时)1/3船长的位置。万吨级船舶的4倍船宽，大约是60 m左右，1/3的船长，粗略可以认为是从驾驶台到船尾的距离，也就是说，驾驶台快到船尾旗时，落锚点的前后距离就合适了。如果控制的横距太大，拖船的顶推可以减少横距，但此时的靠拢角度就会变大；如果横距太小，拖船推拉船首，可以使横距变大，但此时靠拢角度减少，船尾的安全会受到威胁。精准科学的寻找开锚的位置，除了心中有

数据,目测海面距离的能力,以及较低的船速,轻盈地、点到即止地使用车舵以及拖船的力量,都是成功控制船位的关键因素。

如果不能如愿的抛到准确的落锚点位置,只要不超出太多,在可以接受的范围,还是可以下令抛下开锚的。视船速大小,抛锚的同时或者抛锚之前,一定要把倒车开出来,直接倒到船舶速度接近零。至此,抛开锚工作完成。

(2)靠泊操纵

如果锚位好,靠泊任务就完成了一大半,可以进入靠泊操纵了。靠泊操纵,可以分为带上头缆、靠拢船首和靠拢船尾三部分。

①带上头缆。抛下开锚后,船首与码头的距离在50 m左右,拖船缓慢顶推船首,使船首缓慢靠拢码头。拖船不要顶推过快,不够再加力,最好不要顶得快了又要拖,这样拖船疲于奔命,不利于控制船位。到船首离码头10 m左右,撇缆上岸,先带上前倒缆,再带头缆。

②靠拢船首。利用拖船的协助,缆绳上岸后,要迅速收紧并使之受力,因为船舶不可能静止在一个位置很长时间,而会在不平衡的力量作用下缓慢移动,特别是船舶位置向着不利的方向变化时,只能利用拖船顶推和车舵配合,才能克服不利的变化。待头缆和前倒缆受力,再结合锚链的力量,船首的前后左右方向移动才可以得到控制。

③靠拢船尾。靠泊是以首先靠拢为原则,拖船协助控制船首,靠拢角度不太大时,可以用外舷满舵微进车靠拢船尾。如果靠拢角太大,又或者因为开风,造成船尾难拢,就把船首拖船解掉,然后到船尾顶推,使船舶靠拢。如果是吹拢风而且较强,从一开始就把拖船带在船尾,对船舶有较好的控制。

这种二次转向通过横流区的靠泊操纵,考验操船者的转向能力,也考验船舶受到横流影响的控制能力。有进港船舶被流压向北面碰擦405#泊位东角的教训,也有被流压到404#泊位南端的教训,不能低估横流对操纵的影响。抛开锚的位置对安全靠泊操纵的影响比较关键,如果抛锚的位置比较靠后且横距不大,则对船首内外偏转控制作用不大;如果抛锚位置距离码头太远,甚至距离大于船舶的单侧锚链长度,则靠泊耗时长,且难以操纵,需把锚绞起,重新选择合适距离抛锚后再靠泊。

4.1.8 小型船舶单拖船协助靠离泊操纵

1)实操船舶信息

OF轮:船长115 m,船宽20 m,最大吃水3.9 m,载质量11 607 t,总吨8 660,

主机最大功率 3 900 kW,倒车功率为进车功率的 70%。

2) 码头泊位

湛江港 409#泊位(图 4 - 14)位于湛江港第一作业区南港池,泊位承载能力为 2 万吨级非金属码头,泊位长度 313 m,真方位 021°/201°,泊位前沿水深 10.7 m,港池水深为 10 m,一区南港池旋回水域尺度 452 m。可根据船舶具体情况,选择左舷或者右舷靠泊。

图 4 - 14　湛江港 409#泊位实景

3) 拖船配备情况

根据实际操纵需要,本次作业配置一条拖船协助,拖船马力 3 200 HP,牵引力 40 t,全回转型港作拖船。拖船配置位置见图 4 - 15。

图 4 - 15　拖船配置位置

4）靠泊操纵过程

当日水文气象情况：晴天，东南风 5 级，能见度良好。计划 1300 时左舷靠泊 409#泊位。当日湛江港低潮为 0830 时 174 cm，高潮为 1608 时 368 cm。

船舶在位置①时带好拖船，主机转速降到最低，涨潮降速较慢，必要时停车淌航，没有舵效时，可以短时进车调整船位。靠泊操纵过程见图 4-16。

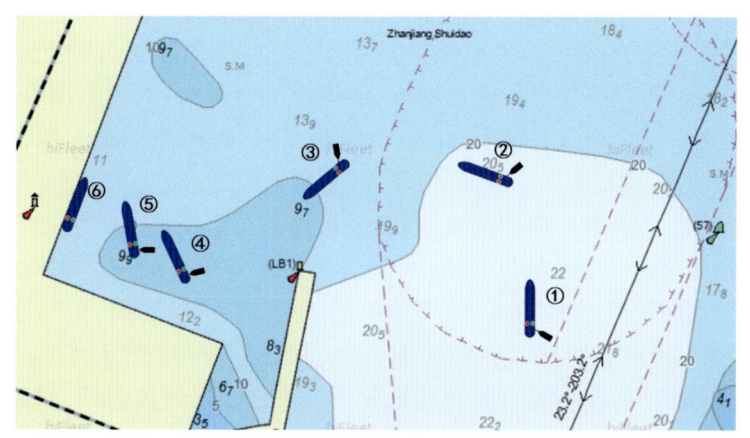

图 4-16　小型船舶单拖船协助靠泊示意

船舶在位②时，船速一般控制在 3.5 kn 以下，转向进入港池，船舶尽量航行在上风上流。在位③时，进入港池后由于受流的影响较小，主要考虑风的作用，船速 3 kn 左右，停车淌航利用船舶余速或短时进车控制本船首向对着 410#和 411#泊位中间。当本船在位④时，操纵船舶调整入泊角度 60°左右，船首对着泊位前端继续淌航。在位⑤时，船速 1.5 kn，船首距离泊位横距 100 m 左右，抛下右锚并打开刹车。船尾受风面积大，船首容易在风和锚链产生的转船力矩作用下，向右偏转，此时可以缓慢松下锚链同时让拖船吊拖克服船首偏转，若船速较低，也可以用左舵，适当进车调整船舶态势，但要注意进车时间不宜过久，以免速度过大，冲撞码头。当船首距离泊位横距 20 m 以内时，逐渐调小入泊角度，方便船首撇缆上岸，带好艏缆和艏倒缆之后，锚链和缆绳应配合边松边绞，速度不易过快，控制船首缓慢的拢向泊位。船尾在风的作用下容易压向码头，可以提前让拖船做好吊拖准备，防止磕碰码头。因为拢风较大，靠泊过程中要时刻注意本船的横向速度，尽可能控制本船不要有前冲或后缩速度，平稳的拢向码头，带妥前后缆绳。

5）409#泊位离泊操纵

（1）气象、潮汐情况

阴天，东南风3级，能见度良好。计划1600时离409#泊位。当日湛江港低潮为1140时180 cm，高潮为1832时324 cm。

（2）离泊操纵过程

408#泊位通常有船系泊，所以409#泊位离泊通常选择尾离法。离泊操纵过程见图4－17。在位①时，首先右锚链绞紧受力，判断锚链长度和受力情况。同时，左锚备好，以便应急使用。船首单绑，船尾缆绳全部解掉，拖船做好拖的准备。指挥拖船垂直最慢车拖，船尾距离泊位1倍船宽时，解掉艏倒缆。观察船首的偏转情况，如向左偏转太快，可令拖船停车，船首绞右锚，反复多次进行，确保船首和泊位有足够的安全距离。在②位时，当船舶被拖离与码头成60°角左右时，解掉头揽。车微速退，控制1 kn左右退速，一是增大船舶与码头的安全距离，二是有利于绞锚。当锚链离底后，应急备好，令拖船垂直拖，主机微速退，把船舶控制在安全水域，在位③时准备掉头。在位④时，主机停车，拖船继续垂直拖，协助掉头。在位⑤时，开始进车，在本船有舵效的情况下，主机停车，解掉拖船，然后逐渐加车出港。

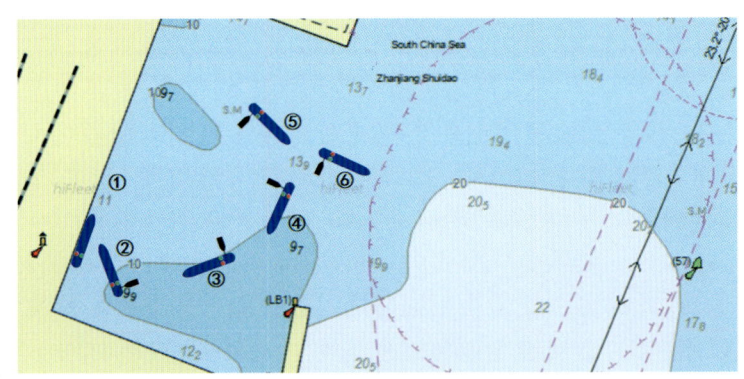

图4－17　小型船舶单拖船协助离泊示意

6）靠离泊注意事项

（1）船舶到港池口时应确保船位在上风上流，注意风流对本船的影响，对所造成的船位偏移要有充分的估计，并留有安全余地，以便采取多种措施，消除风流压对船舶的影响。

（2）小型船舶单位排水量分配的主机功率较大，短时进车可能会导致速度过快,应特别注意,可用拖船或其他方式协助减速。

(3)离泊前要了解锚的受力情况以及锚链长度和方向。拢风较大时,离泊和掉头操纵尽可能增大与泊位和他船的安全距离。

(4)小型船舶靠离泊过程中,船舶态势变化较快,应时刻保持谨慎并且措施果断。拖船备拖时,拖缆不必松的过长,以免需要顶推时错过时机。

实际工作中,要充分利用船上的车、舵、锚等设备以及拖船,掌握好风流情况,根据具体的情况采取合理的操纵方案,谨慎果断,安全顺利地完成靠离泊任务。

4.1.9 油船双拖船辅助靠离泊操纵

1)实操船信息

HY 轮:船长 153.2 m、船宽 38.0 m、进港最大吃水 5.9 m,离港最大吃水 6.2 m,载质量 17 289 t,总吨 12 752,主机最大功率 6 178 kW,倒车功率为进车功率的 80%。

2)码头简介

湛江港南油码头(图 4-18)属于中海油南海西部公司,西北端与平乐渡船码头相连,距离海湾大桥约 1 100 m。码头建成于 1983 年,主要目的是为南海石油开发和后勤补给提供服务。

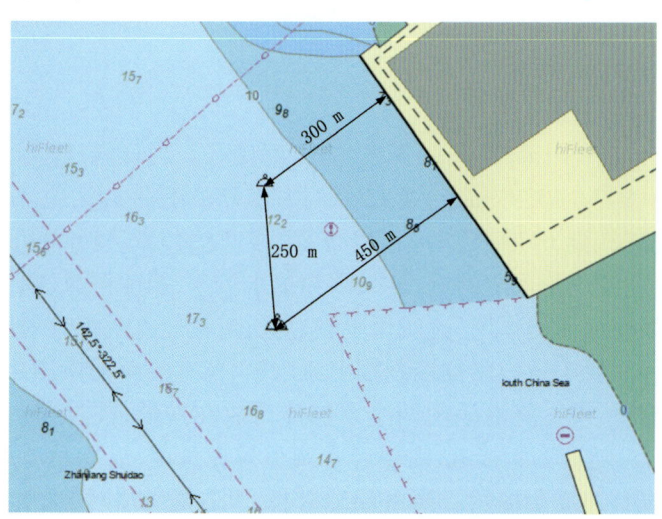

图 4-18 湛江港南油码头前沿水域

码头顺岸而建，总长 587 m，方位走向 145°～325°，港池水深 6.5 m。自南向北共 5 个泊位，西北南部为先建码头，共设系缆桩 14 个，碰垫较小，厚度 30 cm。东南部码头为后期建造，共有缆桩 10 个，碰垫厚度 90 cm。缆桩的安全工作负荷 45 t。

码头距离调顺航道约 800 m，港池内有两个系船浮筒，位置分别为：北 21°14.7N/110°25.8E，南 21°14.56N/110°25.81E。浮筒距离码头约 300 m，两个浮筒之间距离 250 m。

3）拖船配置情况

根据实际操纵需要，本次作业配置两艘拖船协助，单艘拖船马力 4 000 HP，全回转型港作拖船。拖船配置位置见图 4-19。

图 4-19 拖船配置位置

4）靠离泊操纵

（1）靠泊操纵过程

当日气象情况：阴天，东北风 3 级，能见度良好。当日湛江港低潮为 1550 时 81 cm，高潮为 0947 时 339 cm，计划 1300 时右舷靠泊南油 3#泊位。

本船经过湛江港 61#灯浮时，拖船带妥，距离泊位 0.65 n mile，速度不超过 5 kn 为宜。由此控速到入泊的过程中，因为退水较急，船舶重载，船舶受流比较明显，为了减缓横向流压的作用，流压角不宜过大，可让船首向把定对准南油码头的北端航行。另外，要牢记把船位控制在上流水域，留有足够的横压距离，以便紧急情况下采取措施应对。将港池内两个系船浮筒放在左舷，驶过南边的浮筒时，速度 2.5 kn 左右。随着不断接近，需要经常调整靠拢角度，靠拢角度增大时要注意流压也变大，横移速度会加快。当本船船首抵 3#泊位南端时，速度为 2 kn 左右，靠拢角度要慢慢调小但始终保持左舷受流，横距保持 3 个船宽以上，前后拖船做好准备,开始用倒车。船首抵泊位中间时,速度不超过 1 kn,以防冲过头。在顶拢码头的过程中,应视靠拢速度情况指挥拖船降低推力或停止顶推,同时尽可能控制船舶不要有大的前冲或后缩,并保持一定的入泊角度拢向码头,距离码头一倍船宽时,控制船舶平行入拢,平稳靠妥码头。带缆顺序应先是前后倒缆,然后头缆、尾缆。靠泊操纵过程见图 4-20。

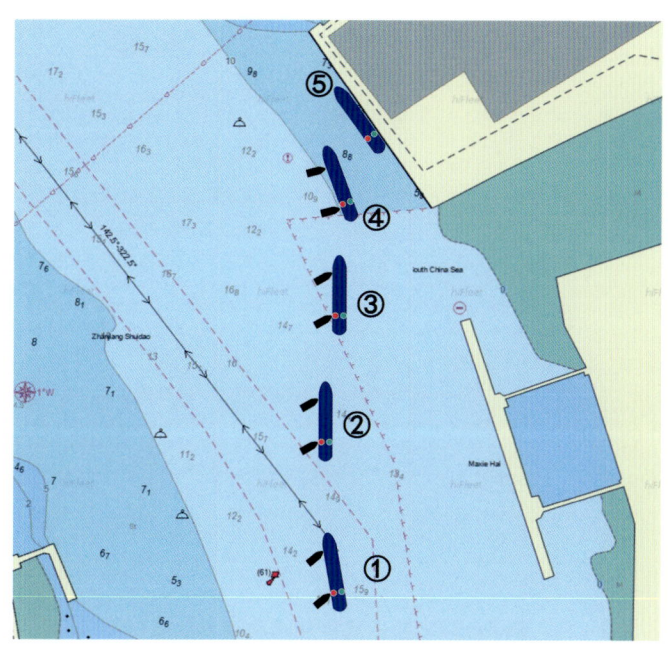

图 4-20 油船双拖船辅助靠泊示意

（2）离泊操纵过程

当日气象情况：晴天,东北风 2 级,能见度良好。当日湛江港低潮为 1755 时 11 cm,高潮为 1128 时 441 cm。计划 1400 时南油 3#泊位离泊出港。

离泊操纵主要还是考虑风流的作用,因本船重载,退水较急,水上受风面积不大,这里主要注意流的影响,尤其是掉头过程中受横流时。

离泊过程如图 4-21 所示。具体如下：前后拖船慢车顶住,所有缆绳清爽后,前后拖船同时起拖,同时,在流的作用下,本船开始有退速。拖离码头 1 倍船宽之后,船头拖船逐渐增加拖力,让右舷受流,此时船头偏转速率大于船尾同时本船距离码头横距逐渐增大。在位②时准备向左旋回掉头。主机开进车抑制本船后退速度,船尾拖船靠回向上流开始顶推。掉头过程中要时刻注意本船矢量线的变化以及距离浮筒和码头的距离。当本船在位③时，逐渐增加主机转速并配合左舵，提高船速，一是可以减小横流的作用，二是可以增加转头速率。在位④时，待本船有一定的速度维持舵效，解掉前后拖船，然后逐步加车，同时调整航向准备进入主航道航行。

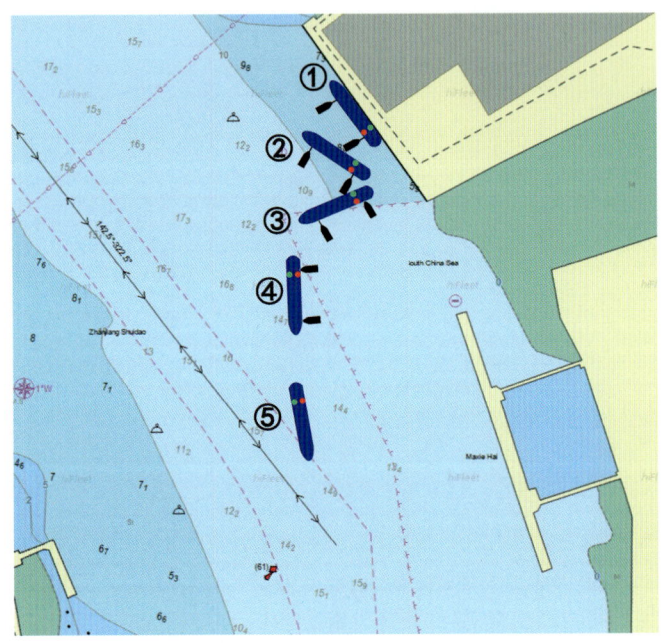

图 4-21　油船双拖船辅助离泊示意

5）其他相关操纵

南油码头根据装卸货的特点，有时要求船舶采取尾靠的靠泊方式。这种靠泊操纵关键的一步是抛首锚。首锚的作用一是可以固定船首，二是可以拎直船身。锚链长度一般 5 节甲板，锚位的选择可以借助雷达、GPS 等助航仪器，经验丰富的船长、引航员视觉判断对于准确选择锚位同样重要。锚位确定后，船舶靠泊位置基本就确定了，然后借助拖船、锚链、缆绳等最终把船安全地绞拢到码头。

6）注意事项

（1）南油码头附近海域航行环境较为复杂。渔船较多，特别是常有军舰在附近作业。船舶进出港池前，一定要加强瞭望，使用安全航速，谨慎驾驶。

（2）在港池内靠离泊要注意与浮筒的安全距离，尤其是风流比较大的，确保留有一定的安全距离。

（3）码头潮汐一般比湛江港潮汐表晚 20~30 min，进出港池前可通过观察浮筒附近水迹证实潮汐情况。

（4）南油码头常有工作拖船靠泊，泊位紧张，泊位长度也比较紧凑，进港池前应与码头确认有安全的泊位长度。

（5）南油码头没有设导标，港池内浮筒夜间无灯光显示，此泊位一般晚上不进行靠离泊作业。

4.2 大中型船舶靠离泊作业

4.2.1 5万吨级船舶靠宝钢931#泊位

1）实操船舶资料

S轮：计划于2022年4月24日1500时左靠宝钢931#泊位，该轮船长189.99 m，船宽32 m，载质量56 604.2 t，半载，最大吃水9.29 m。

2）泊位资料

宝钢931#泊位（图4-22）位于宝钢东港区，该泊位方位角000°/180°，长220 m，停泊水域宽度61 m，旋回水域直径460 m，现泊位前沿水深12.1 m，港池水深12.5 m。

图4-22 宝钢931#泊位实景

3）气象、潮汐情况

2022年4月24日，天气为阴天，偏东风3级。高潮时间1723时，潮高3.07 m。1500时潮高2.66 m，1600时潮高2.90 m，1500时至1600时潮差24 cm。

4）拖船配置

S轮进港靠泊时使用2艘拖船，"湛港拖504"马力5 200 HP，"湛港拖17"马力4 000 HP。"湛港拖504"带右舷船首主甲板，"湛港拖17"带右舷船尾主甲板。

5）靠泊操纵要点

（1）靠泊重点：船舶余速控制（由于还在涨水，应提早控速）、控制船舶处在上流位置并减少船舶受横流时间、横距与靠泊角的确定、停车淌航时船舶的把定、倒车时船舶偏转的控制，靠泊时拢速的控制。

（2）操纵过程：船舶抵达 40# 灯浮时速度控制在 6 kn 左右，距离宝钢 931# 泊位约 2 n mile，船位在航道中线，右舷前后带拖船，"拖 504"带右船头，"拖 17"带右船尾，下令微速进。船首抵达 41# 灯浮时转向，把定航向 257°，速度 5.3 kn，距离宝钢 931# 泊位约 1.3 n mile。待船首将距离宝钢 931# 泊位延长线约 0.3 n mile 时，左满舵转入港池口门水域（在进入港池口门水域的过程中，必须保持船舶有连续向左转向的惯性，转首速率大小应根据船舶不同位置和码头夹角进行调整，如果发现船舶转首速率不符合操船效果，要充分利用拖船或车舵加以配合），转向后速度 4.2 kn，艏向 175°，此时距离泊位约 0.3 n mile（位置③），停车淌航并利用船首拖船抑制船首偏转，同时利用船尾拖船适时往后拖控制进速。当船首正横宝钢 931# 泊位北端时，船位距宝钢 931# 泊位横距约 100 m（位置④），保持缓慢向左转头趋势，速度 2 kn，车后退一，并用前后拖船适时顶推本船，控制本船偏转，逐渐缩小本船与泊位的横距与靠拢角并用车控制好余速，尽量在泊位外挡将本船前冲后缩速度控制为零。横距大约 1 倍船宽时，利用前后拖船调整本船，使本船首尾线基本与码头平行，前后拖船控制本船慢慢平行靠上码头，并用车控制本船前冲后缩速度，靠上码头瞬间法向速度要小于 10 cm/s。本船前后先带倒缆，再带艏艉缆，所有缆绳带妥后给拖船解拖，完成靠泊任务。靠泊示意见图 4-23。

6）注意事项

（1）宝钢 931# 泊位于南三岛西航道南侧，船舶进靠该泊位，须向左转向穿越航道，与出口船形成交叉局面，因此要密切关注进出口船，提早联系，避免形成急迫局面，必要时，可以在抵达 41# 灯浮前提前转向，保持船舶在南三岛西航道南端水域航行，避免与出口船形成交叉紧迫局面。

（2）由于进入宝钢 931# 泊位港池口门水域航道几乎与涨退潮流向成直角，易受横流的影响，因此控制船舶进入港池的速度和船位是整个靠泊过程的关键。3 万~5 万 t 船舶退潮靠泊宝钢 931# 泊位时，潮差超过 30 cm 时，一般不建议靠泊，如必须靠泊，务必增大靠泊时的横距和入泊角以及余速，以减小潮水对船舶产生的不利影响。

（3）由于宝钢 931# 泊位南端泊位常有他船停靠，而且距离较短，入泊时注意本船的前冲态势，及时抑制。

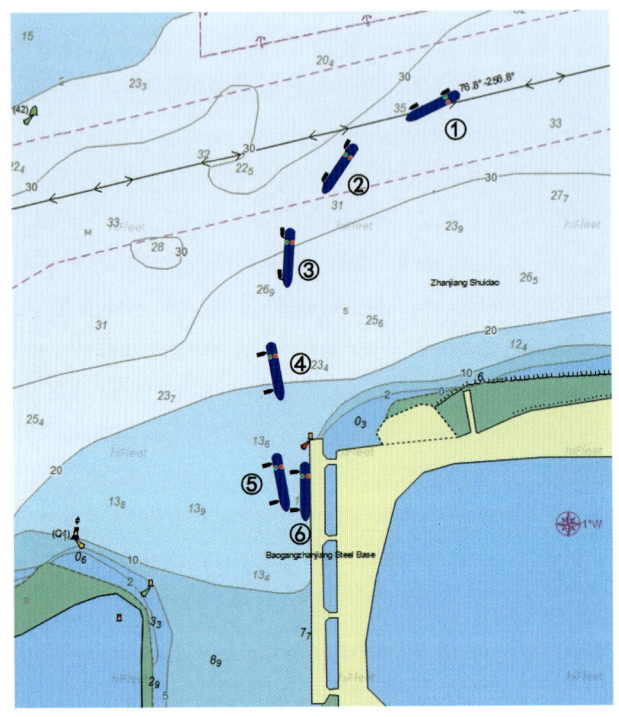

图 4-23　宝钢 931#泊位靠泊示意

4.2.2　7 万吨级船舶靠离宝钢综合码头 911#泊位

1）实操船情况

YL 轮：船长 225 m，船宽 32.26 m，吃水 14.36 m，总吨 40 931，净吨 25 963，载质量 75 380 t。

2）泊位简介

宝钢综合辅料港区共设计 6 个泊位（图 4-24），包括东西走向的综合码头与重件码头以及南北走向的辅料码头，结构呈反"L"形状。其中东西走向码头包括 2 个 7 万吨级散货综合泊位以及 1 个 5 000 吨级重件泊位，码头面标高 7.5 m，总长约 700 m，码头结构按 7 万吨级码头规范要求建造，码头前缘停泊水域底标 −14.2 m，宽 65 m，泊位前缘回旋水域直径 450 m，底标高 −13.2 m。南北走向码头包括 1 个 3.5 万吨级散货辅料泊位以及 2 个 1 万吨级散货辅料泊位，泊位总长约 440 m，码头前缘停泊水域底标 −13.2 m，宽 61 m，与综合泊位共用回旋水域。

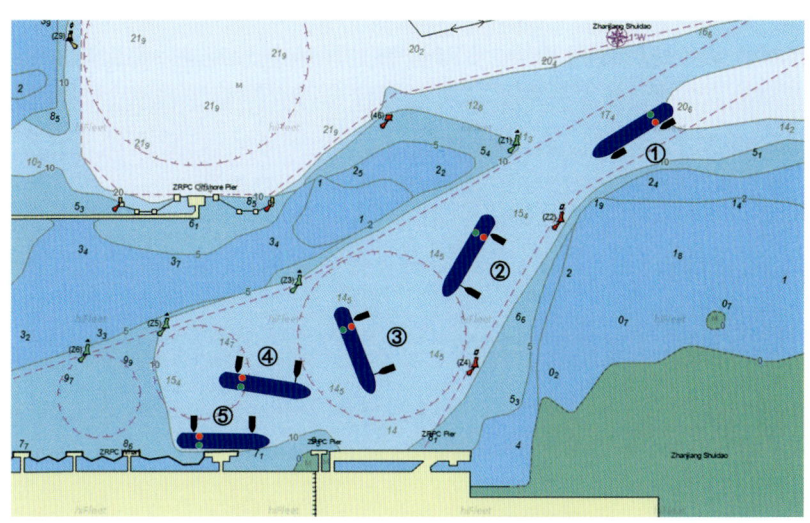

图 4-28 中科 L2 泊位靠泊示意

①1640 时 TM 轮抵达 42#灯浮时左舷带好两艘拖船,此时航向 256°、航速 6.7 kn,随即下令停车淌航,观察到在中科顺岸支航道口处无出口船会遇,慢慢向左调整航向,控制船位在南三岛西航道中心线偏左,方便下一步转入支航道,通过短时淌航降速,航至 44#灯浮时航速为 4.5 kn。

②南三岛西航道转入中科顺岸支航道的转向角度仅有 17°,为避免使用大舵角旋回过快从而产生过大反移量,可提早转向,视船舶与 44#灯浮的横距适当调整舵角;1700 时转入支航道,此时为高平潮时段,因为船速较慢,仍有些许西压趋势,提前预配风流压角,控制船位在支航道中心线,当航向稳定后,再次停车淌航降速,下令前后拖船做好顶推准备,其间利用短时进车使船首有缓慢向左偏转趋势,船舶以 3.5 kn 的航速通过 Z1#灯浮。

③1714 时 TM 轮进入中科 S1#泊位对开的回旋水域,开始掉头,首先下令微速倒车,观察船首偏转态势和船速变化,发现船舶降速不明显,果断加大倒车同时左舷船尾拖船垂直顶推。由于船舶空载船首盲区较大,不易判断船首与 S1#泊位的垂向距离,可参考 Z3#、Z5#灯浮与船舶驾驶台的位置变化,Z3#灯浮与 S1#泊位的垂线距离为 490 m,船舶驾驶台距船首为 202.6 m,当驾驶台位置平行 Z3#灯浮时,船首距 S1#泊位的距离还有 288 m,如平行 Z5#灯浮,船首距 S1#泊位的距离仅有 158 m,为保证一定的安全余量,船舶在掉头过程中舯向与 S1#泊位线垂直时驾驶台位置不应超过 Z5#灯浮。随着倒车时间的增长和拖船的顶推作用,成功在旋

回水域完成掉头,同时以1.5 kn的退速靠拢L2#泊位。

④在靠拢L2#泊位的过程中,实时调整首尾拖船顶推力,确保船舶既能保持一定的退速驶向码头,又不会产生过大的靠拢速度过早贴上码头。当驾驶台位置退至平行L2#泊位工作平台东侧时,微速进车慢慢减缓退速,距泊位还有1倍船宽时,根据工作平台输油臂校对位置刹停船舶,控制拖船顶推拖拉,最后使船舶缓慢平行贴靠码头,贴靠码头后与泊位指泊员校对最终位置并按计划带妥所有缆绳,1858时靠泊结束。

5)注意事项

(1)L2#泊位的靠离泊船舶在进入或离开中科顺岸码头支航道前,要注意东石航道和南三岛西航道交汇处附近的进出口船舶动态。对附近进出口过往船舶提早通过VHF联系,并协调好避让行动。

(2)船舶在旋回水域掉头时参考灯浮与驾驶台位置变化的方法也要充分考虑该灯浮是否存在移位的可能性,应结合导航软件或船首人员报告纵距多种手段核实船位变化。

(3)重载10万吨级油船在L2#泊位离泊后,应注意要尽快增加船速以便减缓支航道风流压的影响。拖船在解缆后应让其在支航道伴航,待确保船舶能安全驶出支航道后再下令拖船离开。

(4)10万吨级油船在S1#泊位旋回水域掉头前,注意控制余速,避免余速过大时进行掉头操作导致船舶冲入浅水区或触碰S1#泊位,发生搁浅事故或损坏码头设施。

4.2.4 中型集装箱船靠离801#泊位

1)实操船舶资料

JC轮:2022年4月26日0900时右舷靠泊801#泊位,船长170.15 m,船宽25 m,靠泊时实际前后吃水8.8 m/9.2 m,排水量27 309 t,总吨15 995。

2)泊位资料

湛江港801#泊位(图4-29)位于湛江港宝满港区,与802#泊位相接且处于同一码头前沿线上,两泊位设计总长678 m,泊位方位角042°/222°,旋回水域直径580 m,泊位前沿水深12.3 m,港池水深13.2 m,为5万吨级集装箱船泊位。

图 4-29　湛江港 801#泊位实景

3）气象、潮汐情况

2022 年 4 月 26 日，天气多云，东南风 3 级。26 日高潮潮时 0849 时，高潮潮高 274 cm，0800 时潮高 264 cm，0900 时潮高 273 cm，1000 时潮高 256 cm。

4）拖船配置

两艘拖船（"湛港拖 503"和"湛港拖 15"）协助靠泊，"湛港拖 503"在左船首主甲板带拖，"湛港拖 15"在左船尾带拖。

5）靠泊操纵要点

靠泊操纵过程示意见图 4-30。靠泊要点如下：

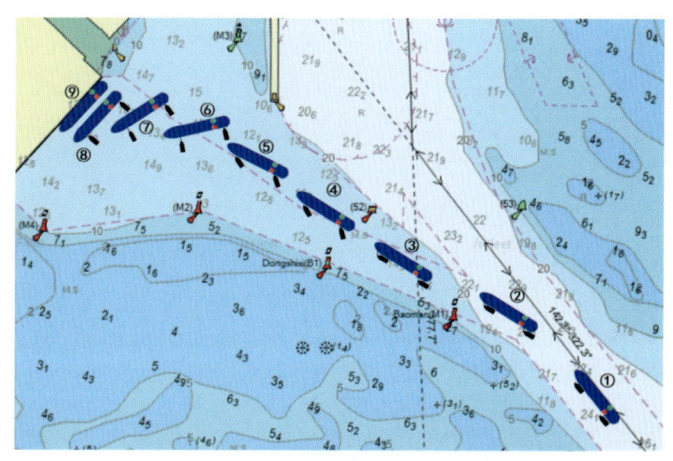

图 4-30　中型集装箱船靠泊示意

（1）余速控制

船舶驾驶台正横51#灯浮时，船速控制在7 kn左右，方便拖船带拖，如果拖船在带妥后停车，中小型集装箱船会明显降速，应及时加车，避免从主航道转入支航道时船速过慢，受风流影响大，不易控制船位。

在转入支航道时（位②），船速控制在7 kn左右，待进入支航道后（位③），船舶受流影响逐渐减弱，应逐步减车降速，在船舶驾驶台正横M2#灯浮时（位⑥）船速应控制在4 kn以内，令主机停车，但是在停车前应充分考虑船舶致偏因素，提早用舵使船舶向自己有利的方向偏转。随着船首向逐渐与码头平行，船位也越来越接近泊位，此时可通过码头岸标串视线的变化判断船速是否过快或者过慢，及时用车和拖船调整船速，使船舶距离泊位约2倍船宽时（位⑧），船身刚好在指定的泊位范围内，船舶前进速度接近于0。

（2）入泊角度

无论船舶采取何种入泊方式，最终靠泊时船首向应与码头平行，使船舶平行靠泊。靠泊801#泊位的船舶，从支航道进入港池时，船首向与泊位走向夹角接近90°，所以需要不断调整首向，最终使入泊角度为0°。此次靠泊，风力较弱，对船舶影响小，在船舶驾驶台正横52#灯浮时，船首向调整为303°，在船首正横M2#灯浮时，先令船尾拖船立起来，船舶便获得了一个船首向向左偏转的趋势；在驾驶台正横M2#灯浮时，再令船首拖船立起来，准备顶船头。因为船尾拖船距离船舶转心远（船舶前进时，转心距船头约1/4船长），船尾转船力矩比船头大，以及船尾受东南风作用力转船力距同样比船头受东南风作用力转船力距大，船首向向左的偏转趋势越来越快，此时令船首拖船最慢车顶推，抑制船首向过快偏转，同时使船舶有一个向码头的推力。如果靠泊时遇到强东南风，船舶向码头的拢速很快，可以令船尾拖船最慢车正横拖，抑制船首向向左偏转的趋势，同时也减缓了船舶靠拢的速度。无论怎么使用拖船，必须保证在船身接近码头约2倍船宽距离时，船首向与码头接近平行，并且基本上不存在偏转趋势，如位⑧所示。

（3）抵泊横距和靠泊拢速选择

合适的抵泊横距有助于我们又好又快地靠泊，抵泊横距一般选择2倍船宽，受吹拢风影响时，可适当增加横距，受吹开风影响时，可适当减小横距，泊位前后有船时应适当增加横距。此次靠泊虽受吹拢风影响，但风力不大，故选择2倍船宽抵泊横距。

船舶抵达2倍船宽抵泊横距后（位⑧），通过主机控制前冲后缩，用拖船调整船舶横移速度，使船舶缓慢平行靠泊，靠上泊位时的拢速越慢越好，最快不得超过

15 cm/s。

6）离泊操纵

801#泊位，可供船舶旋回水域宽阔，船舶掉头出港操纵相对简单。中型集装箱船离泊，一般调配两艘拖船协助，其中一艘拖船在艏楼系缆，另一艘拖船在船尾系缆。待拖船拖缆带好后，令两艘拖船最慢车顶住船舶再解缆，防止船舶解缆时前后移动或偏转。待船舶所有缆绳清爽后，令拖船停车松缆，等两艘拖船报告"到位"后，根据船舶动态趋势，慢慢加大拖船拖的力度，使船舶平行离开码头约2倍船宽（受强拢风影响时，横距应更大一些），然后船尾拖船一挡一挡减车，直至停车靠回大船边，大船择机短暂进车，确保船尾与码头和其他船能保持安全距离，主机停车后，解掉船尾拖船缆绳，并令其顶推船尾使船舶加速旋回，若有侧推器也可一并使用，增大转头速率。当发现船舶前冲过快时，应提醒拖船摆正船位，同时本船倒车抑制前冲速度。在船首向接近指向M2#灯浮时，拖船和侧推器应一挡一挡减车，本船适时进车，根据风的作用力大小，调整首向，配置合理的风压差角，本船进车稳定后，可以解掉船首拖船。在出港时，应保证有效瞭望，特别是对于在主航道航行的船舶以及在锚地起锚正准备进入主航道的船舶，应提早联系，协调避让，确保航行安全。

7）注意事项

（1）在使用侧推器时，应一挡一挡加减车，防止辅机负荷过大有跳闸断电的风险，另外一挡一挡加减车也更容易判断船舶运动态势；拖船起拖要防止顿力把拖缆拉断。

（2）船首带缆和解缆时，尽可能不用侧推器，以防缆绳卷入侧推器螺旋桨；船尾拖船解拖缆尽可能是停车状态，防止缆绳卷入螺旋桨；船首拖船解拖缆，应在本船进车稳定状态下。

（3）集装箱船船尾结构比较方正，在船舶贴上码头后向后调整船位时，船尾一定不能有向码头的角度，否则船尾容易碰到码头，导致码头和船舶损坏。

（4）不能因为集装箱船排水量小、主机功率相对大，就认为余速可以快些，实际上有的集装箱船是其他种类船舶改造而成，和集装箱船操纵性能有很大区别，上船后应参考引航卡和听取船长的建议。

（5）集装箱船自身的缆桩安全工作负荷往往较小，引航员登船后应向船方了解其负荷大小。在靠拢速度过快时，应及早用拖船慢车拖，而不是接近码头时突然加大车拖，否则容易损坏缆桩，造成险情。

（6）集装箱船主机相对功率大，在靠近码头附近用车一定要谨慎，注意观察

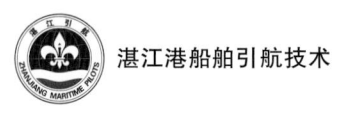

速度的变化。

(7) 不仅要在航行时核对车舵令是否得到执行,在靠离泊时一样需要核对。

(8) 船舶从主航道进入宝满支航道或从支航道进入主航道,应尽可能保证船位在上风上流处。比如进港船从主航道进入支航道遇涨潮流,转向时机应相对提前,当船首位置和 M1# 与 M2# 灯浮串视时便开始转向;落潮时转向时机应相对延后,当驾驶台位置和 M1# 与 M2# 灯浮串视时开始转向。当然集装箱船受风面积大,受风影响明显,转向时机不仅要考虑流的影响,也要考虑风的影响。

(9) 宝满支航道口常有渔船放网捕鱼,必须加强瞭望,提早鸣笛警示,以安全航速航行,在避让渔船时尽可能抢占上风上流处,即使需要慢速避让,也可保证自己船位安全。若有进出口船舶与我船在支航道口处会遇,必须及早联系,通过调整速度等方式协调避让,尽可能避免在支航道口附近会遇。

4.2.5　5万吨级集装箱船靠802#泊位

1) 泊位资料

802#泊位位于湛江港宝满港区,与801#泊位相连,两泊位设计总长678 m,泊位方位角 042°/222°,旋回水域直径 580 m,泊位前沿水深 12.3 m,港池水深 13.2 m,为5万吨级集装箱船泊位。

2) 气象、潮汐情况

2022年6月23日,天气晴天,东南风3级。23日高潮潮时1855时,高潮潮高 266 cm,1500 时潮高 180 cm,1600 时潮高 203 cm,1500 时至 1600 时潮差 23 cm。

3) 实操船舶资料

FY轮:计划于2022年6月23日1530时,右舷靠泊802#泊位,该轮船长294 m,船宽32 m,最大吃水13 m,载质量68 135 t。

4) 拖船配置

三艘拖船("湛港拖501""湛港拖502""湛港拖15")协助靠泊,"湛港拖501"在左船首主甲板带拖,"湛港拖502"在左船尾带拖,"湛港拖15"机动。"湛港拖501"马力5 200 HP,"湛港拖502"马力5 200 HP,"湛港拖15"马力4 000 HP。

5) 靠泊操纵要点

靠泊操纵过程见图4-31。靠泊要点如下:

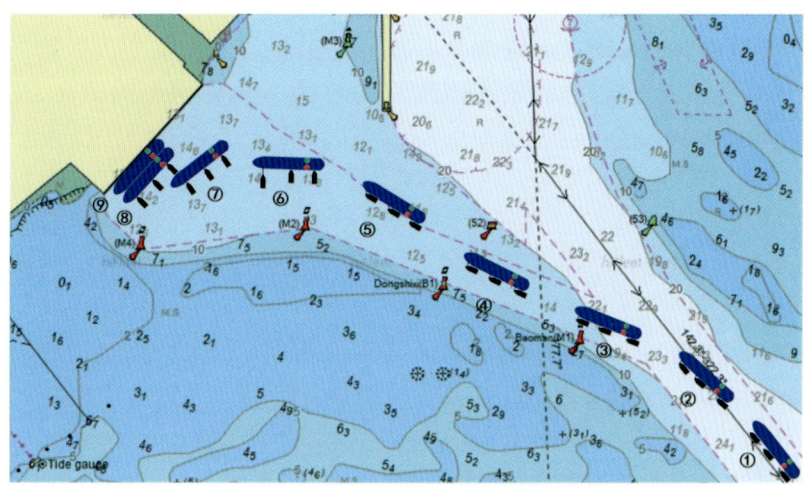

图4-31　5万吨级集装箱船靠泊示意

（1）余速控制，大型集装箱船满载进港靠泊，控制好余速是关键。由于干舷较高，拖船制动的效果不是特别好，但他又比满载矿船有相对较好的舵效和航向稳定性能，所以驾引超大型集装箱船靠泊，应该以拖船制动为辅，淌航降速为主。实操中控制余速：船舶抵51#灯浮附近，距泊位约 2 n mile 时，航速控制在 6 kn 以下，并开始协助拖船的带拖作业。船舶抵宝满支航道转向后，距泊位约 1.2 n mile 时（位③），余速控制在 5 kn 以下，此时协助拖船都已经带好拖缆，大船可以停车淌航。船舶抵宝满支航道 M2#灯浮时，船舶距泊位前端约 0.4 n mile 时（位⑤），余速控制在 3 kn 左右；船舶抵港池在位⑥时，余速应控制在 2 kn 左右；船舶抵泊位中部时（位⑦），余速控制在 1 kn 以下。船舶进港池前的控速，除了减速和停车淌航，利用拖船协助降速，可以起到较好的效果。

（2）入泊角度和拢速控制，这是保证船舶和码头安全的关键。本泊位在宝满支航道的西端，泊位走向与航道形成 72°交角，初始入泊角较大，船舶进入港池后逐渐接近泊位过程中，应综合利用本船车、舵和拖船，逐渐调整入泊角，同时控制船舶的靠拢速度。在距泊位还有 1 倍左右船宽时，拢速应控制在 10 cm/s 以下，并保持船舶与码头平行，在距泊位仅有半个船宽时，视拢速情况，必要时指挥前后拖船垂直拖来降低拢速，使船舶以低于 5 cm/s 的拢速平行贴上泊位，并提早控制船舶的前冲后缩的速度，尽可能做到船舶在贴上泊位的瞬间没有前冲后缩，可以有效避免对泊位设施和本船造成损伤。

6）注意事项

（1）宝满支航道及附近水域常有小渔船从事捕鱼作业,甚至占据航道从事拖网作业,任意在航道上穿行;船舶在该航道航行时,应注意渔船的动向,及早鸣笛警告,5万吨级的集装箱船是没有足够的机动水域对小渔船进行有效避让的。

（2）宝满支航道的东端与涨落潮的流向有一定交角,由于船舶在港池支航道上行驶的速度较低,船舶在支航道上航行,受横流影响较大,若同时有较强的横风影响,要及早用本船的车、舵,使用拖船协助等手段来克服风流压,应注意修正风流压差。

（3）进出宝满港区的船舶在转向前或离泊前,应十分注意7#锚地附近水域的船舶动态,及时通报本船的航行信息,协调避让行动。在进港减速转入支航道前,如有他船尾随,应及时用VHF通知对方,做到心中有数。

（4）进靠宝满港区的大型船舶应在进入本航道前系带好拖船。

（5）在驾引满载的超大型集装箱船靠泊时,要留有充足的淌航降速距离,由于其较高的干舷,拖船制动的效果不是特别好,但他又比满载矿船有相对较好的舵效和航向稳定性能,所以应该以拖船制动为辅,淌航降速为主。

（6）入泊速度要慢且入泊横距要足够,尤其是右舷靠泊时。倒车时机要早,用小倒车,如果速度过快可以用长时间的小倒车来降速,左舷胯部的拖船及时顶住防止船舶受沉深横向力而偏转。

（7）集装箱船无论是甲板面装载较多集装箱还是轻载状态干舷较高的情况下,由于受风面积较大,都要充分考虑风的影响。

4.2.6　7万吨级散货船靠401#~402#泊位

1）实操船舶资料

P轮：船长225 m、船宽32.25 m、靠港最大吃水12.8 m,载质量75 082 t,总吨42 127,计划0900时靠泊401#泊位。

2）泊位情况

湛江港401#~402#泊位(图4-32)位于一区北港池南面,设计承靠能力为7万吨级船舶。码头长度580 m,码头前沿线方位角112°/292°。泊位平面图两端与相邻码头形成垂直结构,泊位线与港池口门的D1灯浮垂直距离为320 m,D1#灯浮距404#泊位线垂直距离为126 m,码头泊位前沿90 m范围内最浅水深为13.1 m,320 m范围内最浅水深为11 m(2019年11月海图资料)。

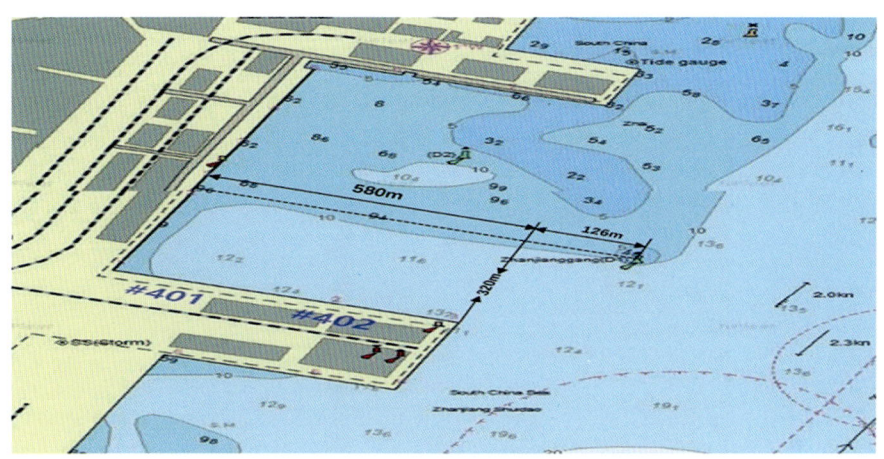

图 4-32　湛江港 401#~402#泊位示意

在港池口门附近,码头前沿线方向基本与潮流流向垂直,重载巴拿马型船舶在转向进入港池过程中受横向流压的影响较大。

3)靠泊操纵

(1)气象、潮汐情况

2022 年 1 月 1 日,阴天,东北风 2~3 级,能见度良好。当日湛江港低潮为 0400 时 72 cm,高潮为 1018 时 269 cm。

(2)拖船配置

助靠拖船为"湛港拖 502"(5 200 HP)和"湛港拖 503"(5 200 HP)。

(3)靠泊操纵过程

靠泊操纵过程见图 4-33。

①引航员按照计划靠泊时间提早 2.5 h,0630 时在登船点登船后,先跟船长进行信息交换,进一步了解船舶操纵性能,并告知船长整个引航靠泊计划和注意事项。在龙腾航道 24#~26#灯浮上线转入航道后,逐渐加车至全速前进。

②船舶航行至东石航道,逐渐减车控速,转入东头山航道后船速 6.8 kn,右舷带妥拖船。重载巴拿马型船舶质量大,惯性大,失去舵效的余速高,所以需要提早停车淌航减速,此时下令停车,同时下令船尾"湛港拖 503"松缆做好向后拖的准备。东头山航道中心线北端与口门处 D1#灯浮连线航向 005°,连线与 404#泊位最近距离为 250 m,船舶在停车淌航至口门的过程中可以以 D1#灯标为参考点。船舶航行至 56#灯标时,船速 4 kn,航向 004°,发现舵效越来越差,很难利用余速

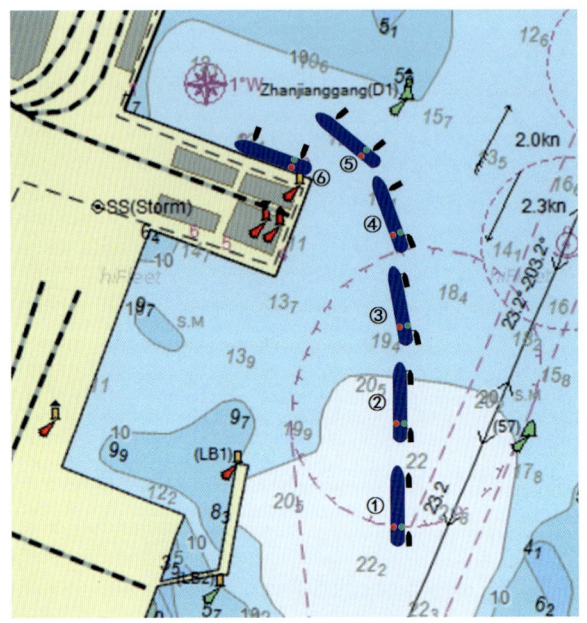

图 4-33　402#泊位靠泊示意

把定航向,同时船首转头角速率有慢慢加快的趋势时,果断进车把定航向同时下令船尾"湛港拖 503"加车沿船尾方向向后拖,待航向稳定后,再次停车淌航减速,船舶抵达 404#泊位对开水域的航向为 357°,航速 2.8 kn。

③1015 时船舶开始进入转向入泊阶段,当日 1018 时为高平潮,此时为涨潮末,涨潮流速较缓约为 0.2~0.3 m/s 左右,当船首抵至 404#泊位长度的北段 1/3 处进车使用左满舵进行旋回转向进入港池,因为整个转向角度较大,下令船首"湛港拖 502"做好垂直顶推的准备。转向过程中船位应尽量控制与码头东端角保持 3 倍船宽的横向距离,观察船舶转头速率大小,如发现转头速率不符合操船预期效果,应不断调整舵角大小和利用拖船顶推,确保合适的转头速率入港池,当船首向与码头走向接近平行并伴有微微向左态势时停车。

④船舶转完向后以 2.1 kn 速度到达泊位前沿水域,驾驶台平口门 D1#浮时下令微速倒车。提早倒车的目的:一是可以试验主机倒车性能,如倒车不来也有前冲安全余量采取应变措施;二是避免因余速过快使用大倒车而产生更大的横向偏转力。考虑到右旋车倒车的偏转效应,已提前下令船首"湛港拖 502"准备顶推,发现微速倒车船速下降效果差果断加至慢速倒车时,发现随着倒车时长增加,船

首外偏速率加快,下令船首"湛港拖502"全速顶推,船尾"湛港拖503"做好可顶可拖的姿态。通过调整拖船顶推力,使船首向对着泊位西端码头角,与码头横距2倍船宽。船速降至1 kn后,减小倒车直至停车,使船舶保持一定的余速驶向码头,同时观察余速的横向分量,适时进车用舵保持合适的横向分量确保船舶不会过早贴上码头。当船首抵402#泊位中部时,船速减至0.6 kn以下,距泊位还有1倍船宽,根据泊位前后位置情况刹停船舶,同时利用拖船调整船身与泊位平行,控制船舶的靠拢速度。在距泊位0.5倍船宽时,船的向前速度为零,调整拖船顶推力,保持船舶缓慢平行贴靠码头,先带好前后两根倒缆,最后带好前后4根艏艉缆,靠泊结束。

4.2.7 7万吨级船舶离401#~402#泊位

1) 实操船舶

引领船Q轮:船长229 m、船宽32.25 m、离港最大吃水12.8 m,载质量82 082.10 t,总吨44 127,计划0800时401#泊位离泊。401#泊位实景见图4-34。

图4-34　401#泊位实景

2) 气象、潮汐情况

2020年12月31日气象情况:晴,东北东风2~3级,能见度良好。当日湛江港低潮为0309时109 cm,高潮为0854时260 cm。

3）拖船配置

助离拖船为"湛港拖 503"（5 200 HP）和"湛港拖 19"（4 000 HP）。

4）离泊操纵过程

离泊操纵过程见图 4－35。

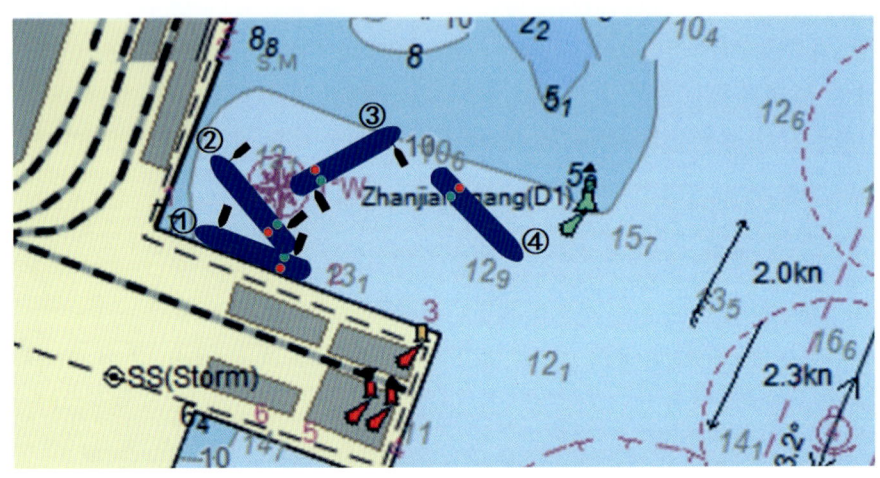

图 4－35　401#泊位离泊示意

①引航员按照计划时间 0800 登船，在跟船长进行简单的信息交换后，重点核实目前最大吃水和备车状况，向船长介绍离泊方案和注意事项后，通知其前后人员准备带拖船开始离泊。

②下令首尾拖船慢车垂直顶住后，先解掉前后头尾缆后解掉前后倒缆，待所有缆绳清爽后，首尾拖船松缆做好拖拉准备，先将船舶平行拖开码头 10 m 后，随后加大船尾拖船拖力，保持船舶艏向与码头交角约 30°拖开；当船尾与码头的横距拖开至 1 倍船宽后下令微速倒车，船舶有微速后退的趋势后停车，观察船尾与 402#泊位停靠的船舶船首的距离变化，适时调整前后拖力大小始终保持约 30°的码头交角后退；当驾驶台位置退至 402#泊位停靠船舶船首对开时进车刹停船舶，同时加大船首拖船拖力并慢慢减小船尾拖船拖力开始进入旋回掉头阶段，此时船舶向右转头速率慢慢加大，船尾也开始向码头方向靠拢，观察船尾与 402#泊位停靠船舶船首的横距变化，适时进车用舵控制船尾的安全横距；当船尾确保让清 402#泊位停靠船舶船首并与码头保持一定的安全距离后，下令船尾拖船贴回舷侧开始顶推，在两条拖船的顶推拖拉的作用下，船舶进入加速旋回状态，中途发现前冲速度过快，调整船首拖船拖力方向并使用倒车减缓船舶前冲趋势。待船舶快完

成掉头时,逐步减小前后拖船拖力,预留提前量用舵进车减缓或抑制船舶向右的转头速率。

③船舶首向稳定后,下令先解掉船尾拖船拖缆,拖缆清爽后进车,待主机响应后再解掉船首拖缆,并慢慢加车在上流处驶出港池。

5)靠离泊注意事项

(1)重载巴拿马型船舶失去舵效的余速比较高,低速航行时舵效又比较差,为保持舵效把定航向难免会利用多次停车进车,但应注意船舶资料中允许的连续启动次数,避免主机启动空气压力不足。除此之外,拖船也是重载巴拿马型船舶在制动减速阶段和靠泊阶段最重要的辅助外力,引航员要充分了解和掌握拖船的操纵特性和局限性。

(2)虽然目前靠泊401#~402#泊位的重载巴拿马型船舶的引航计划基本安排在涨潮末或流缓时段,但因为受湛江港内通航环境复杂、港章规定的大型船舶会遇区会遇的要求、个别船舶主机状况差、船速慢等客观因素的影响,会出现个别船舶在流急时段进行靠泊,无论是涨潮还是退潮,船舶到港池口时应抢占上风上流,预留足够的横压距离,操纵果断,及时采取多种措施,消除流压对船舶的影响。

(3)重载巴拿马型船舶在401#泊位离泊掉头的有效旋回直径仅为320 m,船长225 m的巴拿马型船舶在整个旋回掉头过程的关键点在于船尾在向码头前沿漂移的过程中始终要保持有足够的安全距离,同时也要注意船首不能冲出港池北侧的回旋水域边线,引航员要善于利用车、舵、拖船来控制船舶的前冲后缩速度。

(4)离泊时应根据当时的水文条件和船舶载态选择合适的离泊方式。如流急时段,402#泊位的船舶离泊应采用港内掉头出港,船舶进车出港比后退出港更容易控制船舶的运动态势。

4.2.8 巴拿马型船舶靠湛江电厂码头

1)实操船舶

OP轮:船长225 m,船宽32 m,进港最大吃水13.8 m,载质量76 596 t,净吨25 754,主机最大功率9 806.35 kW,倒车功率为进车功率的40%,计划1100时靠泊湛江电厂码头。湛江电厂码头实景见图4-36。

图 4-36 湛江电厂码头实景

2)气象、潮汐概况

2022 年 4 月 16 日气象情况：晴天,东南风 2~3 级,能见度良好。当日湛江港潮汐低潮为 0435 时 73 cm,高潮为 1106 时 347 cm。

3)拖船配备

助靠拖船"湛港拖 501"(5 200 HP)和"湛港拖 16"(4 000 HP)。

4)湛江电厂码头概况

湛江电厂码头(图 4-37)位于湛江湾北部,调顺港区北侧,南侧 100 m 为四航三公司码头,离湛江港第三分公司 300#泊位约 925 m,码头北侧毗邻中粤能源电厂码头的安全距离约为 82 m。码头结构按 7 万吨级散货船设计,泊位方向角 171°/351°,泊位长度 288 m,宽 27 m,呈直线布置,前沿底高程为-14.5 m,停泊水域宽度 65 m。两个电厂码头共用同一回旋水域港池和航道,回旋水域直径为 456 m,底标高为-13 m。

码头前沿水域及回旋水域,进出港支航道水域都是强流速水域,这一带水域最大涨潮流速 0.5~1.5 m/s,最大落潮流速 0.65~1.88 m/s,船舶靠、离泊操纵时受潮流影响较大,流向与码头、航道方向有小夹角,船舶如以较大的靠拢角靠泊时,应注意流压的影响。

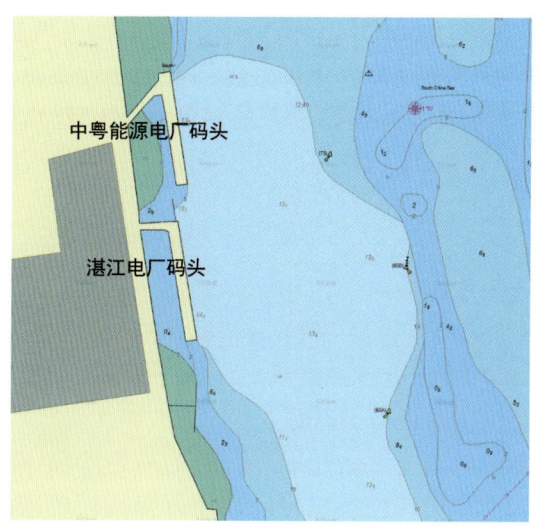

图 4-37 电厂码头示意

5）船舶靠泊操纵

靠泊操纵过程见图 4-38。

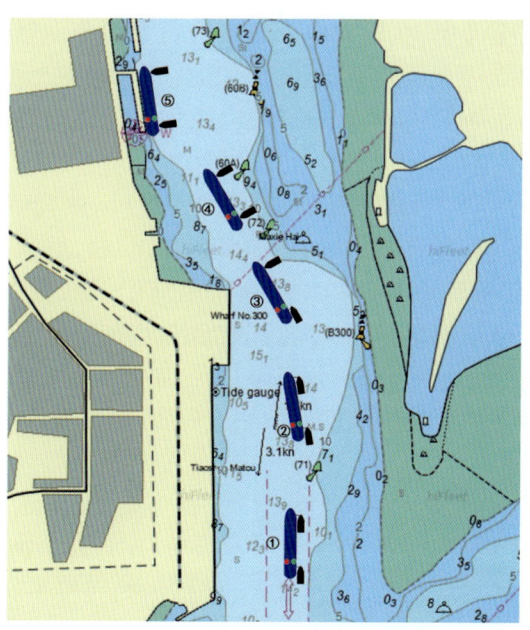

图 4-38 湛江电厂码头靠泊示意

①1002 时，船舶在通过 61#灯浮转入调顺南航道，为谨慎过海湾大桥，下令减车至慢速进，以 9 kn 速度通过海湾大桥，过桥后，船舶就要由调顺南航道转入霞海航道，该转向点是 7 万吨级航道内最大的转向角度（57°），受风、流、低速的影响，转向难度也较大。首先，操纵船舶在调顺南航道中央偏西侧，在通过 64#、65#灯浮后（距转向点约 0.35 n mile），开始用舵，视转头角速度的快慢，适当调整舵角大小，因当时涨潮流较急，适当贴近 67#灯浮，当临近计划航向时提早压舵，最后根据船位位置加大舵角把定航向。

②1023 时，在转入霞海航道后，将车减至微速进，将船速降至 6.8 kn，在 68#灯浮带妥助靠拖船，船舶处于低速淌航状态，船舶转入第三公司港池航道后，航速 5.5 kn、航向 003°，船位偏航道中央西侧。

③整个三公司港池航道主要为船舶靠泊前的减速阶段，由于此时仍在涨水，在通过 305#泊位时，下令船尾拖船做好向船尾方向拖拉的准备，同时停车淌航，观察船舶航向稳定性和航速变化，发现航速降至 4.5 kn 时舵工无法把定现有航向，果断加车把定航向，并下令船尾拖船往船尾方向慢车拖。通过停车淌航和拖船作用，船舶抵达 300#泊位对开水域时，船速降至 4.3 kn。

④1045 时，船舶转入电厂支航道，由于三区的潮水较一区慢 25~30 min，此时虽临近高平潮，为安全考虑，在转入电厂支航道时为避免左舷受流压影响压向东侧浅水区域，该转向点应大胆地早用舵、用大舵、适时地用车配合，必要时令拖船顶推协助，克服流压影响。待通过 300#泊位北角把定航向后，观察流压角大小，调整船舶航向保持船位在航道中线。

⑤船舶安全通过 300#泊位北侧，此时船速 3.8 kn，航向 343°，考虑到四航三公司码头停靠驳船影响，不宜过早考虑入泊角度的问题，继续把定 343°航向对准中粤能源电厂码头北侧后停车，同时令船首、尾拖船做好垂直顶推的准备，通过 72#灯浮后下令正舵微速倒车，同时令船首拖船慢车垂直顶推，提早抑制右旋车倒车横向力作用。待正横通过四航三公司码头后，加大倒车降速同时加大船首拖船顶推力度，使整个船舶态势慢慢朝西北向贴进码头，应注意泊位南侧的浅水区域，保持一定的安全距离。

⑥1055 时，整个船身进入泊位前沿水域，刹停船舶，由于右舷长时间在拖船顶推力作用下，船舶压拢码头速度过快，及早令首、尾拖船吊拖，减缓拢速，在距泊位 0.5 倍船宽时，调整首、尾拖船拖力大小，保持船舶缓慢平行贴靠码头，船舶贴上码头后，令首、尾拖船收缆靠回顶推，待位置核定正确后，先带好前后两根倒缆，最后带好前后 4 根艏艉缆，1130 时靠泊结束。

4.2.9 巴拿马型船舶离湛江电厂码头

1）实操船舶

HX 轮：船长 225 m，船宽 32 m，离港最大吃水 7 m，载质量 75 658 t，净吨 22 915，主机最大功率 7 634 kW。2022 年 3 月 16 日计划 1100 时退潮离泊湛江电厂码头。

2）气象、潮汐情况

3 月 16 日，晴天，偏东风 2~3 级，能见度良好。湛江港潮汐高潮为 1108 时 290 cm，低潮为 1548 时 132 cm。

3）拖船配备

助离拖船"湛港拖 503"（5 200 HP）和"湛港拖 19"（4 000 HP）。

4）离泊操纵过程

湛江电厂码头的回旋水域位于码头停泊水域前沿，直径 456 m，考虑到离泊时间刚好为高平潮时段，流速较缓可忽略不计，主要影响有 2~3 级偏东风拢风的影响，计划将船舶平行拖开两倍船宽后向右掉头出港。首先指挥带妥拖船后慢车顶推，使船舶紧贴码头，先解清艏艉缆，再解清前后倒缆，待所有缆绳解清，船尾螺旋桨位置清爽后，令前后拖船松缆，起拖，观察拖船在松缆过程时，船舶仍有微微向前态势，由于调顺港区的潮汐时间比湛江港的潮汐时间推迟 20~30 min，此时码头水域仍是涨潮状态，起拖时令船尾拖力大于船首，使船尾一端先离开码头并形成一定的离泊角，保持内当受流，慢慢加大前后拖力，保持该离泊角度拖至与码头的横距大于 2 倍船宽时，开始减小船尾拖力，注意此时不可全部停止船尾拖力，待船首转至 73#灯标时，且确保船尾与码头始终保持一定的安全距离，与此同时，在船舶转头速率达到预期效果时，可令船尾拖船贴回做好顶推准备，随着船尾拖力的停止，船舶进入旋回加速阶段，开始产生向前速度，当船舶旋回至与码头成垂直角度时，令船尾拖船开始顶推，加快旋回速率。掉头接近完成时，大胆用车、舵配合拖船把定所需航向。然后，停车解清前后拖船拖缆，加车出港。湛江电厂码头离泊过程见图 4-39。

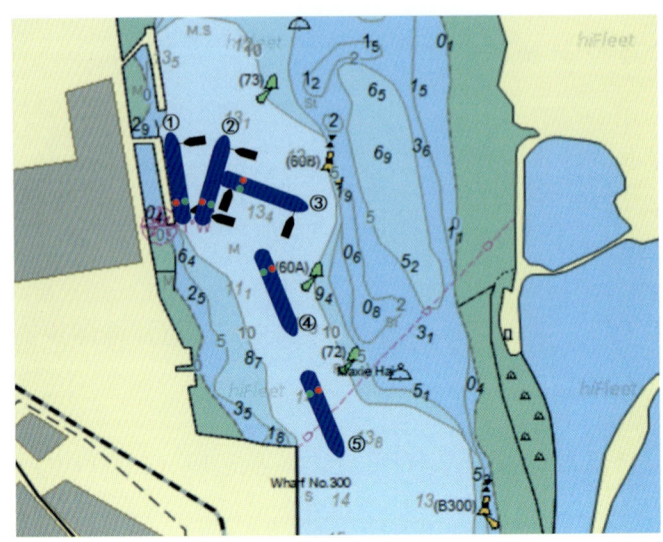

图 4-39 湛江电厂码头离泊示意

5) 靠离泊注意事项

（1）由于船舶从龙腾锚地至旧电厂码头航程较长，经过湛江港各个作业港区，航道航行时间较长，驾引人员应提前了解各个港区的大型船舶靠离泊计划，掌握船舶动态信息，合理规划会遇时间和地点，做好船舶避让措施。

（2）重载巴拿马型船舶靠泊码头，应根据本船吃水、港内水域通航环境、天气条件等情况，决定乘潮时间和进港时机，应尽量避免流急时段靠泊。

（3）湛江电厂码头南端的四航三公司码头经常会有工程类船舶停靠并抛有碍航锚标，应保持正规瞭望，谨慎驾驶通过该水域。

（4）三分公司300#泊位至旧电厂码头的直线距离虽然不足 0.6 n mile，但由于岸型弯曲、地形复杂，海底深浅差别甚大，水流冲向岸边后反冲出来，引起各地段流向、流速差别不一，300#泊位北端大潮时涨潮流速可达到 2 kn，落潮流速可达 3 kn。重载巴拿马型船在进靠湛江电厂码头抵达该位置时，船速通常较慢，受流的影响更为明显，因此，要仔细观察船舶偏移的态势，及时调整风流压差角，果断用车、舵和拖船的协助，避免流压将船舶压到岸边或浅滩的紧迫局面。同时，船舶空载出港时，由于初始速度低，也应注意风、流的共同影响。

（5）7万吨级航道58#灯浮以北没有供重载巴拿马型船舶（7万吨级）应急抛锚的锚地，且航道两侧水深较浅，通航环境复杂，在进入7万吨级航道后务必使用安全航速，谨慎驾驶，提前做好各种应急方案措施。

4.3 超大型船舶靠离泊作业

4.3.1 超大型重载船舶靠宝钢901#泊位

1）实操船舶资料

DC轮：计划于2022年4月7日1430时左舷靠泊宝钢901#泊位，船长292 m，船宽45 m，最大吃水18.37 m，载质量180 601 t。

2）气象、潮汐情况

2022年4月7日，天气晴天，偏东风3级。高潮潮时1406时，高潮潮高312 cm，1400时潮高312 cm，1500时潮高303 cm，1400时至1500时潮差9 cm。

3）泊位资料

宝钢901#泊位（图4-40）位于湛江东海岛港区，南三岛西航道南侧。泊位长度428 m，泊位方位角077°/257°，旋回水域尺度850 m×680 m，泊位前沿水深18.2 m，港池水深21.6 m，为30万吨级散货船泊位。

图4-40　宝钢901#泊位实景

4）拖船配置

4艘拖船（"龙腾消拖601""湛港拖503""龙腾拖401""湛港拖15"）协助靠泊，"龙腾消拖601"右船首艏楼带拖，"湛港拖15"右舷第二至第三舱主甲板带拖,"湛港拖503"右船尾带拖,"龙腾拖401"右舷第九舱主甲板带拖。"龙腾消拖601"马力6 200 HP,"湛港拖503"马力5 200 HP,"湛港拖15"马力4 000 HP,"龙腾拖401"马力4 000 HP。

5) 靠泊操纵要点

靠泊操纵过程见图4-41。靠泊要点如下:

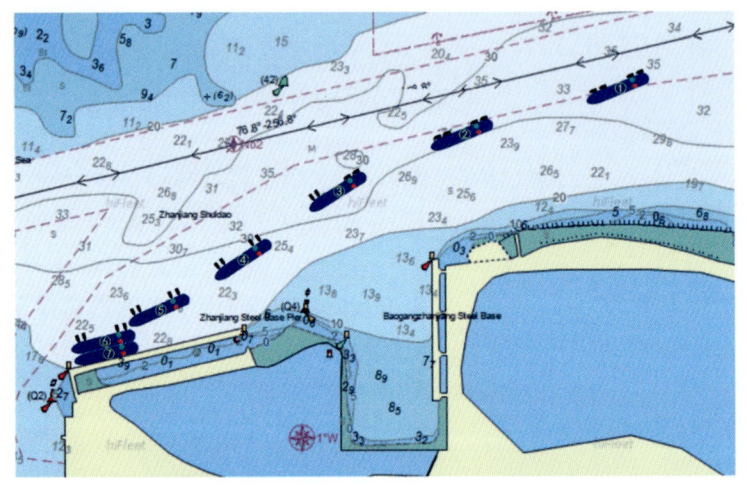

图4-41 超大型重载船舶靠泊示意

(1) 靠泊方式和靠泊时机选择

宝钢901#泊位靠泊一般是选择在涨潮高平潮后或退潮低平潮前采取左舷靠泊。宝钢901#泊位位于航道的南侧,泊位走向与主流向形成基本相同。由于宝钢901#泊位距离南三岛西航道约690 m,因此靠泊初始入泊横距较大,为了减小入泊横距,初始入泊航向一般为240°~250°,与流向夹角较大,急落潮流速太大时,容易受到较大的流压力影响,产生较大的靠拢速度,难以控制船舶。因此,靠泊宝钢901#泊位时应控制船舶尽可能在高平潮时或低平潮前入泊,尽量避开潮水流速太大时靠泊,若时机错过,也要避开急落潮时段靠泊,以确保靠泊安全。

(2) 余速控制

20万吨级散货船满载顺流进港靠泊,控制好余速是关键,需要提早减速、停车淌航或借助拖船降速。如发现速度过快,可用船中两艘拖船向后拖来实现减速,这样操纵产生转船力矩小,不易产生偏转。实操中控制余速:船舶抵达39#灯浮附近,距泊位约4.5 n mile时,航速控制在8 kn左右,船舶抵达40#灯浮时,距泊位约4.2 n mile时,余速控制在6 kn左右,并开始协助拖船的带拖作业;船舶抵

41#灯浮转向后,距泊位约 1.6 n mile 时,余速控制在 5 kn 左右(位①),此时协助拖船都已经带好拖缆,大船可以停车淌航,如果余速过快,可以使用拖船协助减速。船首抵宝钢 902#泊位东端,距宝钢 901#泊位东端约 0.3 n mile 时(位④),余速控制在 3 kn 左右并开始倒车并利用首尾拖船适当顶拖抑制大船偏转;船舶抵达港池(位⑤),余速应控制在 2 kn 以下并利用首尾拖船顶推协助大船靠泊,靠泊过程中根据船舶拢速的快慢调整前后拖船的顶拖并可利用大船车舵调整大船余速及入泊角度。船舶进港池前的控速,除了减速和停车淌航,利用拖船协助降速,可以起到较好的效果。

(3) 入泊角度和拢速控制

入泊角度和拢速控制是保证船舶和码头安全的关键。宝钢 901#泊位位于航道的南侧,泊位走向与主流向形成基本相同。由于宝钢 901#泊位距离南三岛西航道约 690 m,因此靠泊初始入泊横距较大,为了减小入泊横距,初始入泊航向一般都在 240°~250°左右,与流向夹角较大,为了减少横距和缩短靠泊时间,因此靠泊的初始入泊角也较大,靠泊过程应综合利用本船车、舵和拖船,逐渐调整入泊角,同时控制船舶的靠拢速度。在距泊位还有 1 倍左右船宽时,拢速应控制在 10 cm/s 以下,并保持船舶与码头平行,在距泊位仅有 0.5 倍船宽时,视拢速情况,必要时指挥前后拖船垂直拖来降低拢速,使船舶以低于 5 cm/s 的拢速平行贴上泊位,并提早控制船舶的前冲后缩速度,尽可能做到船舶在贴上泊位的瞬间没有前冲后缩,可以有效避免对泊位的靠泊设施造成损伤。

(4) 带缆方案

宝钢 901#泊位在港内,受风浪影响小,首尾带缆数量各为 4-2-2,即头缆 4 条、横缆 2 条、前倒缆 2 条、艉缆 4 条、横缆 2 条、后倒缆 2 条。一般先带首尾倒缆,后带横缆,最后带头缆和艉缆。

6) 注意事项

(1) 宝钢 901#泊位位于南三岛西航道南端,船舶进靠该泊位,向左转向穿越航道时,与出口船形成交叉局面,因此要密切关注进出口船,提早联系,避免形成急迫局面,必要时,可以在抵 41#灯浮前提前转向,保持船舶在南三岛西航道南端水域航行,避免与出口船形成紧迫局面。

(2) 进入宝钢 901#泊位要航经宝钢 902#泊位水域,而宝钢 901#泊位距离南三岛西航道约 690 m,因此靠泊初始的入泊横距和入泊航向较大,航经宝钢 902#泊位水域时要注意风流压差的影响,保证有安全的横距经过宝钢 902#泊位水域,必要时,减小入泊角以减小流水对船舶产生的不利影响。

(3) 由于宝钢901#泊位西端水域水深不足,而且距离较近,入泊时注意本船的前冲态势,及时抑制,以防搁浅。

4.3.2 超大型重载船舶靠宝钢902#泊位

超大型船舶靠、离泊操纵应是严谨且富有挑战性的。驾引人员应在掌握船舶的各项特性的前提下,制定严密的操纵方案,结合当时风、流情况,合理分析,正确操纵,确保超大型船舶靠、离泊安全。下面以30万吨级满载散货船靠本泊位为例。

1) 船舶资料以及作业条件

JN轮:船长327 m,船宽55 m,吃水21.47 m,总吨151 448,净吨53 841,载质量297 077 t。

作业条件:退潮,靠泊前1 h潮差16 cm,东北风4级,5艘拖船辅助靠泊(1艘6 200 HP、2艘5 200 HP、2艘4 200 HP)。

2) 泊位简介

宝钢主燃料矿石专用卸船泊位(图4-42),泊位设计结构为2个30万吨级散货泊位。泊位总长约870 m,方位角为76.96°/256.96°,平行于航道轴线,泊位线距离航道底边线约685 m。船舶回旋水域按椭圆形布置,占用停泊水域,回旋水域尺寸为850 m×680 m,设计底高程为-21.9 m。

图4-42 宝钢主燃料矿石专用卸船泊位实景

3) 靠泊时机的选择

该泊位是超大型专用散矿卸船泊位,对于超大型满载进港船舶,港池可供旋回水域有限,超大型船舶靠泊本泊位的时机应是在富余水深满足条件的情况下,一般是在高平潮后或低平潮前时段内,采取顶流左舷靠泊。在大潮汛时,由于每小时内流差较大,船舶在靠泊过程中会产生较大流压力,造成船舶入泊角度及入泊拢速难以控制,所以在大潮汛时,超大型船舶靠泊本泊位的时间一般控制在高平潮后 1 h 内或低平潮前 1 h 内。

4) 靠泊操纵

(1) 靠泊前速度控制

船舶进港抵 35#灯浮,视情况开始减速,17#锚地时,船速控制在 7 kn 左右,船舶进港转过 41#灯浮进入南三岛西航道时,距离泊位接近 2 n mile,船舶余速控制在 5 kn 左右。先带好拖船(右船首带 2 艘拖船、右船尾带 2 艘拖船和正船尾以吊尾形式带一艘拖船)。

(2) 靠泊操纵过程

靠泊操纵过程见图 4-43。

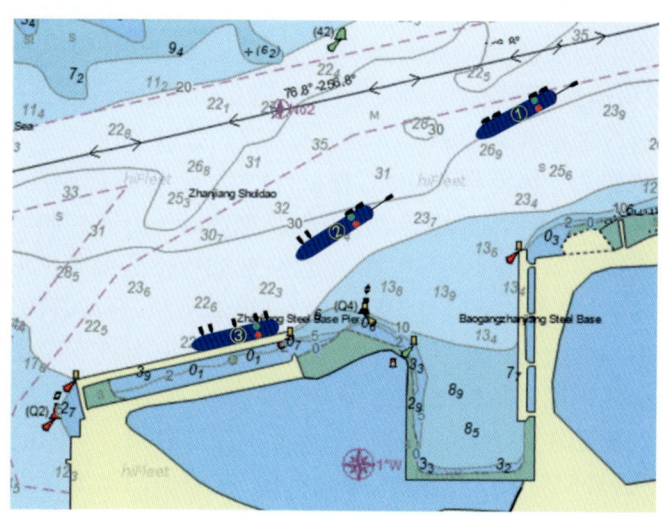

图 4-43 超大型重载船舶靠泊示意

船舶抵达宝钢成品港区时,距泊位约 0.8 n mile,应把船舶余速控制在 3 kn 以下,并根据风流压差,合理用车、舵以及拖船辅助,使船舶对地航向(COG)对着宝钢主码头西端航进。船舶过宝钢成品港区,可逐渐增大船舶入泊角度,操纵船舶对地航向(COG)逐渐向对着宝钢主码头中段航行,在安全的前提下缩短船舶与泊位的横距。船舶在进入港池过程中严格控制船舶余速,合理倒车及拖船辅助,使船舶以低于1 kn的余速进入港池,在控速的同时应正确使用拖船辅助,调整船舶入泊角度,使船舶以约15°~20°的入泊角度接近泊位,在拖船无法短时间抑制船舶惯性的情况下,应果断用车、舵加以调整和控制。当船舶纵向余速降至0.5 kn以下时,可把正船尾吊拖的拖船解掉并令其到船舶右船中待命。根据船舶与泊位的距离逐渐调整船舶入泊角和控制船舶拢速。在船舶与泊位的距离约1倍船宽时,应尽可能把船身调整到与泊位平行,船舶拢速控制在小于5 cm/s,若拢速过快,应提前让拖船停车并放缆做好吊拖准备,合理指挥拖船控制船舶入泊拢速,最终使得船舶安全贴上码头。

(3) 带缆

船舶平稳靠妥泊位后,可先带艏艉倒缆调整船舶位置,然后再带艏艉横缆稳定船舶,最后带艏艉缆固定船舶,船舶缆绳数量一般为"4+2+2"。

5) 靠泊注意事项

(1) 进港靠泊前应及早用电话或VHF与湛江交管中心、港方、代理等部门加强联系,取得必要的通航信息。在龙腾航道(内段)与南三岛西航道交汇航段,船舶交通流向复杂,交通密度较大。由于附近水域是第二引航锚地、中科炼化和宝钢等水域船舶交汇的水域,各类船舶来往频繁,驾引人员应保持正规瞭望,及早与有关船舶联系,沟通航行意图,协调避让行动,避免形成紧迫局面。

(2) 靠泊时应选择合适的靠泊时机:风力应6级以下,能见度1 n mile以上,潮流缓流退潮时靠泊。提前带妥拖船,根据当时情况,合理控制船舶余速。若船速过快应提前减车、停车淌航、甚至运用拖船吊拖制动等方式控制船舶余速。

(3) 在进入南三岛西航道后,因靠泊需要,船舶应逐渐偏向于泊位,在此过程中,驾引人员应提前发布航行信息,及早联系进出港船舶,合理避让。

(4) 在南三岛西航道内或港池内,经常存在渔船拖网或下网作业,应提前联系清道船或拖船对渔船进行驱离,避免影响船舶安全靠泊。

(5) 超大型船舶在进港靠泊过程中,由于需控速靠泊,船舶在低速的情况下受风流影响较大,易使船舶产生横移、偏转现象,在船舶向港池接近过程中,驾引人员必须掌握本船在风流作用下漂移和偏转的规律,正确使用车、舵以及辅助拖船,合理修正船舶航迹向,避免船舶在风流的作用下压向东面浅滩。

(6) 超大型船舶质量大、尺度大等特点,往往会造成速度估计偏低,驾引人员应具有足够的耐心,善于利用合适的物标判断,往往在距离约1倍船宽时把船舶调整在最佳状态,使得船舶以小于5 cm/s的拢速平行入泊。

4.3.3 超大型空载船舶离宝钢902#泊位

超大型船舶基本以顶流左舷靠泊本泊位,离泊时需操纵船舶在规定的旋回水域内掉头。掉头过程中应注意风流对船舶的影响,正确使用车、舵以及拖船辅助,控制船舶在旋回水域内掉头并安全出港。宝钢主原料码头为超大型散货卸载泊位,超大型船舶由本泊位离泊时,基本应是空载或半载状态。下面以30万吨级空载散货船离泊为例。

1) 船舶资料以及作业条件

SG 轮:船长 339.98 m,船宽 62 m,吃水 11.3 m,总吨 172 521,净吨 59 906,载质量 324 690 t。

作业条件:涨潮,每小时潮差 42 cm,北风偏东 3~4 级,4 艘拖船辅助靠泊(2 艘 5 200 HP、2 艘 4 200 HP)。

2) 作业前准备

超大型空载船舶由于船舶干舷较高,船舶受风影响较大,在拢风较大的情况下,应确保有足够的拖力把船舶拖开并安全离泊。当天风况为北风偏东 3~4 级,在综合考虑后把 2 艘大马力拖船分别带在船舶右首、尾,而 2 艘小马力拖船则在船舶首尾待命。

船舶带妥拖船后,合理按顺序解缆离泊。

3) 船舶离泊过程

离泊操纵过程见图 4-44。

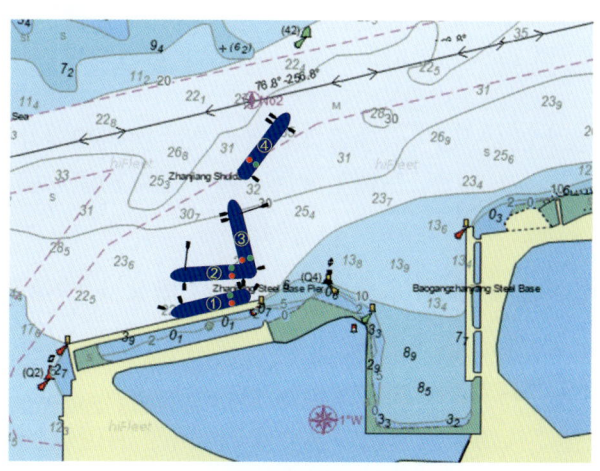

图 4-44 超大型重载船舶离泊示意

艏艉缆绳清爽后,令拖船放缆备拖、拖缆受力、逐步加大拖力,控制船舶平行离泊以及船舶前冲后缩,根据当时潮流情况可逐渐增大船尾的横距,让船舶内当受流,并结合当时风流情况仔细观察船舶前冲后缩,及早用车控制船舶纵向速度,使船舶能有余速向上风上流处。船舶与泊位有足够横距后令小拖船在内当顶推,加速船舶偏转。在确认船尾有足够横距后可令船尾内当拖船去船首内当做好顶推准备,并令船尾拖船逐渐减车至停车,缩短拖缆做好顶推准备。操纵船舶掉头旋回过程中,应尽可能控制船舶处于上风上流位置,保证船舶在掉头过程中有足够水域向下风流漂移。在掉头接近完成时,应考虑到船舶的偏转惯性,提早指挥拖船停拖、解拖,及早用车、舵控制船位,必要时果断加车控制。

4) 离泊注意事项

(1) 船舶离泊前应提早用电话或 VHF 与湛江交管中心、港方、代理等部门加强联系,获取必要的通航信息。保持正规瞭望,提前联系与本船有会遇可能的进出港船舶,合理避让。

(2) 超大型船舶由于质量大、惯性大等特点,离泊前应备好双锚,防止船舶在离泊过程中主机不来的情况发生,可以紧急下锚制动。

(3) 指挥拖船过程中,应先使拖缆受力再逐渐加大拖力,防止拖缆受顿力而崩断。拖船吊拖过程中,驾引人员应注意拖船吊拖方向,在船舶旋回过程中,及时调整拖船吊拖方向,使之达到预期效果。

(4) 超大型船舶在离泊及掉头过程中,由于船速较低、船舶干舷较大,受风流影响较大,易使船舶产生横移、偏转现象,操纵中必须掌握船舶在风流中漂移和偏转的规律,充分利用电子导航系统定位,善于观察物标,正确运用车、舵以及拖船辅助,操纵船舶及早抢占上风上流位置、及早采取安全有效的措施,把船舶控制在最佳位置。

(5) 在拢风较大的情况下,应确保能有足够拖力使船舶离开泊位。离泊中应尽可能加大船舶与泊位的横距,在掉头旋回过程中应特别注意船舶与泊位的安全距离。

4.3.4 30万吨级船舶靠离东海岛港区中科炼化 L1#泊位

1) 泊位介绍

L1#泊位(图 4-45)位于东海岛港区中科炼化码头,L1#泊位设计标准为 30 万吨级油船泊位。该泊位前沿水域主要参数如下:泊位总长 440 m,工作平台 150 m,泊位前沿停泊水域宽度 120 m,泊位前沿水深 22.3 m,港池水深 19.1 m(测量日期:2021 年 09 月),码头前沿线方向 090°/270°,泊位对开旋回水域直径 $D=$ 670 m。

图 4-45　中科炼化 L1#泊位实景

2)靠泊操纵

(1)实操船:H 轮

H 轮船舶资料见表 4-1。

表 4-1　H 轮船舶资料

船长/m	船宽/m	吃水/m	载质量/t	总吨	净吨
333	60	18.6	319 439.1	164 359	108 547

(2)气象、潮汐情况

2022 年 3 月 25 日,东北风,风力 4~5 级,能见度 8 n mile。当日潮汐高潮时 0424/1602,潮高 227/356 cm;低潮时 0810/2252,潮高 168/129 cm。

(3)拖船配备

靠泊操纵过程中使用拖船数量为 6 艘,带拖方式见图 4-46(船尾正中和船尾接近船中拖船为同一艘拖船作业,船中备用拖船和船首接近船中拖船为同一艘拖船作业,在不同的时段,调配拖船带拖位置,一般在制动阶段,拖船在船尾正中起到减速制动作用,船中拖船起到应急时备用作用,在近泊位操纵阶段,配置到船首和船尾起到顶推作用):图位①为制动阶段,右船首 2 艘拖船,右船尾 2 艘拖船,右船中 1 艘拖船,正船尾 1 艘拖船;图位②为近泊位操纵阶段,右船首 3 艘拖船,右船尾 3 艘拖船。

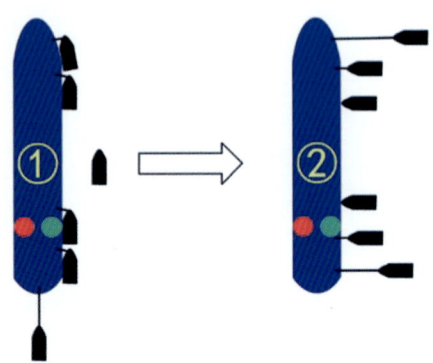

图 4－46 拖船配置

(4) 靠泊操纵过程

船舶行驶在南三岛西航道上,应预配适当的风流压差,并注意逐步降速,抵达 42#灯浮船速控制在 6 kn 左右,开始系带拖船,右船首和右船尾分别系带拖船 2 艘,正船尾系带拖船 1 艘,应急备用拖船 1 艘在右船中位置伴航(图 4－47 位①),到达 43#灯浮,所有系带拖船带妥,控制船速在 5 kn 左右,逐渐控制船位位于航道中心线偏进口航道侧一点;过 44#灯浮,船速控制在 4 kn 左右,抵达 46#灯浮,控制船速在 3 kn 以下,开始转向进入 L1#泊位旋回水域,借助拖船协助转向进入泊位对开旋回区域,调整好入泊角度,速度控制在 2 kn 左右,开始倒车,右船中应急备用拖船到右船首协助顶推入泊,正船尾拖船解脱拖缆到右船尾协助顶推入泊。因为开始落潮,船舶转向进入旋回水域过程中右舷受流,向左横移明显,船舶首尾向与码头泊位交角不能太大,愈接近泊位愈要减小交角和降低船速;船舶抵达泊位对开水域位置将船速刹停,利用拖船的协助进行入泊作业,当横距在 2 倍船宽左右时,在拖船协助下开始将船舶首尾向调整与泊位轴线方向平行,前后拖船降低顶推力或停止顶推,最前端和最后端拖船做好垂直拖带作用,其余 4 艘拖船做好垂直顶推作用(如图 4－47 位②),控制好靠拢速度,指挥前后拖船协助使船舶平行入泊,最后平稳安全的贴靠码头,待和岸上指泊员核对调整好靠泊位置后,所有拖船垂直加大车顶推大船稳定位置,避免大船因风流影响而出现移动或发生偏转。

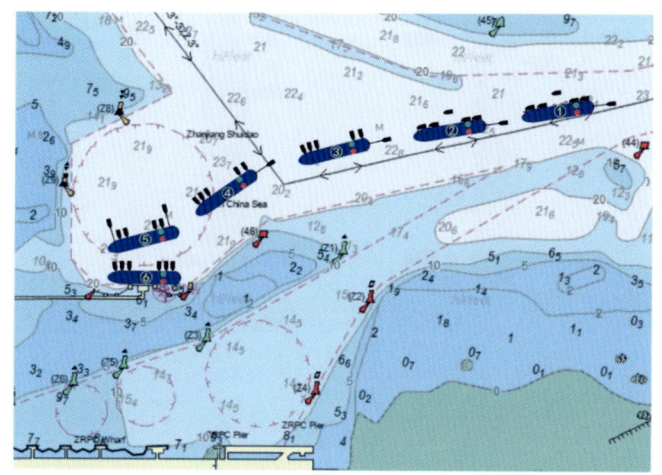

图 4－47　东海岛港区中科炼化 L1#泊位靠泊示意

3）离泊实操船舶资料

（1）实操船：U 轮

U 轮船舶资料见表 4－2。

表 4－2　U 轮船舶资料

船长/m	船宽/m	吃水/m	载质量/t	总吨	净吨
333	60	13.6	319 631	162 625	112 189

（2）气象潮汐情况

2022 年 4 月 17 日，东北风，风力：4~5 级，能见度 8 n mile。当日潮汐高潮时 1134，潮高 375 cm；低潮时 0502/1725，潮高 77/41 cm。1700 时至 1800 时潮差 31 cm。

（3）拖船配置

离泊操纵过程中使用拖船数量为 5 艘，带拖方式见图 4－48（位①左船尾和位②左船首第 3 艘拖船为同一艘拖船作业，在不同的时段，调配拖船带拖位置，一般位①为离泊阶段，拖船在左船尾起到船尾安全离泊作用，位②为旋回操纵阶段，配置到左船首起到顶推加速船首旋回作用）：位①为离泊阶段，左船首 2 艘拖船，左船尾、右船首、右船尾各 1 艘拖船；位②为旋回阶段，左船首 3 艘拖船，右船首、右船尾各 1 艘拖船。

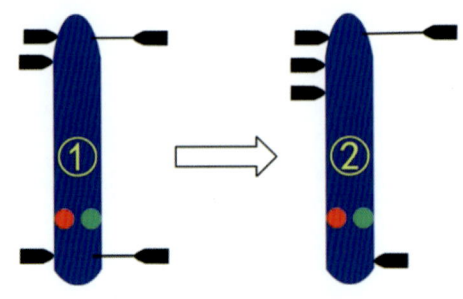

图 4-48 拖船配置

(4) 离泊操纵

先带好右船首和右船尾拖船缆绳,确认码头解缆人员到位,确认船舶主机备好并试车正常,再进行离泊操作。离泊操纵过程见图 4-49。右舷船首和船尾拖船垂直顶推大船确保大船牢固贴拢码头,在解缆全过程中不会出现大船因风流影响而出现移动或发生偏转,大船解缆操作从两端往船中方向顺序解,待艏艉缆绳和横缆清爽无碍后,通知另外两艘拖船分别进入大船左舷船首和船尾进行顶推协助操作,所有缆绳清爽后,右舷首尾拖船松拖缆,左舷拖船开始逐渐加大车顶推,开始协助大船先平行离泊操作,右舷船首、船尾拖船松缆绳到位也开始缆绳受力并加大车拖带协助大船离泊操作,船首离开泊位大于 1 倍船宽时,配置在船首待命的拖船去左前方一起协助顶推大船。船首前方可用水域有限,船尾拉开一定安

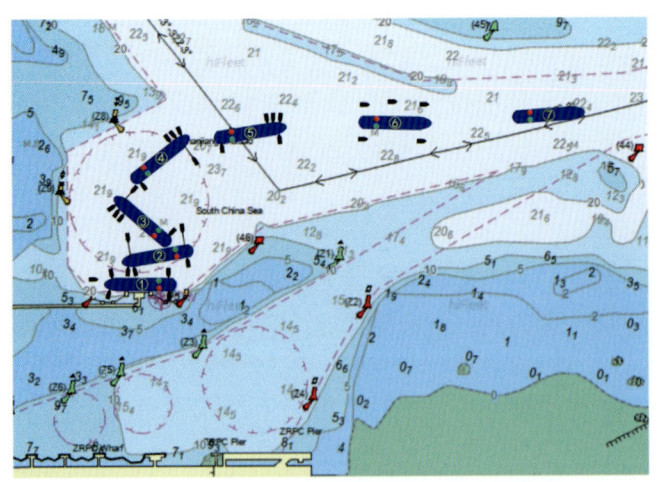

图 4-49 东海岛港区中科炼化 L1#泊位离泊示意

全距离后需要倒车往后退一定的距离,增加船首前方可用距离,确认船尾安全后,左船尾拖船也调到左船首协助顶推,右船尾拖船停止协助拖带,收短拖缆靠回右船尾准备协助顶推;在旋回过程中,待船首向右旋回转过 Z8#灯浮时,可进车协助加速掉头操作和增加舵效。旋回掉头进入主航道,对附近往船舶的通航会造成一定的影响,尽早、及时地联系过往的船舶在该转向水域航行时尽早靠近航道中心线航行,与本船保持足够安全距离通过,船首旋回快到预定航向前及时减小和停止首尾所有拖船的顶推作用,船舶进入主航道主机运行正常舵效明显后,待所有拖船拖缆清爽无碍后让其离开,离泊操作结束。

4) 注意事项

(1) 船舶在进入和离开 L1#泊位旋回水域前,要注意东石航道和南三岛西航道交汇处的进出口船舶。对附近进出口过往船及早通过 VHF 联系,并协调好避让行动。

(2) 船舶在进入和离开 L1#泊位旋回水域前,要注意进入和离开中科支航道的船舶。由于中科支航道距离 L1#泊位比较近,所以对附近过往船舶应及早用 VHF 联系,并尽早协调好避让行动。

(3) 当落潮时,靠泊船舶在准备进入 L1#泊位旋回水域前和刚离开 L1#泊位旋回水域时,由于船舶速度低,注意石头角方向的横向流压作用,当超大型油船吃水较大时,在落潮流的作用下向 46#灯浮或南侧的浅水区漂移,应尽早、及时调整船位偏北。

(4) 船舶从主航道转入回旋水域时如果转向过早,由于落潮流的作用,船舶右舷受流,此时船速较低,向左横移明显,急流时船舶易被压向码头东侧的浅水区而发生搁浅事故。

(5) 船舶靠泊中,若余速较大,冲过 L1#泊位,将可能冲过 L1#泊位旋回水域进入浅水区而发生搁浅事故。

(6) 由于泊位西侧是浅水区域,离泊时船首离浅水区域比较近,注意船舶在拖船协助离泊顶推的过程中,船舶会产生前冲速度冲向浅水区域,所以船舶离泊操纵过程中,平行离开泊位至少 1 倍船宽后,船舶先倒车往后退一定距离,再继续进行掉头作业。

4.3.5 超大型重载船舶靠离 601#泊位

1) 泊位资料

湛江港霞山港区散货码头的 601#泊位(图 4-50)结构按靠泊 40 万吨级散货

船设计（船长362 m，船宽65 m），码头面采用栈桥式布置，大致呈反"L"形，泊位长450 m，宽37 m，顶高程为7 m。码头方位角0°/180°，与流向基本一致。泊位与岸连接的引桥长412.6 m，宽15 m，码头停泊水域宽度为132 m，设计底标高程为-24 m，旋回水域占用主航道，按椭圆布置，长轴直径按2.5倍设计船长为905 m，短轴直径按2倍设计船长为724 m，旋回水域底标高程为-23 m。码头配备4台专业卸船机，主要承接15万至40万吨级超大型散货船。

图4-50　湛江港霞山港区散货码头实景

2）拖船配置

根据实际操纵需要，而且考虑拖船在实际操作中一般只发挥额定功率的80%计算。满载15万~20万吨级散货船进靠601#泊位应配备4艘拖船协助靠泊；30万吨级散货船进靠601#泊位应配备5艘拖船；40万吨级散货船进靠601#泊位应配备6艘拖船。船舶靠泊过程中拖船配置见图4-51。

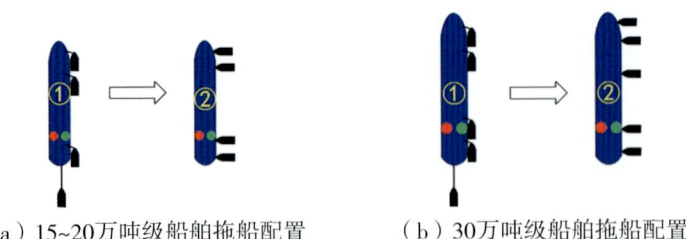

（a）15~20万吨级船舶拖船配置　　（b）30万吨级船舶拖船配置

④在拢风较大的情况下,应确保能有足够拖力使船舶离开泊位。离泊中应尽可能加大船舶与泊位的横距,在掉头旋回过程中应特别注意船舶与泊位的安全距离。

⑤驾引人员应特别注意超大型船舶质量大、惯性大等特点,在掉头旋回过程中应提早控制船舶偏转惯性。在安全的前提下,及早用车、舵控制船位,确保船舶离泊安全。

4.3.6　超大型重载船舶靠400#泊位

1)泊位资料

400#泊位(图4-54)位于湛江港霞山港区,在一区南港池口门南侧,麻斜航道的西侧。本码头结构按靠泊20万吨级散货船设计,泊位长度330 m+40 m,泊位方位角011°/191°,旋回水域尺度780 m×624 m,泊位前沿水深18.2 m,港池水深20.2 m。

图4-54　湛江港霞山港区400#泊位实景

2)气象、潮汐情况

2022年4月6日,天气晴天,偏东风3级。6日高潮潮时0134,高潮潮高311 cm,低潮潮时0633,低潮潮高115 cm,0600时潮高144 cm,0700时潮高131 cm,0600时至0700时潮差13 cm。

3）实操船舶资料

TY 轮：计划于 2022 年 4 月 6 日 0630 时左舷靠泊 400#泊位,该轮船长 292 m,船宽 45 m,最大吃水 18.72 m,载质量 175 611 t。

4）拖船配置

4 艘拖船协助靠泊,"湛港消拖 602"在右船首艏楼带拖,"湛港拖 16"右舷第二至第三舱主甲板带拖,"湛港拖 504"在右船尾带拖,"湛港拖 19"右舷第九舱主甲板带拖。"湛港消拖 602"马力 6 200 HP,"湛港拖 504"马力 5 200 HP,"湛港拖 16"马力 4 000 HP,"湛港拖 19"马力 4 000 HP。

5）靠泊操纵要点

靠泊操纵过程见图 4-55。靠泊要点如下：

（1）靠泊方式和靠泊时机选择

400#泊位靠泊一般是选择在涨潮高平潮后或退潮低平潮前采取左舷靠泊。码头前沿线方位角与主流向形成 11°左右交角。由于 201#泊位的影响,本泊位距离麻斜航道西边线约 430 m,初始入泊横距较大,为了减小入泊横距,初始入泊航向一般为 350°~353°,与流向夹角较大,落潮流速较急时,船舶在流压的作用下靠拢速度增加较快,拖船也难以实施有效控制,对安全靠泊不利。因此,靠泊 400#泊位时应控制船舶尽可能在高平潮时或低平潮前入泊,尽量避开潮水流速太大时靠泊,若时机错过,也要避开半潮时段潮水流速太大时靠泊,以确保靠泊安全。

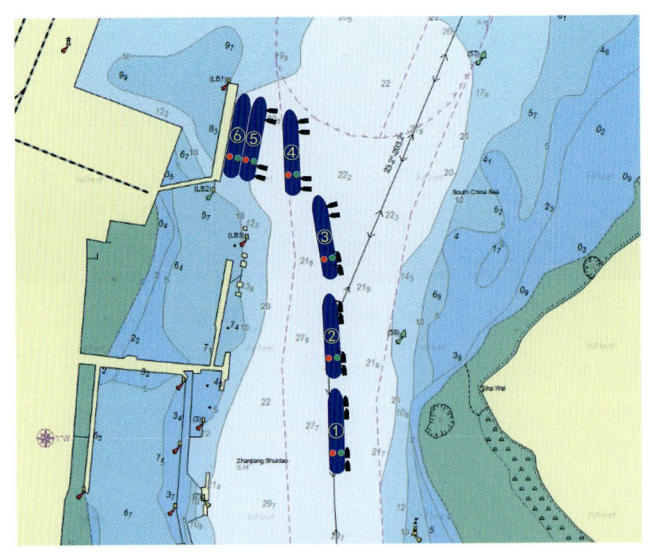

图 4-55 超大型重载船舶靠泊示意

(2) 余速控制

20万吨级散货船满载顶流进港靠泊,船舶余速可以比顺流进港靠泊适量快些,但控制好合理余速是关键,需要时可提早减速、停车淌航或借助拖船降速。如发现速度过快,可用船中两艘拖船向后拖来实现减速,这样操纵产生转船力矩小,不易产生偏转。实操中控制余速:船舶抵达48#灯浮附近,距泊位约 5.2 n mile 时,航速控制在 9 kn 左右,船舶抵达50#灯浮,距泊位约 4.2 n mile 时,余速控制在 8 kn 左右,并开始协助拖船的带拖作业,船舶抵达51#灯浮,距泊位约 3.2 n mile 时,余速控制在 7 kn 左右;船舶抵达53#灯浮转向进入东头山航道后,距泊位约 1.7 n mile 时,余速控制在 6 kn 以下,此时协助拖船都已经带好拖缆,大船可以停车淌航,如果余速过快,可以使用拖船协助减速。船舶船首抵达56#灯浮,距泊位约 0.3 n mile 时,即图 4-55 位①,余速控制在 3 kn 左右;船舶抵图 4-55 位③时,开始倒车并利用首尾拖船适当顶拖抑制大船偏转;船舶抵港池在图 4-55 位④时,余速应控制在 1 kn 以下并利用首尾拖船顶推协助大船靠泊,靠泊过程中根据船舶拢速的快慢调整前后拖船的顶拖并可利用大船车舵调整大船余速及入泊角度。船舶进港池前的控速,除了减速和停车淌航,利用拖船协助降速,也可以起到较好的效果。

(3) 入泊角度和拢速控制

入泊角度和拢速控制是保证船舶和码头安全的关键。400#泊位距离麻斜航道西边线约 430 m,靠泊的初始入泊横距较大,为了减少横距和缩短靠泊时间,因此靠泊的初始入泊角也较大,靠泊过程应综合利用本船车、舵和拖船,逐渐调整入泊角度,减小船舶与流向的夹角,可以一定程度上控制了船舶的靠拢速度。在距泊位还有 1 倍左右船宽时,拢速应控制在 10 cm/s 以下,并保持船舶与码头平行,在距泊位仅有 0.5 倍船宽时,视拢速情况,必要时指挥前后拖船向外拖拉刹减拢速,使船舶以低于 5 cm/s 的拢速平行贴上泊位,并提早控制船舶前冲后缩的速度,尽可能做到船舶在贴上泊位的瞬间没有前冲后缩,可以有效避免对泊位的靠泊设施造成损伤。

(4) 带缆方案

400#泊位在港内,受风浪影响小,首尾带缆数量各为 4-2-2,即头缆 4 条、横缆 2 条、前倒缆 2 条,艉缆 4 条、横缆 2 条、后倒缆 2 条。一般先带艏艉倒缆,后带横缆,最后带头缆和艉缆。

6) 注意事项

(1) 靠泊船舶在进入东头山航道前要注意在7#锚位起锚的船舶动态、石化码头和湛江港一分公司各码头船舶的动态,同时还要观察是否有他船从内航道航行出港,应及早通过 VHF 联系,并协调好避让行动。

(2)泊位周边为连片港区,受码头及其停泊船舶背景灯光影响较大,应特别注意对其他船舶和灯浮标的观察和辨别。

(3)靠泊船舶在 56#灯浮附近调整入泊角度时,注意控制好进速,选择好入泊角度,保证船舶与泊位南端 201#泊位北系缆墩有足够的安全距离。由于落流的作用,船舶右舷受流,急流时向左横移明显,注意及时修正。

(4)靠泊船舶入泊过程中,注意及早控制余速,若余速过大,应及早倒车和利用船尾正尾吊拖拖船协助减速。

(5)400#泊位前沿受地形影响,涨潮略有开流,落潮进港池入泊阶段有压拢流。接近泊位与泊位平行时有从一区南港池出来的潮流,船首受开流影响大于船尾,尽量避开落急流时段,尽可能在缓流时段(初落)靠泊。

4.3.7 超大型重载油船靠 200#泊位

1)泊位资料

湛江港石化公司 200#泊位(图 4-56)位于东头山航道西侧,码头结构按停靠 30 万吨级油船设计,该泊位方位角为 005°/185°,泊位长度 470 m,停泊水域宽度 120 m,旋回水域尺度 835 m×570 m,现泊位前沿水深 21.9 m,港池水深 20.6 m。

图 4-56 实景

2）气象、潮汐情况

2018年10月7日,天气为晴天,偏东风4级。0930时高潮410 m,1000时至1100时潮差55 cm,偏东风3级。

3）实操船舶资料

NY轮：计划10月7日0930时左舷靠泊200#泊位,船长330.0 m,船宽60 m,满载,最大吃水20.2 m,载质量317 033 t。

4）拖船配置

NY轮进港靠泊时使用5艘拖船,"湛港消拖602""湛港拖503""湛港拖505""湛港拖16""湛港拖18"协助靠泊,左舷靠泊,"湛港消拖602"马力6 200 HP,"湛港拖505"马力5 200 HP,"湛港拖503"马力5 200 HP,"湛港拖16"马力4 000 HP,"湛港拖16"马力4 000 HP。

5）靠泊操纵要点

（1）靠泊时机选择

200#泊位与210#泊位共享一个旋回水域,回旋水域的直径约为1.74 L(设计船长 $L=334$ m),回旋水域有限,故一般是在涨潮高平潮后或退潮低平潮前采取左舷靠泊。由于200#泊位的方位角与附近水域水流方向有7°左右的交角,而且为了减小入泊横距,初始入泊角一般为350°~353°,与流向夹角较大、潮水流速太大时,容易受到较大的流压力影响,产生较大的靠拢速度,难以控制船舶。因此靠泊200#泊位时应控制船舶尽可能在高平潮时或低平潮前入泊,尽量避开潮水流速太大时靠泊,若时机错过,也要避开半潮时段潮水流速太大时靠泊,以确保靠泊安全。

（2）速度的控制

如何控制好船舶靠泊前的余速是决定是否能安全靠泊的要素之一,200#泊位位于53#灯浮北侧约1.36 n mile处,码头距离东石航道与东头山航道转向点约1.16 n mile,船舶在53#灯浮转向后留给船舶缓冲减速距离很短,因此,控制好船舶抵达转向点附近的速度决定了能否安全靠泊。根据经验,在微顺流情况下,在石头角航道,控制船舶抵达52#灯浮附近速度在4 kn左右较为适宜。

为了控制船舶在高平潮时或低平潮前抵达泊位并保持一定的靠泊作业效率,船舶通过48#灯浮的速度一般都会保持在8 kn左右,从48#灯浮至53#灯浮的距离约3.5 n mile,在微顺流情况下,通过淌航减速是很难使船速在到达53#灯浮时减到4 kn左右,利用大船倒车减速不是最佳选择,因为倒车减速过程船舶将产生较大的偏转角度和偏航量,存在搁浅的风险,因此,利用本船逐级减车和尾随的护航拖船进行减速是简单有效的方法。图4-57是以2018年10月7日操纵NY轮靠泊200#泊位为实例的控速过程。

①在41#灯浮转向后速度9.8 kn,改半速,船舶抵达44#灯浮附近时,速度8.8 kn,见图4-57(a)。

②船舶在45#~46#灯浮转向把定航向320°,抵47#~48#灯浮附近时,速度7.5 kn,见图4-57(b)。

③船舶过50#灯浮时,改微速,船舶抵达51#灯浮附近时,速度5.8 kn,所有助靠拖船带妥,"拖16"正船尾带拖,慢车向后拖,见图4-57(c)。

④船舶抵达53#灯浮附近时,速度4 kn,见图4-57(d)。

⑤把定航向351°,停车,速度3.5 kn,船位适当偏在东头山航道中线偏东一侧,正尾拖船船"湛港16"慢车向后拖,见图4-57(e)。

⑥船舶过54#灯浮时,速度3 kn,首向353°,见图4-57(f)。

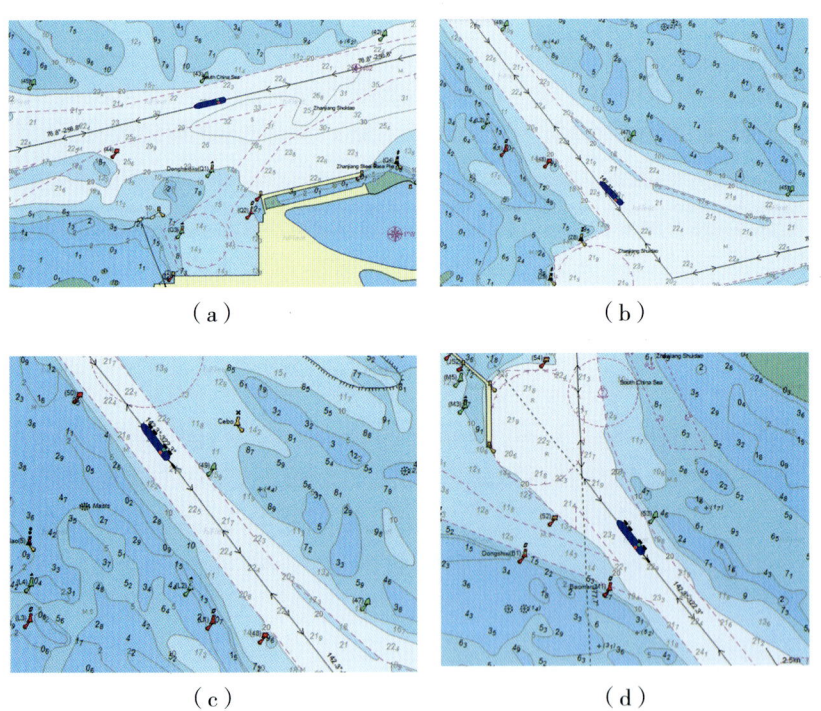

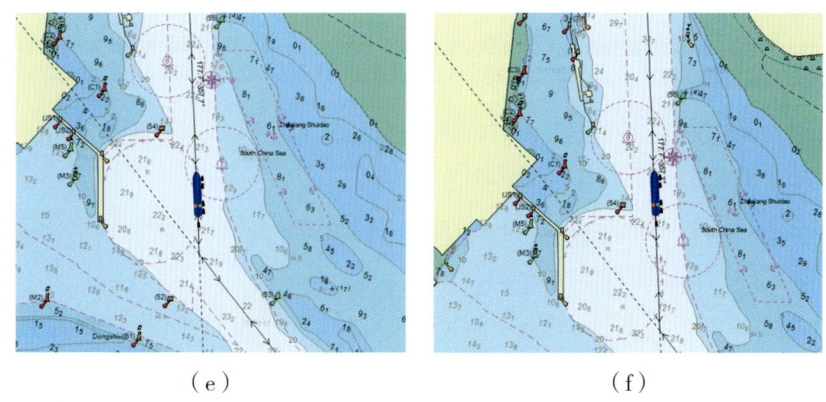

(e) (f)

图 4-57 超大型重载油船的控速过程

（3）靠泊角度和横移速度（拢速）的控制

超大型船舶靠泊操纵中控制好船舶靠泊角度和横移速度是保证船舶和码头安全的关键。在实践操纵中体会到，如果在53#灯浮转向后，船位位于中心线上或西半部分（如图4-58位①），为了保持与54#灯浮有足够的安全横距以及入泊横距，船舶只能沿着东头山航道的航向行驶，待驶过54#灯浮后再调整航向，而54#灯浮距离200#泊位约0.6 n mile，如果此时再使用本船的车、舵进行调整，因距离泊位较近，不利于船舶进一步减速靠泊。如果利用拖船顶推调整船首向，对于重载的VLCC来讲将是一个比较漫长和困难的过程，而且随着时间的推移，潮流将改为退潮，由于200#泊位的方位角与附近水流方向有7°左右的交角，随着距离泊位越来越近，此时如果船舶进一步左转，船首向与流向的交角将增大，流压效果随着船舶接近泊位而越来越明显，靠泊的法向速度将加快，这是很不利的。通过多次的实践操纵体会，船舶在53#灯浮转向时利用本船的车、舵进行转向，转向后把船位控制在航道中线偏东一侧，充分利用航道的东半部分，拉开船舶与200#泊位前沿线的横距，这样有利于将船舶的首向调整到合理角度（350°~353°），充分利用船舶的余速接近泊位。控制船舶抵达54#灯浮时余速在3 kn左右（如图4-58位②），当船舶抵达210#泊位时开始倒车减小余速（如图4-58位③），由于右旋车倒车船首有向右偏转的效应，这时要预先叫船首拖船准备顶推，必要时再加大车抑制船首向外偏转。当船首抵200#泊位中部时，控制船速尽量不超过1 kn（如图4-58位④），以防止冲过头，尽量调整船身与泊位平行。在距泊位还有2倍船宽时，在向码头接近的过程中，应逐渐调整入泊角，采用平行靠泊方法靠码头，同时调整拖船的顶推力，控制船舶的靠拢速度。必要时可大胆用舵进车并调整入泊的角度,降低流水的影响。在距泊位还有 1 倍船宽时,应调整船身与泊位平行,并且往泊位的拢速已降到很缓慢,前后拖船应停车,并做好垂直拖大船的准备;在距泊位仅有 0.5 倍船宽时,如靠泊的拢速大于 5 cm/s,应指挥前后拖船垂直拖,控制船舶的入泊拢速,适时停车,使船舶以低于 5 cm/s 的拢速平行靠贴。NY 轮靠泊 200#泊位的靠泊示意见图 4－58。

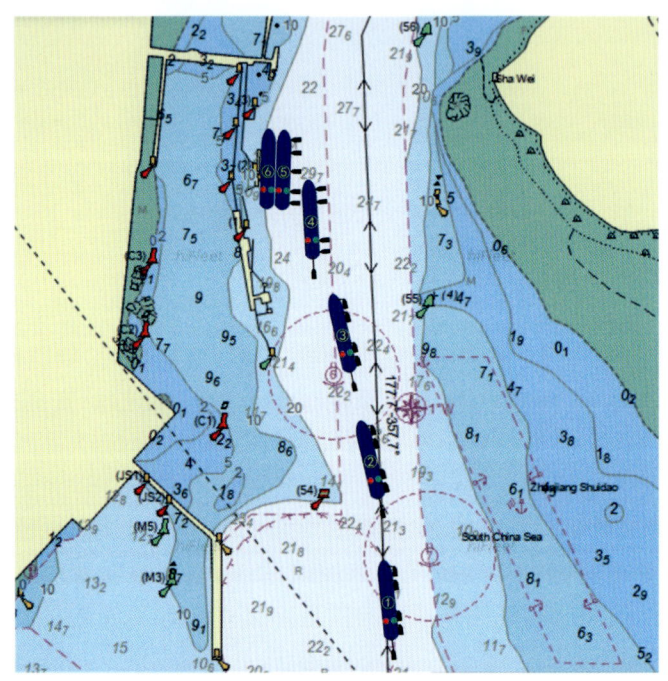

图 4－58　超大型重载油船靠泊示意

（4）带缆方案

200#泊位在港内,受风浪影响小,首尾带缆数量各为 4－2－2,即头缆 4 条、横缆 2 条、前倒缆 2 条,艉缆 4 条、横缆 2 条、后倒缆 2 条。一般先带艏艉倒缆,然后调整好接驳油管接头位置与大船接驳接头位置一致后再带横缆,最后带头缆和艉缆。

6）注意事项

（1）船舶在东石航道中航行,应注意宝满支航道的出口船舶,及在 7#锚位起锚的船舶动态和油码头的船舶动态,或有其他出口船,应及早通过 VHF 联系,并协调好避让行动。

(2) 靠泊船舶入泊过程中,注意及早控制余速,若余速过大,应及早利用正船尾吊拖拖船和右舷船中附近的两艘拖船协助减速,必要时也可利用大船倒车控速。

(3) 200#泊位南端为210#泊位,船舶入泊过程中,受落潮压拢流影响,注意与210#泊位船舶保持安全横距。

4.3.8　超大型油船靠离霞山港区石化码头210#泊位

1) 泊位介绍

210#泊位(图4-59)设计标准为30万吨级原油码头,于2009年建成投产,属于湛江港霞山港区石化码头,北侧毗邻石化公司和200#泊位,泊位内当是5 000吨级液体化工码头211#泊位,东侧是东头山航道及7#锚地,码头前沿距离东头山航道中心线为400 m。该泊位及前沿水域主要参数如下:泊位总长470 m;工作平台118 m;泊位前沿停泊水域宽度118 m;泊位前沿水深22.1 m;港池水深20.7 m(测量日期为2021年08月);泊位轴线方向171°/351°;泊位对开旋回水域尺度为835 m×570 m。

210#泊位对岸是7#小油船锚地,水深较浅,所以其对开旋回水域东侧以进港航道东侧浮标为界。浮标与泊位最近距离约580 m(1.74 L),不符合30万吨级船舶旋回要求,不建议在泊位对开水域掉头靠泊。

图4-59　霞山港区石化码头210#泊位实景

2）靠泊实操

（1）实操船舶资料

UP 轮船舶资料见表 4-3。

表 4-3　UP 轮船舶资料

船长/m	船宽/m	吃水/m	载质量/t	总吨	净吨
336	60	19.5	299 981	156 331	106 852

（2）气象、潮汐情况

2022 年 4 月 15 日，东北风，风力 4~5 级，能见度 8 n mile。当日潮汐：高潮时 1043/2237，潮高 320/365 cm；低潮时 0407/1605，潮高 74/87 cm。

（3）拖船配置

靠泊操纵过程中使用的拖船数量为 5 艘，带拖方式见图 4-60（位①船尾正中和位②船中拖船为同一艘拖船作业，在不同的时段，调配拖船带拖位置，一般在位①制动阶段，拖船在船尾正中起到减速制动作用，在位②近泊位操纵阶段，配置到船中起到顶推作用）：位①为制动阶段，右船首 2 艘拖船，右船尾 2 艘拖船，正船尾 1 艘拖船；位②为近泊位操纵阶段，右船首 2 艘拖船，右船尾 2 艘拖船，右船中 1 艘拖船。

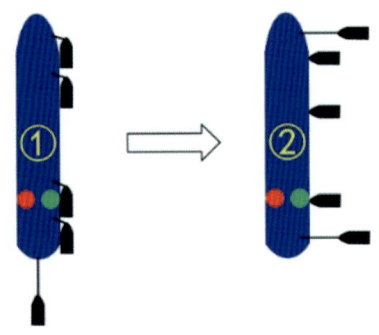

图 4-60　拖船配置

（4）靠泊操纵过程

引航员登船点经纬度为 21°00′N/110°53′E。2022 年 4 月 15 日 1950 时进入航道，从引航员登船点到泊位总共 33 n mile 左右，从龙腾外航道（277°/097°）进入航道航行，途经龙腾内航道（292°/112°）、南三岛西航道（257°/077°）、东石航道（322°/142°）和东头山航道（357°/177°）。当船舶抵达 50#灯浮，控制船速 6 kn 左右，开始带拖船，右船首和右船尾分别系带拖船 2 艘，正船尾系带拖船 1 艘。

船舶行驶在东石航道上,应预配适当的风流压差,并注意逐步降速。如图4-61所示:抵达53#灯浮转向前把所有系带拖船带妥,可控制船速在4 kn左右,该转向点距210#泊位约0.9 n mile。转向后进入东头山航道,船速进一步下降,控制船速在4 kn以下,过54#灯浮,控制船速在3 kn左右,借助右船首拖船协助船舶向左转向调整入泊角并开始倒车,同时利用正尾拖船加大车向后拖拉协助船舶刹减余速。同时使用拖船或本船车、舵调整入泊的角度避免受流压角过大或向左偏转速率过快,与码头南侧的浅水区保持一定的安全距离;船舶接近泊位对开水域,注意流对船舶的压拢作用,减小船首与流的夹角以控制船舶的横移速度,进入泊位对开水域后,控制好船舶前进后退速度和靠拢速度,把正船尾拖船调配到右船中协助顶推入泊;入泊横距在2倍船宽左右,前后拖船降低顶推力或停止顶推,最前端和最后端拖船做好垂直拖带,其余3艘拖船做好垂直顶推,控制好靠拢速度,指挥前后拖船协助使船舶平行入泊,平稳贴靠码头;待和岸上指泊员核对调整好靠泊位置后,所有拖船垂直加大车顶推大船稳定位置,避免大船因风流影响而出现移动或发生偏转。

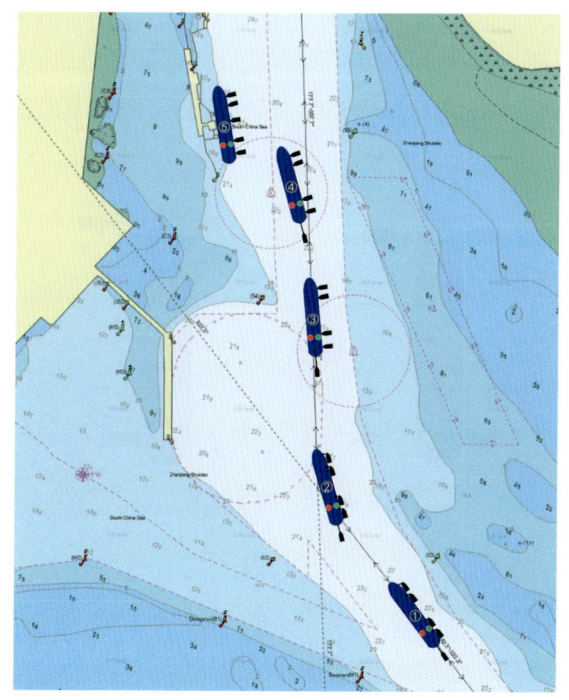

图4-61 霞山港区石化码头210#泊位靠泊示意

3）离泊操纵

(1) 实操船舶资料

A轮船舶资料见表4-4。

表4-4　A轮船舶资料

船长/m	船宽/m	吃水/m	载质量/t	总吨	净吨
333	60	14	298 991	154 163	107 700

(2) 气象、潮汐情况

2022年2月21日，东北风，风力4~5级，能见度8 n mile。当日潮汐：高潮时0222/1445，潮高380/335 cm；低潮时0736/1939，潮高90/103 cm；1700时至1800时潮差57 cm。

(3) 拖船配置

离泊操纵过程中使用拖船数量为4艘，带拖方式见图4-62（位①左船尾和位②左船首第二艘拖船为同一艘拖船作业，在不同的时段，调配拖船带拖位置，一般在位①离泊阶段，拖船在左船尾起到船尾安全离泊作用，在位②旋回操纵中，配置到左船首起到顶推加速船首旋回作用）：位①为离泊阶段，左船首、左船尾、右船首、右船尾各1艘拖船；位②为旋回阶段，左船首2艘拖船，右船尾、右船尾各1艘拖船。

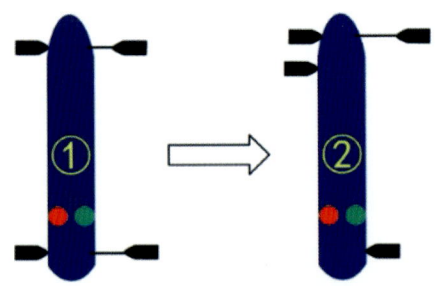

图4-62　拖船配置

(4) 离泊操纵

离泊操纵过程见图4-63。

第4章 船舶靠离泊技术

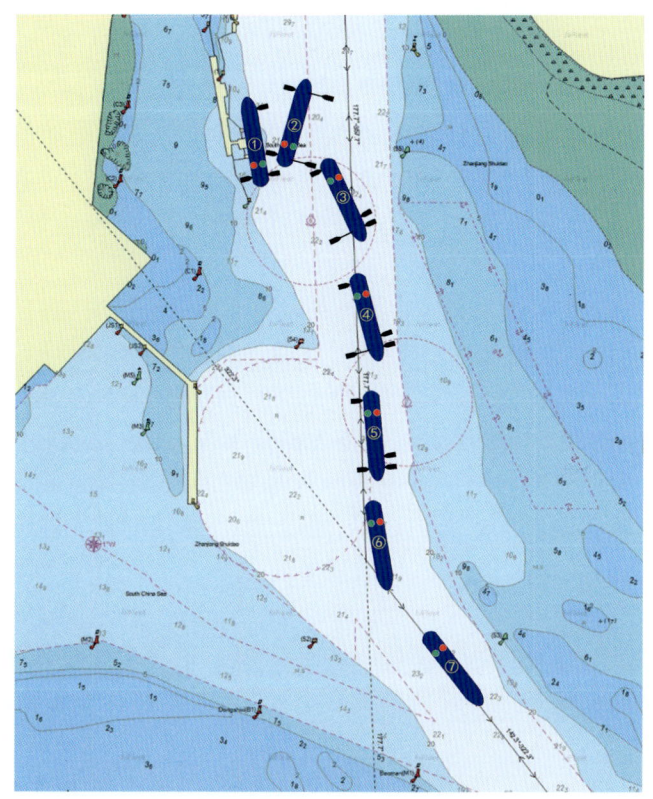

图4-63 霞山港区石化码头210#泊位离泊示意

先带好右船首和右船尾拖船缆绳，确认码头解缆人员到位，确认船舶主机备妥，再进行离泊操作。右舷船首和船尾拖船垂直顶推大船确保大船牢固贴拢码头，在解缆绳全过程中不会出现大船因风流影响而出现移动或发生偏转，大船解缆操作是从两端往船中方向顺序解，待首尾缆绳和横缆清爽无碍后，通知另外两艘拖船分别进入大船左舷船首和船尾进行顶推协助操作；所有缆绳清爽后，右舷首尾拖船松拖缆，左舷拖船开始逐渐加大车顶推，协助大船先进行平行离泊操作，右舷船首、船尾拖船松缆绳到位也开始缆绳受力并加大车拖带协助大船离泊操作，掉头过程中控制好船舶的进退速度，根据当时的风向、风力及流压选择进车时机协助加速掉头，确认船尾安全后，左船尾拖船也调到左船首协助顶推，右船尾拖船停止协助拖带，收短拖缆靠回右船尾准备协助顶推；船首旋回快到预定航向前及时减小和停止首尾所有拖船的顶推作用，掉头完成尽量占据上风上流，尽快提

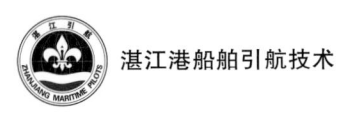

高速度增加舵效;船舶速度提高舵效明显和主机运行稳定,所有拖船离开,完成离泊操作。

4)注意事项

(1)船舶航行接近东石航道与东头山航道交汇处时,船舶处于减速阶段,由于船速较慢,应注意宝满支航道或有其它出口船舶,并注意在7#锚位起锚的船舶动态和油码头的船舶动态,应加强瞭望,尽早沟通联系,做好避让措施。

(2)东头山航道为大片港区,受码头及其停泊船、锚泊船灯光各港区支航道灯标等背景灯光影响较大,应特别注意对其他船舶和灯浮标的观察和辨别。

(3)靠泊船舶在54#灯浮附近调整入泊角度时,注意控制好进速,选择好入泊时机和角度,保证船舶与泊位南侧浅滩有足够的安全距离。由于落流的作用,船舶右舷受流,若船速较低或入泊过早、角度过大,急流时向左横移明显,船舶易被压往码头南侧的浅水区,从而发生搁浅事故,如果调整入泊角度时转向困难,可借助拖船协助。

(4)靠泊船舶入泊过程中,注意及早控制余速,避免余速过大冲过210#泊位,触碰北侧200#泊位或其停泊作业的船舶,应及早倒车和利用船尾正尾吊拖拖船协助减速。

(5)离泊船舶,在掉头完成后,若顺风顺流,应尽量占据上风上流,尽快提高速度增加舵效,避免船舶被风流合力作用压往泊位南侧浅水区域和54#灯浮。

(6)210#泊位前沿受地形影响,涨潮略有开流,落潮略有压拢流。尽量避开落流急时段,尽可能在缓流时段(初落)靠离泊。

4.3.9 海岬型散货船靠离调顺岛港区300#泊位

1)泊位介绍

300#泊位(图4-64)位于湛江港最北端调顺岛港区湛江港第三分公司码头,300#泊位设计标准为15万吨级散货码头泊位,该泊位前沿水域主要参数如下:泊位总长:349 m,泊位前沿停泊水域宽度90 m,泊位前沿水深15.1 m,港池水深13.6 m(测量日期为2019年06月),泊位轴线方向000°~180°,泊位对开旋回水域尺度为726 m×578 m。该泊位涨落流流向基本与航道一致,但落流时在北端有较强的推开流。

图 4-64 调顺岛港区 300#泊位实景

2）靠泊操纵

（1）实操船舶资料

FS 轮船舶资料见表 4-5。

表 4-5 FS 轮船舶资料

船长/m	船宽/m	吃水/m	水上高度/m	载质量/t	总吨
292	45	13.5	45	182 619	93 116

（2）气象、潮汐情况

2022 年 3 月 2 日，东北风，风力 4~5 级，能见度 8 n mile。当日潮汐：高潮时 1145/2320，潮高 317/443 cm；低潮时 0510/1639，潮高 34/113 cm。

（3）拖船配置

靠泊操纵过程中使用拖船数量为 3 艘，带拖方式见图 4-65（位①船尾正中和位②船首第二艘拖船为同一艘拖船作业，在不同的时段，调配拖船带拖位置，一般在位①制动阶段，拖船在船尾正中起到减速制动作用，在位②近泊位操纵阶段，配置到船首起到顶推作用）：位①为制动阶段，右船首 1 艘拖船，右船尾 1 艘拖船，正船尾 1 艘拖船；位②为近泊位操纵阶段，右船首 2 艘拖船，右船尾 1 艘拖船。

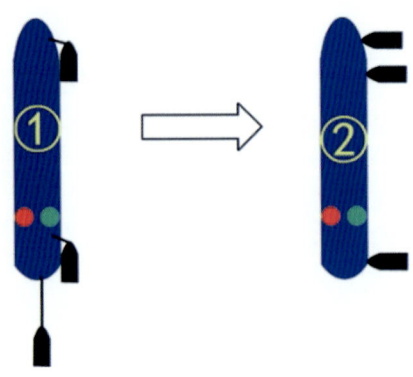

图 4-65 拖船配置

(4) 靠泊操纵过程

靠泊操纵过程见图 4-66。船舶在过桥前护航拖船到位，护航过桥并开始减速，转过 67#灯浮后速度控制在 6 kn 左右，并开始带拖船；抵达 70#灯浮前将拖船全带好，过 70#灯浮后速度控制在 5 kn 以下；行驶在三区港池航道，控制船位在航道中间或稍偏东些，尽量减少流压差角，抵达 71#灯浮时，右船首拖船和右船尾拖船垂直做好顶推准备，速度控制在 3 kn 左右；过 71#灯浮，右船首拖船加大车顶推协助船舶向左转向，调整好入泊角度并开始倒车，同时利用正船尾拖船加大车向后拖带协助减速，船首抵达泊位南端对开水域速度控制在 1 kn 左右时停车，并将正船尾拖船调配到右船首协助顶推。始终保持右舷受流，有利于船舶向码头靠拢，随着船舶与码头的横距不断减小，船舶首尾线与码头交角要不断减小；船舶在余速前进下，船舶驾驶台抵达泊位船尾位置旗帜对开水域时再次开始倒车，在船舶抵达泊位位置时加大倒车将船速倒停，当横距在 2 倍船宽左右时，利用拖船协助调整船舶首尾向与泊位轴线方向平行，前后拖船降低顶推力或停止顶推，控制好靠拢速度，指挥前后拖船协助使船舶平行入泊，平稳贴靠码头；落流时泊位北端排开流影响很大，船舶在抵达泊位位置前，先利用拖船协助把船舶靠上码头并贴拢再进车向前把船舶位置调好。

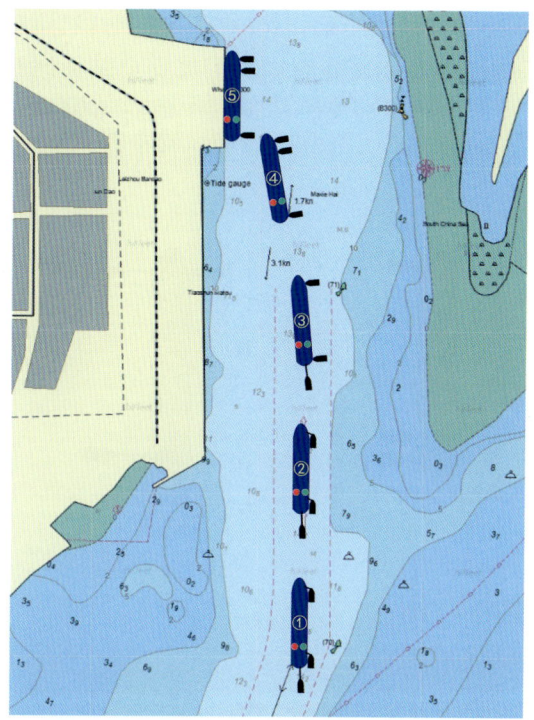

图4-66 调顺岛港区300#泊位靠泊示意

3）离泊操纵

（1）实操船舶资料

J轮船舶资料见表4-6。

表4-6 J轮船舶资料

船长/m	船宽/m	吃水/m	水上高度/m	载质量/t	总吨
292	45	12.4	46.1	181 452	92 752

（2）气象、潮汐情况

2022年5月19日，东北风，风力4~5级，能见度8 n mile。当日潮汐：高潮时0151/1313，潮高284/438 cm；低潮时0608/1934，潮高125/18 cm。0900时至1000时潮差57 cm。

（3）拖船配置

离泊操纵过程中使用拖船数量为3艘，带拖方式见图4-67（位①右船尾第二艘和位②左船首拖船为同一艘拖船作业，在不同的时段，调配拖船带拖位置，一般在位①离泊阶段，拖船在右船尾起到固定船尾安全贴稳码头作用，在位②旋回操纵中，配置到左船首起到顶推加速船首旋回作用）：位①为离泊阶段，右船首1艘拖船，右船尾2艘拖船；位②为旋回阶段，左船首1艘拖船，右船首1艘拖船、右船尾1艘拖船。

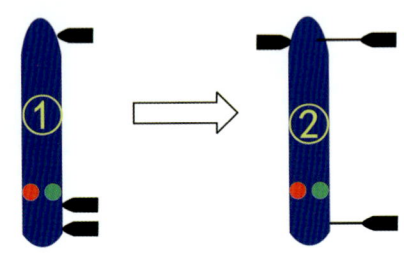

图4-67 拖船配置

（4）离泊操纵

离泊操纵过程见图4-68。

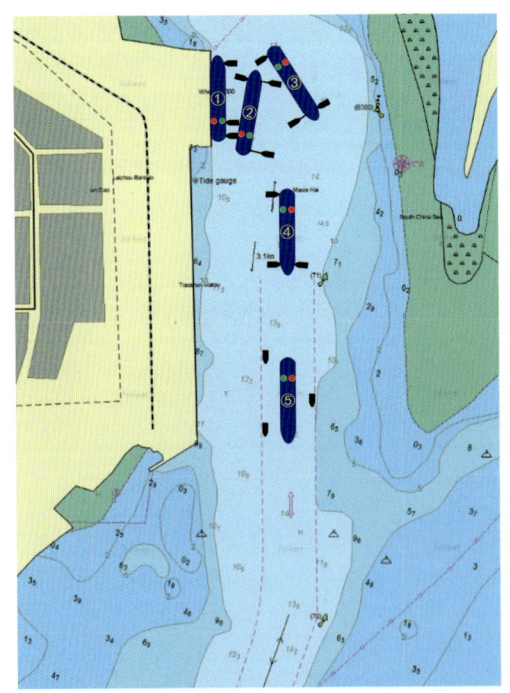

图4-68 调顺岛港区300#泊位离泊示意

先带好右船首和右船尾拖船缆绳,确认码头解缆人员到位,确认船舶主机备妥,再进行离泊操作。右舷船首、右舷船尾和驾驶台右下方拖船垂直顶推大船确保大船牢固贴拢码头,在解缆绳全过程中不会出现大船因风流影响而出现移动或发生偏转,大船解缆操作从两端往船中方向顺序解,所有缆绳清爽后,右船首、右船尾拖船松拖缆备拖,驾驶台右舷下方拖船始终保持顶推作用,待右船首和右船尾拖船松缆绳到位才停车离开前往船首待命,右船首和右船尾拖船同时开始缆绳受力并逐渐加大车拖带协助大船平行离泊操作,由于涨潮流急加上泊位前方可用水域有限,船尾拉开一定安全距离后需要倒车往后退一定的距离,增加船首前方可用距离,船首离开泊位大于1倍拖船船长时,在船首待命的拖船去左船首协助顶推大船向右掉头,确认船尾安全后,右船尾拖船逐渐停止协助拖带,收短拖缆靠回右船尾准备协助顶推;旋回过程中,待船首向右旋回接近71#灯浮时,可进车协助加速掉头操作,右船首拖船停车靠回解拖缆,其他拖船逐渐减小顶推力甚至停车,船舶进入主航道正常航行,离泊操作结束。

4)注意事项

(1)在58#灯浮与70#灯浮之间通航环境复杂多变,经常有小渔船等在航道内捕鱼和左右穿插通航,需谨慎驾驶,加强瞭望,如发现碍航情况,应鸣笛提醒警告,或请清道护航船舶前往驱赶。

(2)应注意麻斜渡口、平乐渡口和南油渡口汽车渡船的动向,一般情况下,两边渡船都是对开的,需采取避让措施时,应左右两侧兼顾,鸣笛提醒警告和通过VHF 08或16频道进行联系,提早避让。

(3)在59#灯浮与70#灯浮之间航道两侧系带浮筒的军舰,可能会受风流影响,军舰舰尾横在航道中间,如发现,应尽快与部队船或让湛江交管中心联系,协商避让措施。

(4)遵守广东省海事局辖区船舶安全航行规定,载重吨7万吨级或以上的船舶靠泊300#泊位,应申请拖船护航过湛江海湾大桥;避免与其他5万吨级以上船舶在58#灯浮以内会遇;同时申请海事巡逻艇清道护航,内航道船舶航行速度不超过10 kn。

(5)经过湛江海湾大桥的船舶,靠离泊前应计算船舶的水上高度,确保船舶安全通过湛江海湾大桥。

(6)300#泊位北端在落潮时有较强的推开流,船舶靠泊300#泊位时应在接近300#泊位北端前,把船舶靠拢泊位再利用本船主机或拖船协助调整船位。

(7)涨潮时离泊,注意当缆绳清爽后拖船开始松缆绳到开始协助拖带离泊期间,船尾因受流影响而被推离泊位和产生进速,严重时会导致不利局面,第 3 艘拖船应先在驾驶台右舷下方顶推直至另外两艘拖船松缆绳到位开始受力拖带方可离开。

(8) 涨潮流急时离泊,注意泊位前方可用水域有限,船尾拉开一定安全距离后,要倒车往后抢占上流位置,确保安全掉头操作。

第 5 章

船舶锚泊技术

5.1 化学品船锚地抛锚

1) 实操船介绍

HY 轮:化学品/成品油船,船长 142.6 m,船宽 20.8 m,载质量 13 674 t,吃水 6.8 m。该轮计划于 2022 年 5 月 27 日 1800 在 9#锚地抛锚,等待泊位。

2) 锚地介绍

9#锚地位于湛江港 51#灯浮正东方,是以 21°06′59.0″N/110°25′50.0″E 为圆心(此点距离 51#灯浮 600 m)半径 300 m 的圆形区域,海图水深为 13 m。

3) 气象、潮汐情况

2022 年 5 月 27 日(农历四月廿七),阴雨,东南风 5 级。低潮时 1509,潮高为 90 cm;高潮时 2132,潮高为 243 cm。作业时潮汐:1700 时潮高 118 cm,1800 时潮高 149 cm,1700 时和 1800 时之间潮差 31 cm。

4) 抛锚操纵描述

计划抛锚 5 节甲板,锚链长度加船长(5×27.5 m+142.6 m)为 280.1 m。锚泊后旋回水域为 280.1 m。由于东南风且涨潮,采用掉头顶风顶流抛锚比较合适。

船舶进入东石航道开始减速,至湛江港 50#灯浮,减速至 6~7 kn,在距离抛锚点 0.5 n mile(图 5-1 位①时)航速降到 4~5 kn,并保持船位在航道中央附近。船

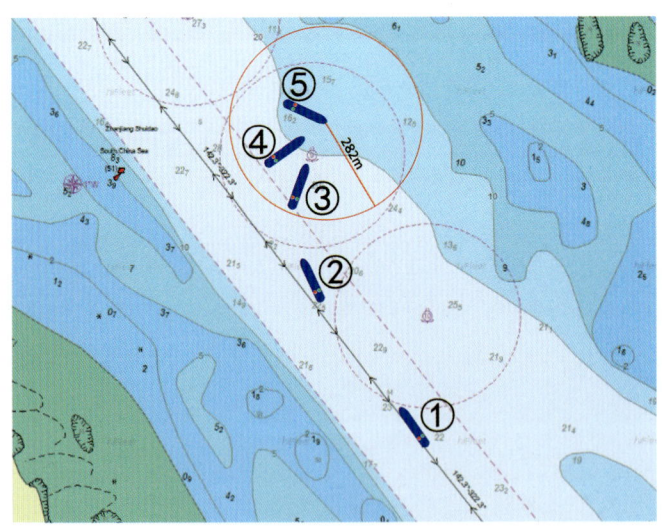

图 5-1 化学品船锚地抛锚示意

头进入距离抛锚点 3~4 倍船长时,开始倒车。倒车前可以用舵控制,使船舶稍微右偏(位②)。倒车的横向偏转力加速船舶右偏,直到船舶纵向船速接近 0 时,停止倒车(位③)。进车右满舵,调整船首朝向锚位点缓速前进,进速不超过 2 kn(位④)。接近锚位点,微速倒车,船首到达锚位点(位⑤),抛右锚,先放下 2 节水面的锚链,当倒车水花接近船中靠前时,船舶略有退势,停止倒车。等锚链吃力后,继续松锚链至 5 节甲板。观察锚链,待彻底抓牢后,报备交管,抛锚结束。通知船长,升起锚球,并做好锚泊值班。

5) 注意事项

(1) 海图所示 9#锚地为避台应急锚地,因此占用航道。小型船舶平常锚泊不应占用航道,抛锚位置应保证安全的情况下适当东移。

(2) 引航员登船前,应核实 9#锚地是否有其他抛锚船或其他妨碍抛锚的情况,及时联系交管,报备锚泊计划。

(3) 9#锚地东北侧的水深快速变浅,使用应特别注意。

(4) 抛锚船舶减速前,及时联系后方进港船舶、前方出港船舶和宝满出口船舶,说明意图,协调避让。

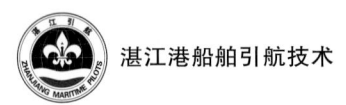

5.2 重载船舶顶流抛锚(一)

1) 实操船舶资料

顶流锚泊实船资料:MZ 轮,计划于 2014 年 6 月 12 日 1000 时抵 11#锚地锚泊,该轮船长 225 m,船宽 32 m,载质量 74 104.2 t,满载,最大吃水 13.0 m。

2) 锚地资料

11#锚地位于东石航道 50#灯浮东侧,该锚地所在经纬度为 21°06′06.0″N/110°26′36.0″E,锚地半径 400 m,锚地最浅水深 14.9 m。

3) 气象、潮汐情况

2014 年 6 月 12 日,天气为阴天,东南风 3 级。高潮时 0912,潮高 398 cm。1000 时潮高 391 cm,1100 时潮高 342 cm,1000 时至 1100 时潮差 49 cm。

4) 拖船配置

一般情况下,船舶抵 11#锚地锚泊不用拖船协助。

5) 锚泊操纵要点

(1) 湛江港港内锚地锚泊要点

湛江港港内锚地大多数处在航道边缘,流水基本上与航道平行,抛锚时多数采用航进抛锚法和后退抛锚法这两种方法。顺水时采用航进抛锚法,一般抛右锚;顶水时采用后退抛锚法,一般抛左锚。一般来说大多船舶都是右旋螺旋桨船,倒车时船头右转,顺水抛右锚,顶水抛左锚,目的是避免锚链过船底摩擦船壳。抛锚前的余速与抵锚点的航向控制是关键,一般依据船舶吨位的大小、满载还是空载、顶水航行还是顺水航行等具体情况来决定抛锚船开始减速、停车的时机。抛锚前一般都要进行倒车,对于右旋螺旋桨船要注意倒车排出流和沉深横向力的作用,会使船头右转,要提前留有余地。距抛锚点 0.5~1.0 n mile 时,调整船位使船舶首尾线尽可能与风流向成较小的交角并向抛锚点驶近。重载船在受风流影响明显的环境中,可分多次倒车减速以便准确控制抵达锚点的船舶速度和船位。船舶左侧受流时应把锚点放在航向右侧,相反,船舶右侧受流时应把锚点放在航向左侧。横风时淌航,重载船船首找风,应用相反方向满舵压住,目的是为了减缓船首找风趋势;空载船应占上风,目的是减少船舶向下风漂移距离。一般情况下,大型船舶下锚时的对地速度应控制在退速 0.5 kn 以下。

(2) 实船顶流锚泊操纵过程

2014 年 6 月 12 日,引领 MZ 轮从龙腾抵 11#锚地抛锚候泊,该轮船长 225 m,

重载,吃水 13.0 m,当时退潮,潮差 48 cm,东南风 3 级,抵 42#灯浮,距抛锚地约 4 n mile,速度 8.9 kn,减为半车。到 44#灯浮时,距抛锚地约 2.8 n mile,做好抛左锚各项准备工作,减为前进二。锚泊操纵过程见图 5-2。正横 48#灯浮,船位在航道中线右侧(位①),稳定船首 323°,速度 5 kn,停车淌航。待船舶抵 47#灯浮西北偏北处水深 4.7 m 的浅点时(位③),距抛锚点约 0.6 n mile,调整航向走 340°朝着锚点稍偏左处驶去,速度 3.8 kn。距抛锚点 0.3 n mile,速度 2.8 kn。船首距抛锚点 1 倍船长(位⑤),速度 2.3 kn,及时倒车减速。在倒车排出流和沉深横向力的作用下,船首开始右转,待船首抵抛锚点后,立即命令抛下左锚,3 节锚链入水刹牢以便锚抓入海底,待稍有退势后停车。待报告锚链受力朝前后,令慢慢松锚链,如锚链受力过大或后退速度过大适当辅以车舵,防止锚链受顿力发生断链事故,松锚链 6 节水面刹牢,左锚抛妥后,要求做好值锚泊班各项事宜。由于 11#锚地距离东石航道较近,在顶流抛锚过程中,如果由于余速和船舶首向控制不好出现锚位选择不理想,可先抛短锚,待船舶位置稳定后再起锚重新调整锚位抛锚,保证既不占用航道又不影响锚泊安全。

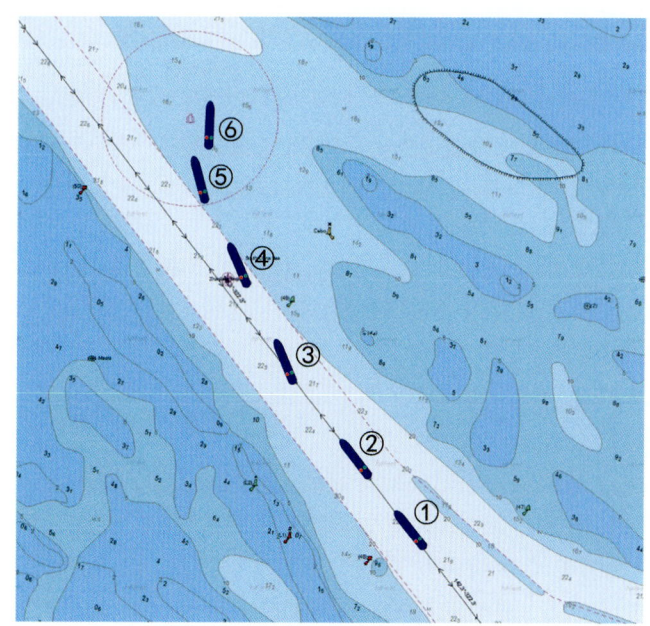

图 5-2 重载船舶顶流抛锚示意

5.3 重载船舶顶流抛锚(二)

1) 19#锚地简介

湛江港 19#锚地位于湛江港 39#灯标西北面约 1 n mile 距离水域,锚地设置在湛江港龙腾外航道外北面水域,不占用主航道,不影响进出港船舶的安全通航。湛江港 19#锚地是直径约 0.27 n mile 的圆形水域,该水域底质为泥沙,由南至北水深由深变浅。

2) 船舶顶流抛锚实例

YD 轮:船长 189.99 m,船宽 32.26 m,吃水 11.3 m,总吨 32 911,净吨 19 186,载质量 57 009 t。

锚泊条件:退潮流 30 cm/h,东南风 3 级。

操纵过程:顶流抛锚过程见图 5-3。船舶在 35#~36#灯浮转向完毕后,此时船位距离 19#锚地中心点约 3.9 n mile,船舶开始减车控速,并做好抛锚准备。船舶抵 39#灯浮时,距离 19#锚地中心处约 1.1 n mile,控制船速在 6 kn 以下,操纵船舶向着 19#锚地的中心处航进,并及时调整风流压。船舶在接近锚地的过程中逐渐驶离主航道,在船舶接近锚圈时,控制船速在 4 kn 以下,操纵船位抢在上风上流位置,在把定航向的前提下,适时停车淌航。船舶进入锚圈后,船舶距中心位置约 490 m,在流的作用下船速会进一步减缓,在距中心点约 1 倍船长时倒车降速,在接近锚圈中心点附近把船速控制在 1 kn 以下,并下令抛锚,在锚链 3 节时刹住,待锚链带力后再继续松长锚链至 6 节下水,充分利用电子导航系统定位以及观察物标,正确用车、舵把船速倒停并把船位控制在锚圈中心点位置。

3) 抛锚注意事项

(1) 进港抛锚前应及早用 VHF 与湛江交管中心以及进出港船舶加强联系,取得必要的通航信息。

(2) 船舶在进港抛锚过程中,须严格控速,船舶在低速的情况下受风流影响较大,易产生横移、偏转现象,因此驾引人员必须掌握本船在风流作用下漂移和偏转的规律,充分利用电子导航系统定位,善于观察物标,正确使用车、舵操纵船舶及早抢占上风上流位置,把船舶控制在最佳位置。

(3) 船舶在流场中倒车控速,驾引人员除了充分观察雷达、GPS 速度外,也可通过船舶排出流的变化判断船舶的前冲后缩。

(4) 驾引人员在抛锚前应充分了解本港港口情况以及锚地情况,在船舶吃水

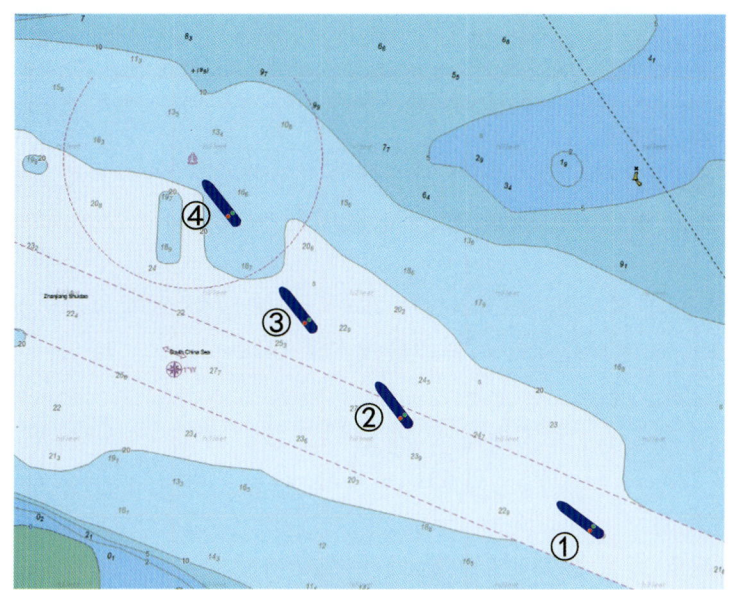

图 5-3　重载船舶顶流抛锚示意

较大的情况下,正确掌握船舶的下锚位置,确保船舶在转流过程中不会在流的作用下产生次生危险。

（5）19#锚地地理位置流速较大,在大潮时应确保锚链长度足够,锚泊中应保持驾驶台值班,确保船舶锚泊安全。

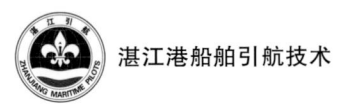

5.4 重载船舶顺流抛锚

1）实操船舶资料

顺流锚泊实船资料：XL 轮,计划于 2022 年 6 月 3 日 1000 时抵 11#锚地锚泊,该轮船长 225 m,重载,最大吃水 12.8 m,载质量 76 469 t。

2）锚地资料

11#锚地位于东石航道 50#灯浮东侧,该锚地经纬度为 21°06′06.0″N/110°26′36.0″E,锚地半径 400 m,锚地最浅水深 14.9 m。

3）气象、潮汐情况

2022 年 6 月 3 日,天气为晴天,东南风 3 级。高潮 1305 时,潮高 378 cm。1000 时潮高 288 cm,1100 时潮高 331 cm,1000 时至 1100 时潮差 43 cm。

4）拖船配置

一般情况下,船舶抵 11#锚地锚泊不用拖船协助。

5）锚泊操纵要点

（1）湛江港港内锚地锚泊要点

湛江港港内锚地大多数处在航道边缘,流水基本上与航道平行,抛锚时多数采用航进抛锚法和后退抛锚法这两种方法。顺水时采用航进抛锚法,一般抛右锚;顶水时采用后退抛锚法,一般抛左锚。一般来说大多船舶都是右旋螺旋桨船,倒车时船头右转,顺水抛右锚,顶水抛左锚,目的是避免锚链过船底摩擦船壳。抛锚前的余速与抵锚点的航向控制是关键,一般依据船舶吨位的大小、满载还是空载、顶水航行还是顺水航行等具体情况来决定抛锚船开始减速、停车的时机。抛锚前一般都要进行倒车,对于右旋螺旋桨船要注意倒车排出流和沉深横向力的作用,会使船头右转,要提前留有余地。距抛锚点 0.5~1.0 n mile 时,调整船位使船舶首尾线尽可能与风流向成较小的交角并向抛锚点驶近。重载船在受风流影响明显的环境中,可分多次倒车减速以便准确控制抵达锚点的船舶速度和船位。船舶左侧受流时应把锚点放在航向右侧,相反,船舶右侧受流时应把锚点放在航向左侧。横风时淌航,重载船船首找风,应用相反方向满舵压住,目的是为了减缓船首找风趋势;空载船应占上风,目的是为了减少船舶向下风漂移距离。一般情况下,大型船舶下锚时的对地速度应控制在退速 0.5 kn 以下。

（2）实船顺流锚泊操纵过程

船舶抵 42#灯浮,距抛锚地约 4 n mile,速度 7 kn 以下。

船舶到44#灯浮时,距抛锚地约2.8 n mile,船舶速度控制在6 kn以下,做好抛左锚各项准备工作。顺流锚泊操纵过程见图5-4。

正横48#灯浮,船位控制在航道中线右侧靠近航道右边线,稳定船首323°,速度4 kn以下(如图5-4位①),停车淌航。如果难以把定船舶首向,可利用本船车舵短暂进车把定航向。

待船舶正横47#灯浮西北偏北处水深4.7 m的浅点时(如图5-4位③),距抛锚点约0.6 n mile,调整航向走343°朝着锚点偏右处驶去,速度3 kn以下,在流水的作用下,本船会向下流漂移,此时要不断地调整船首向。船首距抛锚点1倍船长,速度1 kn左右(如图5-4位⑥),及时倒车减速。在倒车排出流和沉深横向力的作用下,船首开始右转,待船首抵达抛锚点后,立即命令抛下左锚,3节锚链入水刹牢以便锚抓入海底,待稍有退势后停车。待报告锚链受力朝前后,令慢慢松锚链,如锚链受力过大或后退速度过大适当辅以车舵,防止锚链受顿力发生断链事故,松锚链6节水面刹牢,左锚抛妥后要求做好值锚泊班各项事宜。由于11#锚地距离东石航道较近,在顺流抛锚过程中如果由于余速和船舶首向控制不好出现锚位选择不理想,可先抛短锚,待船舶位置稳定后再起锚重新调整锚位抛锚,保证既不占用航道又不影响锚泊安全。

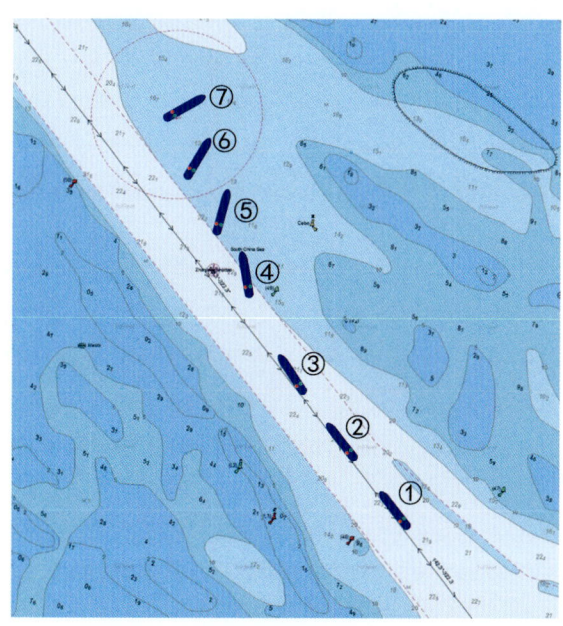

图5-4 重载船舶顺流抛锚示意

5.5 半载船舶顺流抛锚

1) 19#锚地简介

湛江港 19#锚地位于湛江港 39#灯标西北面约 1 n mile 的水域,锚地设置在湛江港龙腾外航道外北面水域,不占用主航道,不影响进出港船舶的安全通航。湛江港 19#锚地是直径约 0.27 n mile 的圆形水域,该水域底质为泥沙,由南至北水深由深变浅。

2) 船舶资料和作业条件

P 轮:船长 212.5 m,船宽 32 m,吃水 9.6 m,总吨 39 258,净吨 16 079,载质量 54 706 t。

锚泊条件:涨潮潮差 40 cm/h,东风偏南 3~4 级。

3) 船舶顺流抛锚实例

顺流抛锚实操:船舶进港在 35#~36#灯浮转向前可提前减车降速,船舶转向并把定航向后,观察船舶的减速效果,由于船舶顺流进港,主机减速后船速下降不明显,可继续减车降速,并做好抛锚前准备。

船舶航进抵达 37#~38#灯浮时,距离 19#锚地中心处约 2.8 n mile,控制船速 7 kn 左右。船舶抵达 39#灯浮时,距离 19#锚地中心处约 1.1 n mile,控制船速在 5 kn 左右,并操纵船舶逐渐对着锚地中心处航进。在船舶向着锚地中心处航进的过程中,船舶逐渐离开主航道,航进过程中应充分考虑流对船舶的影响,及时修正风流压,在把定航向的前提下应提前停车淌航,控速备锚,船舶接近锚圈时,控制船速低于 3 kn。

船舶进入锚圈后,距离锚地中心处约 490 m,可提前倒车降速,观察船舶在车效应以及流的作用下的偏转状况,在接近中心处提前下锚,并严格控制船速使低于 1 kn,在锚链 3 节时刹住,锚链带力后松至 6 节下水。在流的作用下,船舶将持续偏转至船首顶流或偏顶流状态,在此过程中应充分利用电子导航系统定位以及观察物标,正确用车、舵把船速倒停,并把船位控制在锚圈中心点位置。半载船舶顺流抛锚操纵过程见图 5-5。

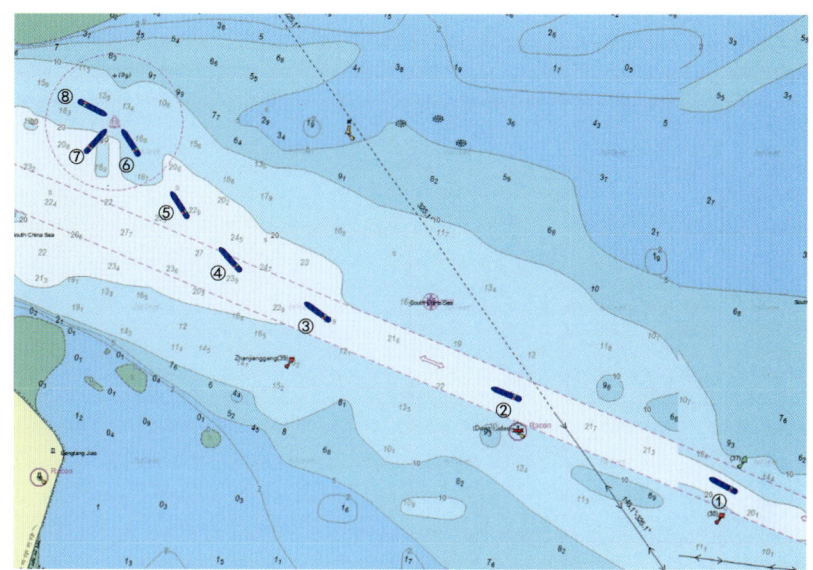

图 5-5　半载船舶顺流抛锚示意

4）抛锚注意事项

（1）进港抛锚前应及早用 VHF 与湛江交管中心以及进出港船舶加强联系，取得必要的通航信息。

（2）船舶在进港抛锚过程中，须严格控速，船舶在低速的情况下受风流影响较大，易使船舶产生横移、偏转现象，因此驾引人员必须掌握本船在风流作用下的漂移和偏转规律，充分利用电子导航系统定位，善于观察物标，正确使用车、舵操纵船舶及早抢占上风上流位置，把船舶控制在最佳位置。

（3）船舶在流场中倒车控速，驾引人员除了充分观察雷达、GPS 速度外，也可通过船舶排出流的变化判断船舶前冲后缩。

（4）驾引人员在抛锚前应充分了解本港港口情况以及锚地情况，在船舶吃水较大的情况下，应正确掌握船舶的下锚位置，确保船舶在转流的过程中不会在流的作用下产生次生危险。

（5）19#锚地地理位置流速较大，在大潮时应确保锚链长度足够，锚泊中应保持驾驶台值班，确保船舶锚泊安全。

（6）涨潮流较大的情况下顺流抛锚，在航速过快或过早失去舵效、无法把定而造成下锚位置与预定位置出现偏差时，可正确使用车、舵、锚等方式，使船舶在预定区域内安全掉头，实施顶流抛锚。

第 6 章

特殊船舶引航技术

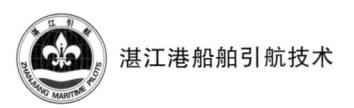

6.1 无动力船舶进出修船坞操纵

无动力船舶无法依靠自身能力进行航行和靠离泊以及进出修船坞操纵，只能利用拖船等其他外力进行操控，以达到安全航行和靠离泊以及进出修船坞的目的。此外，无动力船舶也具有其自身的一些特性，水上受风面积大，相对质量较小，船型特殊，主甲板以下船体斜度大，在利用拖船等外力操控无动力船舶时要特别谨慎，灵活掌握外力的力度，处理好每一环节，这样才能操控好无动力船舶。下面介绍无动力船舶进出某船厂船坞的一般操控方法。

1）湛江港海滨船厂船坞概况

湛江港海滨船厂船坞设计为东西走向，垂直岸线，垂直流向；船坞长 210 m，宽 32 m，船坞两侧配有绞缆设备，船舶在船坞内时，两舷的安全富余量很小，坞口北侧有泊位，经常停靠着其他维修的船舶，坞口南侧有浅点，导致坞口外可航水域十分有限。

2）拖船配备

在湛江港海滨船厂利用拖船操控无动力船舶进行操纵作业时，一般标配 2 艘 Z 型导流管式螺旋桨拖船，每艘拖船功率为 3 200~5 200 HP。为了达到首、尾兼顾，通常首、尾各系带一艘拖船。因为无动力船舶的舵和车不能使用，只能由拖船协助航行、转向和稳定航向，操纵困难；利用拖船操控无动力船舶在航道上拖航时，容易受到风流的影响而偏航，为了保持船位，船尾拖船负责提供动力（前进、减速和后退），船首拖船负责改变航向。为了拖船能更加灵活、快速地协助无动力船舶的操纵，拖船通常只系带一条拖缆，当然，也有拖船船尾多带一条固定缆，利用拖船的灵活性，实现旁拖的功能。由于船体出坞后易受风流影响，为了使船体在拖船协助下能更灵活控制航向和获得更充足的航速，一般用小马力拖船带船首，大马力拖船带船尾。

为了充分利用拖船的动力和方便操纵，确保无动力船舶航行和进出船坞及靠离泊的安全，通常由船尾拖船适当提供航行动力，船首拖船协助改变航向。

3）无动力船舶进出修船坞的操控

湛江港海滨船厂船舶进坞操纵时，大型船舶通常采用船首朝西方式进入船坞，所以出坞时是倒行出坞的；由于船坞设计宽度的限制，船舶在船坞内时，两舷的安全富余量很小；另外船舶在进出坞时，多数不是在平潮时间段进行的，船舶出坞后受横流影响明显，且坞口通常有他船停靠，占用部分水域，考虑到坞口南侧的浅水区,可供船舶操纵的水域比较狭窄,所以船舶在进、出坞操纵时,必须要特别小心,操纵措施要及时并准确。利用拖船操控无动力船舶作业时,要综合考虑各种因素,利用好风、流及拖船等外力,熟悉掌握利用拖船操控无动力船舶的技能,采取的操纵措施应符合实际情况,做到准确、有效,并根据环境条件的变化作出调整,这样才能确保操控无动力船舶进、出船坞的安全。

（1）无动力船舶进坞操纵要领

要提醒船首拖船时刻做好顶、拖准备,随时为无动力船舶提供航向改变的协助,船尾拖船紧贴并尽量平行船体,随时提供首尾线方向的动力或控速协助。当船首接近坞口时,通过船尾拖船的控速,减缓船首接近坞口的速度;船首拖船应协助调整好船首进坞口的角度和位置。如果条件许可应尽早系带坞口绞车的缆绳,在准备系带两舷的绞车缆绳时,利用船尾拖船将船体进坞速度刹停,待两舷绞车上的缆绳系带好后收紧均匀受力,并调整船首保持在坞内的中间位置处,然后解掉船首拖船,再继续进坞。船首拖船拖缆清爽后,到船尾协助调整船尾进坞位置,直到船首两舷前倒缆带好后再离开;此时船尾拖船改为垂直顶、拖来协助控制船尾进坞位置防止船体偏转过大,而船体进坞前进是由两舷绞车缆绳提供,需要控速或后退时,可由船首两舷前倒缆控制。两舷尾倒缆系带好均匀受力后再解掉船尾拖船;剩下的进坞操控是通过缆绳来调整直至船体固定在预定位置。

（2）无动力船舶出坞操纵要领

进行操纵前,事先了解船舶上可使用的导缆孔具体位置,和船长进行交流并详细说明出坞操纵步骤和意图,通知拖船就位并向拖船和厂方说明出坞操纵步骤和意图,做到船与拖船、船与岸各方都已做好准备工作,沟通无碍。

船坞坞门开启前,将绞车滑行至艏缆缆桩位置并将两舷艏缆改挂在滑车上,确保与所有缆绳一样受力均匀(图6-1(a))。坞门开启清爽后,拖船在坞口待命,并准备好拖缆,船上也准备好撇缆;两舷绞车开始朝船尾方向同步滑行,拖动船体朝后倒行出坞,其他缆绳同步调整确保船体在坞内中间位置和控制船体倒行速度;随着船体的倒行移动,两舷艏倒缆作用方向变为横缆方向时,将船坞两舷艏倒缆朝船尾方向移动改挂一个缆桩。船体出坞过程中避免船体在船坞内左右偏摆,如果发生船体偏转,立即控制出坞速度,重新调整船体在坞内位置和缆绳受力,确保安全后,再继续操纵出坞。

随着船体缓慢倒行出坞,两舷艉缆受力方向逐渐改变,受力方向变为正横向时,将两舷艉倒缆解掉,另带在最接近坞口的艉缆缆桩上,等艉倒缆方向变为正横方向时,将两舷艉缆解掉。两舷艉缆解掉清爽后,船已出坞口一定距离,随着船体的逐渐出坞和艉倒缆与船体作用角度越来越小,风流对船尾的影响将越来越大,所以在安全情况下,尽早带一艘拖船在船尾左舷,协助抑制船尾左右偏摆(图6-1(b))。船尾拖船系带好后,艉倒缆与船体角度不断变小,待艏倒缆已移挂最接近坞口缆桩上,作用方向又变为正横方向时,可以把船艉倒缆解掉继续出坞(图6-1(c))。

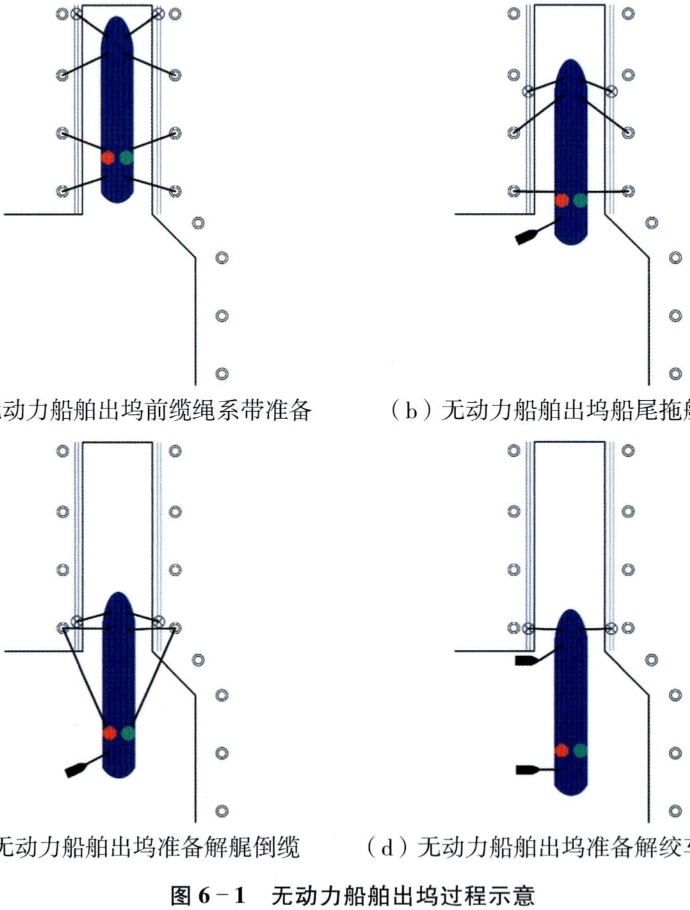

(a)无动力船舶出坞前缆绳系带准备　　(b)无动力船舶出坞船尾拖船系带

(c)无动力船舶出坞准备解艉倒缆　　(d)无动力船舶出坞准备解绞车上缆绳

图6-1　无动力船舶出坞过程示意

随着船体继续倒行出坞,船首受风流影响也逐渐明显,应尽快系带船首拖船,并且在系带船首拖船时,应将倒行速度减缓后再进行系带拖船,避免系带拖船过程中,拖船对船首产生过大的横向作用力从而发生断缆导致船首触碰船坞或损坏绞车事故。左船首拖船拖缆系带妥后,将两舷艏倒缆解掉,继续出坞;最后两舷缆桩上的缆绳受力方向变为正横时,将两舷绞车上缆绳解掉(图6-1(d))。缆绳清爽后,船尾拖船紧贴尾部船体尽量保持平行首尾线往后拖拽提供动力;船首拖船抑制船首的偏摆直至船首安全离开船坞并倒行到安全宽阔水域再进行下一步操纵。

4)无动力船舶进、出船坞的注意事项

(1)无动力船舶与拖船之间应保持有效的通信联络,确定好工作频道,操纵中避免使用与港口其他船舶工作频道相同,并随时注意拖船的动向,灵活地操控拖船协助无动力船舶进行作业。

(2)进行操纵前应事先通知拖船驾驶员本船的操纵意图和思路,避免对方错误理解造成错误的操纵协助。

(3)船上两舷准备足够的移动碰垫,当船体在进出坞过程中如果发生偏摆时,可避免船体与船坞直接发生触碰。

(4)船尾协助提供动力、负责减速的拖船必须收短拖缆并保持紧贴平行无动力船舶尾部船体,通过改变拖缆的受力方向,利用拖缆的首尾方向的分力协助船舶前进、减速及后退。

(5)船首协助改变航向的拖船也应尽量收紧拖缆保持垂直船舶船体状态,随时通过顶推或拖拽改变船舶航向。

(6)需要拖船拖或顶时,注意拖船拖缆受力情况,避免使用拖力过大发生断缆事件或顶推力过大造成拖船碰损船舶,也避免顶、拖力过大造成船舶船首偏转过大而不利于航行操纵。

(7)考虑到拖船发挥效能的船速是在 5 kn 以下,因此拖航的速度应低于 5 kn,有利于拖船灵活调整位置,为被拖船提供有效协助。必要时,为了克服风、流的影响,拖航速度也不应过低。

6.2 无动力船舶系离浮筒

随着台风季节的来临,在某船厂维修保养的无动力船舶系离浮筒越来越频繁。在台风来临前,除进船坞和上船排的无动力船舶外,其余无动力船舶都要系防台浮筒抗台。为了系离浮筒操纵的安全、顺利,下面对某船厂无动力船舶系离浮筒操纵进行探讨。

1) 无动力船舶的特性

由于修理需要,进厂前已将油、水、物料等清空,所以此类船舶吃水小、惯性小;上层建筑比较大,受风面积大,受风影响较大;长宽比大,航向稳定性好;没有专用绞缆机,船首用前锚机绞缆;在进入浮筒抗台前,工厂必须恢复电力,补充淡水和压载水,恢复船舶稳性;此类船舶易受风、流的影响,无自控能力,操纵困难,一旦出现事故,则损失和影响都较为严重。

2) 影响操纵的因素

(1) 水文

湛江港的潮汐属不规则半日潮,港内水流主要为潮流,流速大小与潮差成正比,流速可达 3 kn,防台浮筒附近流向涨潮时为偏北,落潮时为偏南。

(2) 气象

湛江港风向随季节变化,冬季盛行偏北风,以东北偏北风为主,夏季盛行偏南风,台风来临前通常为东北或偏东风,有阵雨时,能见度短时受限。

(3) 拖船配置及带拖方式

中小型无动力船舶配置两艘 4 000 HP 力全旋回拖船,吨位较大的无动力船舶配置一艘 4 000 HP 和一艘 5 000 HP 的全旋回拖船,需要系浮筒防台的一般是中小型无动力船舶,因此,4 000 HP 的拖船使用较多。带拖方式:船首拖船采用吊拖方式,船尾拖船采用旁拖方式,旁拖带缆采用拖船船首和船尾各出一根拖缆,分别向前和向后系在无动力船舶系缆柱上。

(4) 驾引人员与拖船驾驶人员之间的沟通与配合

驾引人员在操纵之前与拖船驾驶人员充分沟通,要让拖船驾驶人员明白驾引人员的每一个口令的意图。在船尾旁拖的拖船,在驾引人员需要船尾运动时,要使用拖船双车的合力来驱动船尾的运动,此时拖船驾驶人员一定要明确领会驾引人员的操纵意图,要明白所需驱动力的方向和大小,可参照采用船舶侧推器的操纵口令,比如:若要拖船慢速向右则可下"船尾慢车向右"的口令,同样向左可下

"船尾慢车向左",向前可下"慢车前进",向后可下"慢车后退",如果驾引人员要向左转向,则船尾拖船要提供向右的横向力,使船尾向右运动驱动无动力船舶向左转向。

3)系浮筒操纵要领

(1)系浮筒前准备

系浮筒锚链准备:首先用钢缆固定左锚,解脱锚链活链环,将左锚与锚链分离,将分离开的那端锚链搬至正船首导缆孔处,从船首导缆孔送出,做好向下放锚链的准备;系浮筒尼龙缆准备:将艏楼右舷尼龙缆穿过艏楼右舷导缆孔,做好递送给系浮筒带缆小艇的准备。

(2)离码头港内拖带

离码头时首先船首尾拖船向码头方向顶住,然后开始解缆绳,先解艏缆和艉缆,最后解艏艉倒缆。缆绳解清,拖船就位后开始起拖,由于船尾拖船是采用旁拖方式,因此船尾向外当拖只能使用拖船双车的合力,而这个合力相对于吊拖方式的拖力较小,所以船首拖船要控制好拖力,不要过大。当船舶有前冲后缩时,使用船尾拖船倒车或进车进行消除,使船舶平稳离开码头。在港内拖带时,由于前进中的船舶转心在距船首柱三分之一至四分之一处,因此船尾拖船的转船力臂较大,因此使用船尾拖船的转船效果较好,所以船尾拖船不仅提供前进和后退的动力,而且还要提供船舶转向的转向力矩,因此船尾拖船的使用较为频繁,船尾应配置马力较大的拖船,而船首拖船只在控制船首位置或在大转向时偶尔使用。

(3)进入防台浮筒位置

指挥拖船将船舶拖带至防台浮筒水域,选择从顶风流的方向进入浮筒位置,进入时注意控制好船速,离浮筒 500 m 时,航速不要超过 4 kn,离浮筒 300 m 时,航速不要超过 3 kn;当发现船速过快时,可使用船尾拖船倒车进行减速,船尾拖船倒车时船首会向带拖一舷偏转,此时可使用船首拖船进行控制。将浮筒放在下风舷一侧,使驾引人员在驾驶室的下风舷侧刚好能看到,缓缓进入,这样做的优点有:一是在停船时,船舶在风流作用下向下风流方向漂移,使船首准确到达浮筒位置;二是有效避开船首盲区,便于船舶操纵人员观察浮筒的位置。当船舶距浮筒纵向距离约 10 m 时,指挥船尾拖船倒车将船舶完全停住。

(4)系浮筒

先将右舷尼龙缆递送给带缆小艇,带缆小艇带着尼龙缆靠上浮筒,小艇上系筒浮的人员上浮筒后,将尼龙缆穿过浮筒耳环,再由船舶上的人员拉至艏楼左舷导缆孔,穿过艏楼左舷导缆孔,将尼龙缆的琵琶头套在艏楼左舷系缆柱上(图 6 -

2）。浮筒上系筒浮的人员撤离筒浮回小艇后，用右锚机绞紧尼龙缆使船首向浮筒靠拢，当浮筒处于船首导缆孔正下方时停止绞缆，将锚链端部向下放至浮筒耳环高度，小艇上系筒浮的人员重新上浮筒，用卸扣将锚链与浮筒耳环连接。连接好锚链后，将两条防台钢缆通过船首导缆孔放下浮筒，再通过卸扣与浮筒耳环连接（图6－2）。浮筒上的人员撤离浮筒后，将尼龙缆放松，船舶在风流和拖船共同作用下，微速向后退，同时将锚链与防台钢缆放松至预定长度，然后将锚链和防台钢缆固定在系缆柱上。

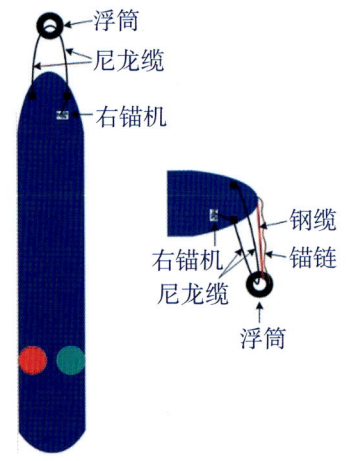

图6－2　无动力船舶系浮筒示意

4）离浮筒操纵要领

（1）解脱浮筒前准备，用右锚机绞紧尼龙缆，使船舶完全由尼龙缆受力，将锚链从系缆柱上解脱，锚链系缆柱上解脱后，用左锚机绞收锚链使船舶向浮筒靠拢，当浮筒处于船首导缆孔正下方时停止绞锚链，用右锚机绞收尼龙缆，使尼龙缆再次受力，将锚链放松至不受力状态。

（2）解脱防台钢缆和防台锚链，小艇上的浮筒作业人员上浮筒，先解脱防台钢缆与浮筒耳环的连接卸扣，艏楼人员把防台钢缆收回艏楼后，浮筒作业人员再解脱锚链与浮筒耳环的连接卸扣，艏楼人员用左锚机将锚链绞收回艏楼。

（3）解脱尼龙回头缆，锚链收回艏楼甲板后，用右锚机放松尼龙缆，使尼龙缆完全不受力，艏楼人员迅速将尼龙回头缆的琵琶头从左舷系缆柱上解脱，再用右锚机将尼龙缆绞收回艏楼。

（4）拖带船舶离开浮筒，船舶在风流和拖船的共同作用下，使船舶向后微退约 50 m,再使用拖船将船舶拖离浮筒,拖带回码头靠泊。

5) 注意事项

(1) 船尾拖船尽可能采用旁拖方式带拖(拖船船首拖缆向前带到船中系缆柱上,第二根拖缆从拖船船中导缆孔出来带到船尾系缆柱上,第三根拖缆由无动力船舶上从船尾出来,带到拖船的船尾系缆柱上,见图 6-3,因为船尾拖船是全旋回拖船,既可为无动力船舶提供纵向动力,又可为船尾提供横向作用力,控制船舶的纵向运动和船尾的横向运动,为操纵船舶创造了便利条件。

图 6-3 旁拖带拖方式

(2) 在准备工作做好之后,方可进入浮筒位置,如果准备工作没好就进入浮筒位置,就会导致一时系不上浮筒,船舶在风流作用下,会偏离最佳系浮筒位置,导致系浮筒困难。

(3) 在浮筒上的人员撤离浮筒之前,切记一定不能绞收缆绳和锚链,否则会导致浮筒打转而使浮筒上的人员有落水的危险,威胁到浮筒上作业人员的安全。

(4) 绞紧尼龙缆后如果发现浮筒不在船首导缆孔正下方,可适当放松尼龙缆,指挥拖船调整好船首的位置后再绞紧尼龙缆。

(5) 台风来临前,有时出现大风伴随降雨天气,而无动力船舶吃水较小,上层建筑较大,受风影响较大,这时进入浮筒位置的船速不能过小,否则无动力船舶将受风飘移过大而影响准确进入浮筒位置。

(6) 使用拖船时,尽量不要用大车,由于无动力船舶吃水小、排水量较小,如果使用大车就会出现"用力过猛"的现象,使无动力船舶运动幅度过大,造成操纵难以控制的局面。

6.3　大型船舶减载离601#泊位后靠405#泊位

1）码头概况

601#泊位(图6-4)位于湛江港宝满港区,是湛江港40万吨级散货码头,高桩梁板结构,码头水域与东石航道和东头山航道相连接且距东头山航道中心线约640 m,码头长度450 m,真方位000°/180°,停泊水域宽度132 m,水深24 m(2020年5月1日),旋回水域(与东头山航道部分重叠)905 m×724 m,设计底标高为-23.0 m(2020年5月1日);405#泊位(图6-5)位于霞山港区一区南港池入口处,是湛江港霞山港区10万吨级散货船码头,高桩梁板结构,码头长度378 m,真方位112°/292°,停泊水域宽度90 m,水深15.2 m(2019年9月1日),旋回水域直径460 m,水深13.9 m(2019年9月1日)。两码头直线距离约2.0 n mile。

2）气象、潮汐情况

K轮于2022年5月8日1130时离601#泊位后右舷靠405#泊位。气象:晴天,东南风3级,能见度10.0 n mile以上。潮汐,低潮潮时0826,潮高188 cm;高潮潮时1521,潮高319 cm。潮流流速估算,离泊时涨潮流流速约1.4 kn,靠泊时涨潮流流速约1.0 kn。

图6-4　601#泊位实景

图 6-5　405#泊位实景

3）船舶基础资料

K 轮：船长 289 m，吃水 13.5 m，载质量 174 083 t。

4）拖船配置

根据《湛江港航行国际（国内）航线船舶靠离泊和引航或移泊作业拖轮配备表》标准，该轮靠离泊作业需要 3 艘全旋回拖船，拖船功率满足 2 艘功率 ≥5 000 HP 和 1 艘功率 ≥4 000 HP。考虑到当时风流情况，大马力拖船带右舷艏楼和右舷尾。

5）离码头操纵和注意事项

（1）离码头操纵要领

超大型船舶离码头时，为防止船舶对码头设施造成损伤，一般采取平行离泊。离码头操纵轨迹示意如图 6-6。

①拖船带好拖缆后，令船首尾拖船开车顶住船舶，使船舶牢固地平贴于码头。

②按艏艉缆、横缆、倒缆次序依次解缆，码头缆绳解离清爽后，及时指挥前后拖船放缆备拖，根据船舶离开码头的运动态势及时调整拖船用车，使船舶平行、缓慢离开码头。

③船舶平行离开码头一定距离（最好 0.5 倍船宽距离以上）后，调整前后拖船用车，渐渐使船舶内舷受（风）流或减小船舶外舷（风）流压夹角，使船舶在拖船和风流压的共同作用下加速向外离开码头。

④在此过程中,调整前后拖船的力量,使船尾离开泊位的距离大于船首的距离,当船尾开角约 15°~20°时,下令主机倒车,使船舶产生后退速度,这样可以增大船舶与 601#泊位的横距和与 54#灯浮的纵距,船尾离码头横距足够时,左舷船尾就位顶推,调整前后拖船用车使船舶保持与码头线约 30°夹角往后、往外离开码头。

⑤驾驶台距码头南端横距约 200 m、纵距约 100 m(当风流压较大时应适当增加该距离)时,开进车刹减船舶后退速度,并解掉右后拖船,同时令左尾顶推的拖船转移至左船首就位顶推。

⑥船首向约 030°时(船头约对着 7#锚地中间),左船首顶推拖船离开,右船首拖船停车缩短拖缆贴靠在右船首旁以备应急之需,船舶进车驶向东头山航道,航向 040°。船舶在由港池驶进航道的过程中,应根据船位的变化和风流压的影响及时用车、舵调整船位,使船舶行驶在计划航线上,解掉右船首拖船拖缆。

(2)离码头注意事项

①制定引航方案:根据引领船舶基础资料、离码头时的气象和潮汐、拖船配备、航行障碍物等制定详细的引航方案和应急预案。

②与船长交流引航方案,认真阅读引航员卡信息,了解并熟悉驾驶台各种操纵设备和助航仪器工况,特别是主机、舵机工况,必要时应试车、试舵;双锚应急备妥。

③为防止船舶在解缆过程中因受风流影响而出现前冲后缩运动或船体离开码头,解缆前应指挥拖船开车顶住大船,使船舶平行贴住码头。确认所有码头缆绳解离清爽后,指挥拖船放缆备拖。

④为防止拖船拖缆受冲击力过大而断缆,指挥拖船用车时,应逐步加车;同时要求船员远离拖缆位置,以免因拖船意外断缆而造成人身伤害事故。

⑤为防止船舶用车时吸入拖缆,当船舶拖至安全水域后,应先停船、再停车、最后解拖,船尾拖缆清爽后方可用车。

⑥为防止船舶驶入航道的过程中压碰 54#灯浮,涨潮时段从 601#泊位移至霞山港区或调顺岛港区的船舶,应充分考虑增大船舶与 54#灯浮的纵向距离。

6)靠码头操纵和注意事项

(1)靠 405#泊位操纵要领

①船舶航行至 55#灯浮附近时,停车淌航,航速 5.4 kn,航向 358°,距离 405#泊位约 1.4 n mile。前后拖船开始带拖缆,"701"左舷艏楼带拖,"505"左舷船尾带拖,"19"跟随左舷驾驶台前待令。

②船舶淌航至400#泊位南端时,航速3.5 kn,操左满舵,利用船舶惯性余速使船舶缓慢向左偏转。

③驾驶台距400#泊位北端纵距约100 m时,航向353°,航速2.7 kn,由于船舶转头角速度较小,操左满舵、短进车,以增加船舶转头角速度,并利用船舶旋回阻力进一步降低船速。

④船首指向405#泊位西端泊位旗位置时,操正舵,船首指向407#泊位和405#泊位交角时,操右满舵、短进车减缓船舶转动惯性,航速2.0 kn。

⑤船身约抵405#泊位中间位置时船舶开倒车,根据船舶惯性余速适时加大倒车力,使船舶停船在靠泊水域,指挥拖船用车调整入泊角度和控制法向速度,使船舶缓慢平行贴靠405#泊位,按倒缆(前后各2根)、横缆(前后各2根)、艏艉缆(各4根)顺序依次带缆并收紧缆绳。K轮离、靠码头操纵轨迹示意见图6-6。

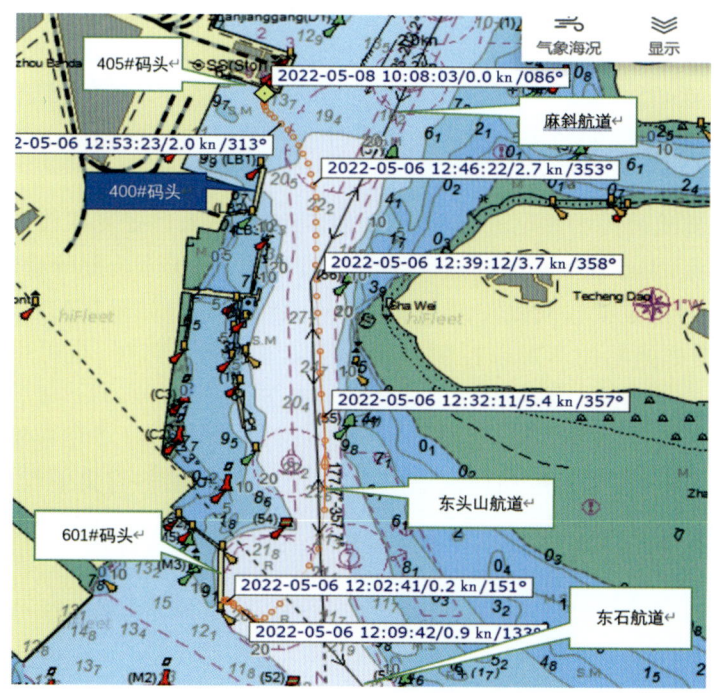

图6-6 K轮离、靠码头操纵轨迹示意

(2)靠码头注意事项

①超大型船舶靠泊时,一般采用平行靠泊,405#泊位(401#泊位、402#泊位)靠泊时机一般选择在平潮缓流时间段进行。

②根据船舶资料、气象潮汐和拖船配备情况,制定详细引航方案和应急预案,特别强调的是靠泊前双锚应急备妥并安排相关人员值守以备应急之需。

③控制船舶惯性余速:由于405#泊位出入口处受横流影响,港池倒车制动距离短,余速过慢,船舶受横流影响时间过长可能产生较大横向漂移距离和漂移速度;余速过快,则不易停船。因此,靠405#泊位时的惯性余速控制相较其他码头要求更高,根据经验,船舶转入405#泊位港池时惯性余速宜控制在2.0 kn左右,船首抵泊位中间位置时速度控制在0.5 kn左右。转入港池前,如果船舶惯性余速较快,应提前利用拖船协助减速,必要时,船舶应先倒车减速,减速之后再转入港池。

④控制转入港池时的转向横距和纵距:船舶由主航道转入405#泊位港池时,不管其转入过程中首向如何变化,整个转向角约66°,因此,不论是利用拖船协助或是自力转入港池,进港池前都应控制好合理的转向横距和纵距,否则在转入港池的过程中将会使船舶陷入被动局面。根据经验,转入港池时控制船舶与港池横距约1.5 L,与405#码头纵距约3.0 L,操左满舵,利用惯性余速使船舶产生转头角速度,或(并)根据船舶转头角速度大小适时短进车或利用拖船协助转头,利用船舶旋回惯性和余速使船舶进入港池水域。

⑤驶入港池过程中首尾流压不一致:405#泊位出入口处受横流影响明显,港池内基本无流,因此船舶在旋回进入港池的过程中,由于流压差的叠加影响会加速船尾向405#泊位横移或偏转,为克服其不利影响,应根据船舶船位变化和运动态势,适时指挥拖船用车加以控制。如果船舶惯性余速许可,也可用船舶车、舵控制。

⑥控制船舶靠泊角度和法向速度:船舶距码头约1.0~1.5倍船宽时,适时调整拖船用车,调整靠泊角度和控制法向速度,力求使船舶与码头平行或与码头尽可能小的角度(<3°)缓慢贴靠码头,法向速度小于5 cm/s,纵向速度为0。

6.4 大型船舶掉头靠602#泊位

1）码头概况

602#泊位（图6-7）设计总长331 m，宽35.2 m，码头结构按7万吨级设计，码头方位角42°27′25″/222°27′25″，码头面宽为35.2 m，面标高为7.0 m。602#码头以顺岸布置，停泊水域宽度为65 m，设计底高程为-13.6 m。回旋水域呈圆形布置，回旋直径446 m，设计底高程-12.2 m。

湛江港602#、603#散货船装船泊位与湛江港宝满港区集装箱一期码头共用进出港支航道，方位角292°25′14″/112°25′14″，设计底宽300 m，设计底高程-17.6 m，航道长约1 825 m，支航道和码头回旋水域一共新设5座灯浮（M1~M5），另外优化2座灯浮，分别为B1#灯浮和石头角航道52#灯浮，与湛江港主航道（石头角航道）的夹角为30°。

图6-7 602#泊位实景

2）掉头靠泊实例

（1）实操船及靠泊条件

YH轮：船长225 m，船宽32.26 m，吃水7 m，总吨40 473，净吨26 208，载质量74 259 t。

作业条件：涨潮每小时顺流50 cm，东南风2级。

拖船配置：2 艘拖船辅助靠泊（1 艘 5 200 HP、1 艘 4 000 HP）。

（2）靠泊过程

①靠泊前准备

船舶位于湛江港 51#灯浮带妥拖船（左船首一艘 4 000 HP，左船尾一艘 5 200 HP），开始控制船速，船速控制在 6 kn 左右，准备进入支航道。掉头靠泊示意见图 6-8。

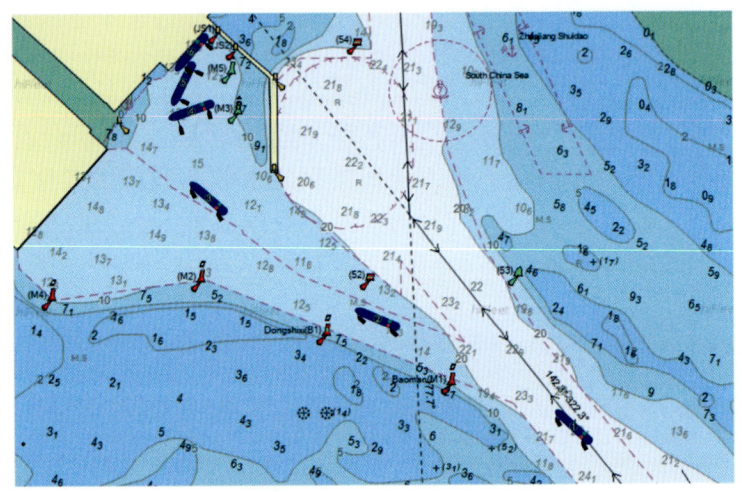

图 6-8　掉头靠泊湛江港 602#泊位示意

②进入支航道

根据当天风、流情况（风、流方向基本一致），适当提前向左转向进入支航道，抢占上风、上流位置。在转向过程中适当加车增加舵效并使船舶加速通过主、支航道潮汐流向分合水域。在支航道内流压逐渐减小，船舶逐渐减车并开始控速，航行过程中应充分考虑矢量线（COG），及时调整航向使船舶尽可能航行在航道中线上。船舶到达 M2#灯浮附近时流开始转变，逐渐变为右舷受流，对此现象应做到心中有数，及早调整船位。在支航道末端船舶应严格控制船速，一般控制在 3 kn 以内。

③港池掉头

船舶逐渐离开支航道进入港池，本船应及时用车、舵使船舶转向，抢在上风上流位置，在船首对着 602#泊位南端并把定航向后停车淌航。待船尾平 M3#灯浮时开始倒车刹减船舶前进速度，船舶前进速度控制在 1 kn 以下后停车并用船尾拖船顶推开始掉头。在掉头过程中，船舶仍然会受到风、流的作用，为防止船舶受风、流作用造成船舶向602#泊位的靠拢过快、横距过小，船首拖船以吊拖的方式控制船首并可以加快船舶偏转。船舶旋回120°后逐渐调整拖船顶推、吊拖力度并逐渐控制船舶回旋惯性，最终使船舶尽可能平行于码头。

④船舶入泊

船舶掉头后的船位仍在602#泊位范围以外位置，船舶需倒车后退并逐渐减少横距，平行入泊。船舶倒车并产生后退速度，在退速达 2 kn 左右时停车淌航。在船舶后退过程中使用拖船辅助，逐渐减少船舶与码头之间的横距并控制船舶拢速。在船首平602#泊位南端角时应及时用车控制船舶退速，注意船尾与栈桥之间的距离，根据码头人员指定位置控制船舶纵向速度并使船舶尽可能平行贴上码头。

⑤带缆

船舶缆绳一般以"4+2"形式，先带艏、艉倒缆稳住船舶纵向速度，然后再带头、尾缆固定船舶。在港池内船舶仍受风、流影响，但港池内流速变缓，主要考虑风的影响，船舶"4+2"缆绳应该足够安全、稳固。

（3）注意事项

①船舶进港从主航道转入进港支航道时，需向左转向并穿越主航道，若在主航道内出港方向有船舶出港并影响本船转向，本船应提前主动与他船沟通，协调避让，避免转入支航道而受他船影响。

②共用支航道为大型船舶单向通航航道，船舶进港靠泊前应及早获取支航道的通航信息，并应在51#灯浮附近带妥拖船，以防不时之需。

③进港支航道潮流是湛江湾潮汐通道分合处，流会在支航道内发生变化，船舶进入支航道内会出现左舷和右舷受流交替变化的情况，驾引人员应掌握流向的变化规律。

④当本船受风、流不一致时，应着重于大者，根据风、流较大者来把握船舶转向时机；当本船风、流一致时，应把风、流数据叠加并结合本船船速预估可能需要的安全漂移距离，尽可能把船位控制在上风、上流位置，合理用车、舵以及拖船辅助，安全的把船舶转入支航道内。

⑤船舶进入支航道内需控速准备掉头靠泊，大型船舶在低速航行中风流压差会变大，可以将船舶矢量线（COG）作为预测未来船位的依据，及时修正风流压，尽量将船位控制在上风上流位置。

⑥船舶经航道进入港池后，操纵船舶转向并对着602#泊位南端行驶，在船尾

基本平 M3#灯浮后倒车消除船舶前进速度，待船舶前进速度得到控制后运用拖船辅助掉头。

⑦船舶掉头后的入泊操纵，在后退逐渐接近码头的过程中须全程精准控制船位、船速以及入泊角度，利用拖船辅助控制船舶拢速，逐渐减少船舶横距，待船首平 602#泊位南端时应控制船舶余速，并使船舶尽可能平行贴上码头。

6.5 30万吨级油船重载离泊操纵

1）泊位资料

200#泊位（图6-9）位于东头山航道西侧，码头设计标准为30万吨级油码头，码头结构为高桩梁板结构，采用栈桥式布置，码头前沿线方位角为005°/185°，码头总长470 m，工作平台长142 m，停泊水域宽度120 m，停泊水域底标高-23.6 m，回旋水域底标高-23.0 m。

图6-9 200#泊位实景

码头前沿线距离航道中线约420 m，南侧为30万吨级油码头210#泊位，南侧系缆墩与210#泊位北侧系缆墩的距离是46 m，两个泊位停靠30万吨级油船的船间最短距离约154 m。码头附近水域潮汐流向基本与航道相同，所以码头前沿线方位角与流向的夹角约为7°左右。

2）船舶资料

QS轮：船长333 m，船宽60 m，吃水20.4 m，总吨161 488，净吨104 666，载质量309 266.1 t。

3）气象、潮汐情况

2018年1月26日，晴，东北风，风力3～4级，能见度8 n mile。当日潮汐：高潮时0527/1806，潮高253/318 cm；低潮时1030，潮高155 cm；1400时至1500时涨

潮,潮差 29 cm。

动态:2018 年 1 月 26 日 1400 时 200#泊位离泊出港(左舷靠泊)。

4)拖船配置使用操作

离泊操纵过程中使用拖船数量为 5 艘,分别为"湛港拖 16"(4 000 HP)、"湛港拖 18"(4 000 HP)、"湛港拖 502"(5 200 HP)、"湛港拖 504"(5 200 HP)、"湛港拖 505"(5 200 HP)。带拖方式见图 6-10(位①左船尾和位②左船首第 3 艘拖船为同一艘拖船作业,在不同的时段,调配拖船带拖位置,一般在位①离泊阶段,拖船在左船尾起到船尾安全离泊作用,在位②旋回操纵中,配置到左船首起到顶推加速船首旋回作用):位①为离泊阶段,左船首 2 艘拖船,左船尾、右船首、右船尾各 1 艘拖船;位②为旋回阶段,左船首 3 艘拖船,右船首、右船尾各 1 艘拖船。

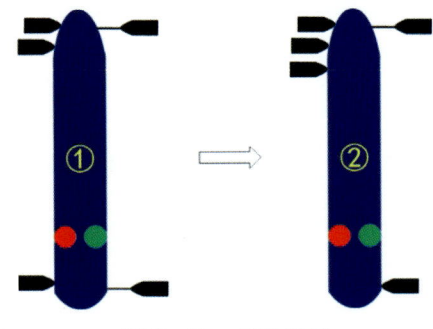

图 6-10　拖船配置

5)离泊操纵

引航员提前 10 min 登船,在驾驶台与船长交流信息并了解船舶状况,同时通知拖船分别带拖缆于船首右舷和船尾右舷。

右舷船首和船尾拖船带好拖缆后垂直顶推大船确保大船牢固贴拢码头,在解缆绳全过程中不出现大船因风流影响而出现移动或发生偏转;主机备妥并确认指泊员和解缆人员到位后开始解缆,大船解缆操作从两端往船中方向顺序解。

待艏艉横缆清爽后,立即通知拖船分别于船首左舷和船尾左舷做好顶推准备,同时通知解艏艉倒缆;第 5 艘拖船于右舷船中位置全速顶推,待全部缆绳清爽后,让右舷首、尾两艘拖船做好拖带准备。

左舷两艘拖船开始顶推大船,同时让右舷船中拖船停车并移到左舷船首协助顶推,等右舷首尾两艘拖船准备到位后也开始垂直拖带大船横向移动。大船平行离开泊位一定距离后,船尾拖船逐渐加大顶、拖作用,船首拖船逐渐减小顶、拖作用使大船左舷小角度受流作用从而加快离开泊位速度,大船在拖船作用下加上顺流作用,很快产生前冲速度;开始倒车,根据情况加大倒车,使船舶产生一定后退速度后停车;当船尾离开泊位距离1倍船宽左右时,船首的拖船逐渐加到最大车顶、拖大船,同时左舷船尾拖船逐渐减车至停车后移至左舷船首协助顶推大船,船尾右舷拖船减缓拖带力;随着船首横移度大于船尾,船舶左舷受流又变成了右舷受流影响,横向受流角度逐渐加大,船舶产生了前进的速度和船尾向左的横移速度,而且速度逐渐加大,立即倒车减缓船舶前进速度和使用船尾右舷拖船的协助减缓船尾横移速度,待确保船尾与泊位有安全距离后停车,船尾右舷拖船也将停拖改为顶推右舷船尾,加快船舶掉头过程,同时可以解掉艉拖缆。

当船舶垂直码头时,控制船舶尾端距离泊位小于1倍船宽,视情况可用右满舵短时进车,加快船舶向右掉头,待船首过55#灯浮时回正舵、进车,同时所有拖船开始减车至停车,没有带拖的拖船可以逐步离开,大船逐渐加大进车增加船速和舵效,尽早航行到航道中心线上,待船舶航向基本稳定后,右首拖船解拖缆离开。

离泊操纵过程见图6-11。

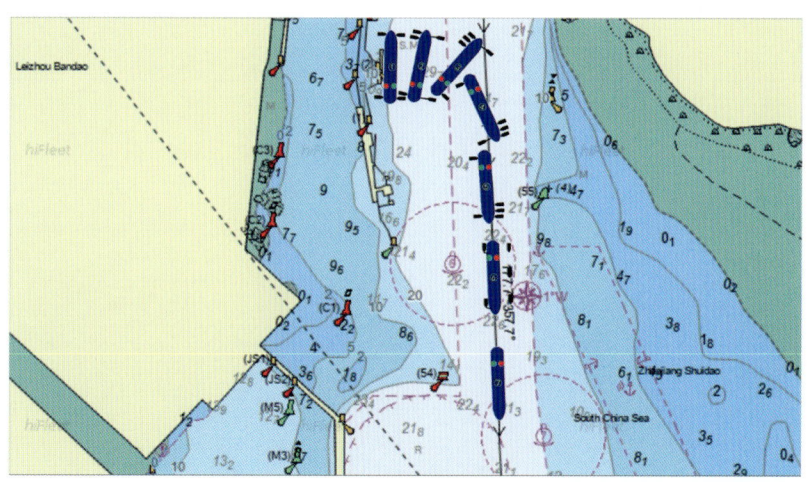

图6-11 超大型船舶重载离泊示意

6)注意事项

(1)离泊前要加强瞭望,及时通过VHF联系附近即将过往的进出口船舶,做好避让会遇措施,必要时请求湛江交管中心协助。

(2)拖船的使用,指挥拖船加大拖力时要逐渐增加,防止拖缆突然受大力而崩断。

（3）超大型船舶在离泊加掉头过程中，由于船速较低，受流影响很大，易使船舶产生横移、偏转现象，操纵中必须掌握本船在风流中漂移和偏转的规律，注意拖船和本船车舵的正确使用，把船位控制在最安全的位置。

（4）在拢风较大的情况下，离泊及掉头操纵尽可能控制船舶与码头的横距要大些，应特别注意码头及船舶的安全距离。

（5）超大型船舶质量太大，船舶尺寸过大，操船者必须具有充分的耐心、进行缜密的观察，以确保离泊及掉头安全。

（6）涨潮顺流离泊时，由于超大型船舶重载情况下受流影响比较明显，掉头比较困难，持续时间比较长，码头前沿的回旋水域直径只有 580 m，船舶掉头操纵水域较小，所以，超大型重载船舶离泊时掉头操作过程中，应合理配置使用拖船和充分利用和借助风流的作用加速掉头操作，缩短掉头操作时间。

6.6 40万吨级散货船靠离泊作业

1）泊位资料

601#泊位（图6-12）为40万吨级专用卸货泊位，码头长度450 m，停泊水域宽132 m，回旋水域与湛江港主航道相接，长轴为905 m、短轴为724 m。码头前沿底标高为-24.0 m，港池底标高为-23.0 m。码头前沿线方位角为000°/180°。

图6-12 601#泊位实景

2）实操船舶资料

PM轮：船长360 m，船宽65 m，满载进港吃水23.06 m，总吨201 989，净吨68 974，载质量399 732 t。

3）拖船配置

PM轮进港靠泊时使用6艘拖船协助，6艘协助拖船功率之和大于18 000 kW。一般右舷船首尾各2艘旁拖，1艘在正船尾吊拖，1艘机动。

4）靠泊操纵要点

2021年7月15日，天气为晴天，偏东风约3级。15日靠泊时潮汐：高潮时间1435时，潮高366 cm；1400时潮高360 cm；1500时潮高363 cm；1600时潮高330 cm。

靠泊操纵过程见示意图6-13。靠泊要点如下：

（1）靠泊方式和靠泊时机选择，靠泊作业方式采取左舷靠泊，靠泊时机选择在高平潮或初落潮缓流时段。PM 轮抵图中位④时，时间约为 1500 时，潮水开始微退，对安全靠泊有利。

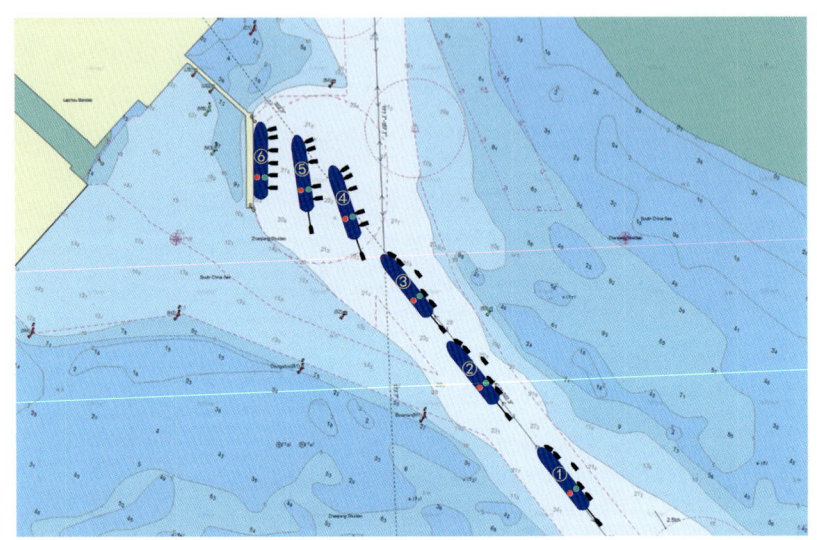

图 6-13　40 万吨级散货船靠泊示意

（2）余速控制，40 万吨级散货船满载进港靠泊，控制好余速是关键，需要提早减速、停车淌航或借助拖船降速。如发现速度过快，可用正船尾拖船和船中两艘拖船向后拖来实现减速，这样操纵拖船向后拖力产生的转船力矩较小，不易产生偏转。实操中控制余速：船舶抵 41#灯浮附近，距泊位约 9 n mile 时，航速控制在 10 kn 以下，船舶抵 48#灯浮时，距泊位约 4 n mile 时，船速控制在 7 kn 以下，并开始协助拖船的带拖作业；距泊位约 2 n mile 时，船速控制在 5 kn 以下，此时协助拖船都已经带好拖缆，大船可以停车淌航。船舶距泊位约 1.3 n mile 时（即图中位①）余速控制在 4 kn 以下；船舶抵港池在位③，余速应控制在 2 kn 左右；船舶完全进入港池后，处于位④，余速控制在 1 kn 以下。船舶进港池前的控速，除了减速和停车淌航外，利用拖船协助降速，也可以起到较好的效果。

（3）入泊角度和拢速控制，这是保证船舶和码头安全的关键。本泊位在东石航道的端部，泊位走向与航道形成 38°的交角，初始入泊角较大，接近泊位过程中，应综合利用本船车、舵和拖船，逐渐调整入泊角，同时控制船舶的靠拢速度。在距泊位还有 1 倍左右船宽时，拢速应控制在 10 cm/s 以下，并保持船舶与码头平行，在距泊位仅有 0.5 倍船宽时,视拢速情况,必要时指挥前后拖船垂直拖来降低拢速,使船舶以低于 5 cm/s 的拢速平行贴上泊位,并提早控制船舶的前冲后缩速度,尽可能做到船舶在贴上泊位的瞬间没有前冲后缩,可以有效避免对泊位的靠泊设施造成损伤。

（4）带缆方案,601#泊位在港内,受风浪影响小,首尾带缆数量各为 6-2-4,即头缆 6 条、横缆 2 条、前倒缆 4 条,艉缆 6 条、横缆 2 条、后倒缆 4 条。一般先带艏艉倒缆,后带横缆,最后带头缆和艉缆。码头没有备应急缆,所有缆绳都需要用船上的。

5）减载、压载离泊操纵

总体上,离泊操纵要比靠泊操纵容易些,同样使用 6 艘拖船协助,一般右舷首尾各带 2 艘,2 艘准备在左舷顶推。

（1）作业条件

PM 轮 2021 年 7 月 19 日 0600 时离 601#泊位,离泊吃水为 11.5 m,当天天气为晴天,东南风约 3 级。19 日离泊时潮汐:高潮时间 0608 时,潮高 308 cm;低潮时间 1209 时,潮高 140 cm。

（2）离泊操纵要领

解缆前,带好拖船,命令拖船慢速或中速顶推,保障船舶解缆过程中不发生移动或摆动。解缆顺序一般为:从艏艉缆绳先解,最后是中间的倒缆。

缆绳清爽后,指挥拖船停止顶推、松拖缆、起拖,拖缆完全受力后根据需要逐渐加大拖力。开始控制船舶平行离开泊位,与码头有足够的安全距离后,调整首尾拖船拖力,控制船舶的内舷受流,借助潮流的力量,使船舶能快速离开码头,内侧空间足够后,指挥没有带拖的拖船到内侧顶推。

当船舶与码头横距约为 2 倍船宽时,调整拖船拖力使大船开始向右掉头,密切注意船尾与码头的安全距离,视情况解掉船尾拖船,并令其顶推本船右尾,内侧船尾拖船可以调整到船头顶推,加速船舶旋回,掉头接近完成,本船先微速进车,适时用舵把定,并指挥船首拖船停车解拖,待其安全离开后,加速出港。

6）靠离泊注意事项

（1）船舶靠离泊前应向港口调度部门、湛江交管中心通报本船动态,了解港口船舶通航信息,在 VHF 通报本船航行信息,与附近航道的通航船舶联系,通报航行意图,协调避让行动。

（2）事先了解航道及风流情况、潮汐情况,制定严密的引航方案,科学确定靠泊时机,控制安全航速,严格按靠泊时机抵泊。

（3）引领 40 万吨级散货船靠离码头，应与船长开展信息交流，熟悉船舶操纵特性，沟通操纵方案，增进彼此信任，确保靠离泊安全。

（4）靠泊时控制好船舶余速是关键，余速要适度早控制，先减车后停车，先用拖船协助降速，后利用本船倒车控速，为后续操纵打下良好基础。

（5）控制船舶的入泊角度和拢速要充分利用好拖船协助，科学使用船舶首尾部的拖船和中间拖船作用的不同侧重点。

（6）对风流要扬长避短，特别是船舶空载拢风时离泊，船舶掉头旋回前要加大与泊位的安全横距；半载涨潮急流时离泊，除了加大与泊位横距，还要克服涨潮急流的负面影响，抢占上流位置，在下流留足安全掉头水域。

（7）指挥拖船拖的过程中，要循序渐进，待拖缆受力后再缓慢加速，切忌在拖缆松弛的情况下突然加速起拖，避免拖缆受顿力而绷断，使靠离泊操纵陷于被动。

（8）离泊过程拖船的解缆，应该先解船尾拖船的拖缆，后解船首拖船的拖缆；船尾拖缆解清前，大船应避免开动主机。在船首拖船解掉前，本船可先行开动主机，如主机发生故障无法启动，船首拖船能及时有效协助本船安全稳定船位。

6.7　超大型船舶满载涨水掉头靠泊

1）泊位资料

400#泊位(图6-14)位于湛江港霞山港区,在一区南港池口门南端,麻斜航道的西侧。泊位总长371.66 m,工作平台长度330 m;平台南端设1个系缆墩,系缆墩平面尺寸为8×8 m;平台与系缆墩之间设人行桥,人行桥长31.593 m。停泊水域宽度为100 m,底标高为-19.7 m;湛江港公用掉头圆布置在400#泊位的东北侧,水域边线距离停靠船舶107 m,回旋圆尺寸为835 m×668 m,设计底标高-21.9 m。所以本泊位的回旋水域可以利用该水域。

图6-14　湛江港霞山港区400#泊位实景

2）气象、潮汐情况

2022年5月30日,天气晴天,东南风3级。30日高潮潮时1051,高潮潮高373 cm;0900时潮高328 cm;1000时潮高361 cm;0900时至1000时潮差33 cm。

3）实操船舶资料

D轮:船长292 m,船宽45 m,最大吃水18.35 m,载质量182 342 t。计划于2022年5月30日0900时右舷靠泊400#泊位。

4）拖船配置

5艘拖船协助靠泊,分别在左船首主楼带拖,左舷第二至第三舱主甲板带拖,左船尾带拖,左舷第九舱主甲板带拖,第 5 艘机动。拖船马力 4 000～7 000 HP。

5）靠泊操纵要点

靠泊操纵过程见图 6-15。靠泊要点如下：

（1）靠泊方式和靠泊时机选择

靠泊 400#泊位,一般情况下都选择高平潮后或低平潮前靠泊,但有时由于特殊原因也会采取顺流掉头靠泊,这就要驾引人员必须掌握在特殊情况下顺流掉头靠泊的技能和方法。顺流靠泊的时机选择一般选择在低平潮初涨后和高平潮涨末前一到两个小时内顺流较缓时间段掉头靠泊,无论如何都应避免在急涨潮的时间靠泊,确保靠泊安全。

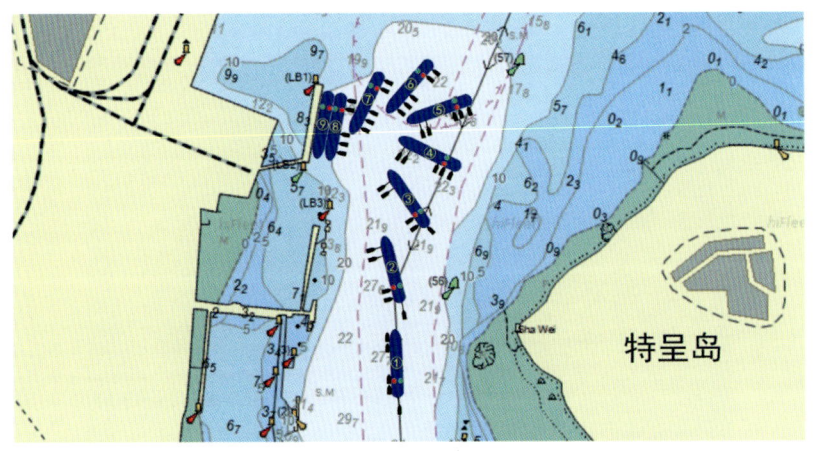

图 6-15 超大型船舶满载涨水掉头靠泊示意

（2）船速的控制

20 万吨级散货船满载顺流进港掉头靠泊,控制好余速是关键,需要提早减速、停车淌航或借助拖船降速。如发现速度过快,可用正船尾拖船和船中两艘拖船向后拖来实现减速,这样操纵产生的转船力矩小,不易产生偏转。实操中控制船速：船舶抵 48#灯浮附近,距泊位约 5.2 n mile 时,航速控制在 9 kn 以下,船舶抵 50#灯浮附近,距泊位约 4.2 n mile 时,船速控制在 8 kn 以下,并开始协助拖船的带拖作业,船舶抵 51#灯浮附近,距泊位约 3.2 n mile 时,船速控制在 7 kn 以下；船舶抵 53#灯浮转向进入东头山航道后,距泊位约 1.7 n mile 时,船速控制在 6 kn 以下,此时协助拖船都已经带好拖缆,大船可以停车淌航,如果余速过快,可以使用拖船协助减速。船舶船首抵 56#灯浮,距泊位约 0.3 n mile 时,如图 6-15 中位

①,船速控制在 3 kn 以下;船舶抵港池在位③,船速应控制在 2 kn 以下,并开始利用首尾拖船协助大船掉头,掉头过程根据大船掉头旋转快慢调整前后协助拖船的顶拖,并利用大船车、舵调整大船余速及入泊角度。船舶掉头前的控速,除了减速和停车淌航外,利用拖船协助降速,也可以起到较好的效果。

(3) 入泊角度和拢速控制

入泊角度和拢速控制是保证船舶和码头安全的关键。400#泊位在一区南港池口门南端,麻斜航道的西侧,泊位走向与主流向形成 11°左右交角。掉头旋转过程应综合利用本船车、舵和拖船,逐渐调整入泊角,同时控制船舶的靠拢速度。在距泊位还有 1 倍左右船宽时,拢速应控制在 10 cm/s 以下,并保持船舶与码头平行,在距泊位仅有 0.5 倍船宽时,视拢速情况,必要时指挥前后拖船垂直拖来降低拢速,使船舶以低于 5 cm/s 的拢速平行贴上泊位,并提早控制船舶的前冲后缩速度,尽可能做到船舶在贴上泊位的瞬间没有前冲后缩,可以有效避免对泊位的靠泊设施造成损伤。

(4) 带缆方案

400#泊位在港内,受风浪影响小,首尾带缆数量各为 4-2-2,即头缆 4 条、横缆 2 条、前倒缆 2 条、艉缆 4 条、横缆 2 条、后倒缆 2 条。一般先带艏艉倒缆,后带横缆,最后带头缆和艉缆。

6) 注意事项

(1) 靠泊船舶在进入东头山航道前要注意在 7#锚位起锚的船舶动态、石化公司码头和湛江港一分公司码头船舶的动态,通过 VHF 播报本船的航行信息,与其他通航船舶沟通联系,并协调好避让行动。

(2) 超大型船舶重载顺流进港掉头靠泊,注意及早控制余速,若余速过大,应及早倒车和利用正船尾吊拖拖船协助减速。

(3) 靠泊船舶在 56#灯浮附近,船位应保持在航道中线右侧,为向左掉头做准备。

(4) 掉头过程中,注意前冲速度,避免对 400#泊位或 201#泊位北系缆墩造成影响,同时也要注意潮流的不利影响,避免被流压到北侧的浅水区,必要时果断用大船的车舵控制。

6.8 超大型船舶微顺流靠泊操纵

超大型船舶,如 CAPE SIZE、VLOC 或 VLCC 靠码头时,靠泊时机一般选择在缓流时段,平潮(Slack)或停潮(Stand)前 1 h 进行,常规靠泊方式采用船首顶流靠泊。

但在实际工作中,由于各种因素的综合影响,如港口调度计划不准、港章对会船的要求以及顶流时潮流对船速的影响,致使船舶抵达所靠泊位时潮流开始转变或因码头岸上设备影响、港口生产需要而采取非常规方式——顺流或掉头靠泊。

1)码头概况

300#码头位于湛江港调顺岛港区,在原重力式码头的基础上改造升级,设计靠泊能力为 15 万吨级,码头长度 349 m,真方位 000°~180°,停泊水域宽度 90 m,水深 15.1 m(2018 年 4 月 1 日),旋回水域 726 m×578 m,水深 13.6 m(2018 年 4 月 1 日)。

2)气象、潮汐情况

船舶动态:K 轮于 2020 年 7 月 21 日 1030 时左靠 300#码头。气象:晴天,东南风 3 级,能见度 10.0 n mile 以上。

潮汐:高潮潮时 0022,潮高 269 cm,低潮潮时 0435,潮高 111 cm;高潮潮时 1126,潮高 415 cm,低潮潮时 1758,潮高 11 cm。

潮流流速估算,因调顺岛港区潮汐时间比霞山港区潮汐时间推迟约 20~30 min,靠泊时流速估算取 1000 时的流速,靠泊时涨潮流流速约 1.1 kn,并逐渐减弱。

3)船舶资料

K 轮,船长 288.93 m,船宽 45 m,吃水 15.43 m,总吨 85 386,净吨 56 713,载质量 171 199 t,龙骨以上最大高度 53.40 m,主机功率 16 107 kW。

4)拖船配置

根据作业拖船配备标准,该轮靠泊作业需要 3 艘全旋回拖船,拖船功率满足 2 艘每艘功率≥5 000 HP 和 1 艘功率≥4 000 HP。拖船位置分布,带右舷艏楼,带右舷尾,带正船尾吊拖。

5)靠码头操纵要领

船舶靠泊示意及拖船配置见图 6-16。

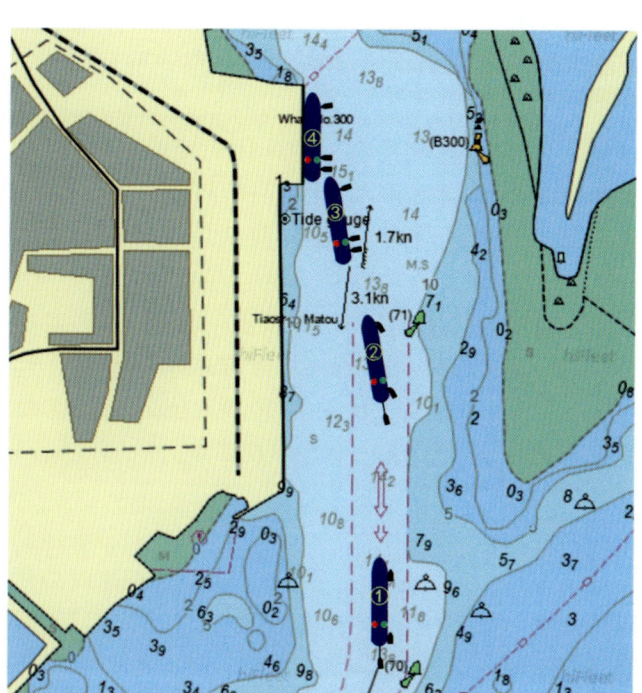

图 6-16 超大型船舶顺流靠泊示意

（1）船舶微速车（DEAD SLOW AHEAD）通过海湾大桥至驾驶台正横 64#~65#灯浮，船速 8.0 kn，操右舵 20 转入霞海航道，由于该转向角较大（转向角为 55°），转向时为增加转向舵效加至慢车（SLOW AHEAD），船舶进入霞海航道后，船速 6.7 kn，航向 019°，减车至微速车（DEAD SLOW AHEAD）航行，船位距 300#泊位约 2.5 n mile。所有协助拖船开始带拖缆，"湛港拖 501"带右舷艏楼，"湛港拖 503"带右舷船尾，"湛港拖 17"带正船尾偏左位置并放好拖缆以备协助大船减速。

（2）船舶航行至 68#~69#灯浮附近时，停车淌航，航速 5.4 kn，航向 019°，船位距离 300#泊位约 1.5 n mile。

（3）船舶淌航至距 70#灯浮约 0.35 n mile 时，船速 4.0 kn，操左满舵，利用船舶惯性余速或微速车（DEAD SLOW AHEAD）转入调顺港区航道，船速 3.5 kn，航向 358°，停车淌航，船位距 300#泊位约 0.95 n mile。

（4）船首约抵 71#灯浮时，操左满舵，利用船舶惯性余速或微速车调整航向 350°，停车淌航，船速 2.5 kn，距码头约 0.5 n mile。

（5）船首抵300#泊位船尾泊位旗时，船舶惯性余速2.0 kn，操右满舵，利用船舶惯性余速或短进车使船首稍有向右偏的趋势即操正舵（并停车），船头抵码头中间位置附近时开倒车，根据船舶惯性余速适时加大倒车力，同时下令右舷船尾拖船开车顶推，利用船舶倒车横向力和拖船作用力使船尾向码头靠拢，船首向右偏离码头，船舶倒停在码头水域时停车，此时船舶与码头夹角约10°~15°，下令解掉正船尾拖缆并将该拖船调至右舷驾驶台前就位顶推，同时右船首拖船开车顶推。

（6）船尾与码头横距约1倍船宽时，调整前后拖船用车，减小船舶与码头夹角至5°，距码头约0.5倍船宽时，调整拖船作业方式和利用本船车、舵以调整入泊角度和控制法向速度，使船舶缓慢平行贴靠300#泊位，按倒缆（前后各2根）、横缆（前3根、后2根）、艏艉缆（各4根）顺序依次带缆并收紧缆绳。

6）注意事项

（1）控制船舶惯性余速

控制船舶惯性余速是一个连续的过程。首先，航行控速时应做到"早减速，晚停车"，以逐步降低船速。船舶顺流进港时，其减速性能比船舶顶流时要差，特别是超大型船舶航行控速时应遵循"早减速、晚停车"的原则，以减小伴流对船舶舵效的影响。其次，停车淌航减速时驾引人员自行压舵保向或微速进车保向与拖船协助减速相结合。船舶在顺流情况下停车淌航失去舵效比顶流情况下会早一些，为确保船舶在停车淌航时能较长时间保持其航向以达到船舶减速的目的，驾引人员应根据自己对船首偏转趋势的判断而下达相应舵令以适时抑制船首的不利偏转（即驾引人员自己压舵保向或转向），不建议驾引人员下达"把定"（Steady）指令后就任由舵工来完成此项工作任务（由于舵工的操纵习惯、操纵能力及注意力的不同，很难达到驾引人员所需要的操纵目的）。另外如果停车淌航船速较快且不能保向时，应果断利用船舶自身车（微速进车）、舵保向与拖船减速相结合，以达到减速和保向的目的。

（2）倒车制动

首先，倒车制动和拖船制动相结合，船舶顺流倒车冲程比顶流倒车冲程相对大些，因此在采取倒车制动时，可同时利用拖船协助制动相结合以达到缩短船舶倒车冲程的目的。其次，在倒车制动时，利用倒车横向力和拖船作用力使船舶外舷受流或正船尾顶流。

（3）倒车制动前船舶操纵

①控制抵泊角度：不管船舶是顺流靠泊还是顶流靠泊，调整船舶抵泊角度都

是一样的,即保持船舶与码头线成一定夹角,使船舶抵近码头水域。

②倒车制动前的船舶操纵(码头泊位在港区航道的西侧)。顶流靠泊时,对右旋固定螺距螺旋桨船来说,倒车制动前,通常先操左满舵使船首产生向左偏转的趋势后再倒车,以克服倒车横向力对船舶靠泊的不利影响。然而,顺流靠泊倒车制动前,对右旋固定螺距螺旋桨船来说,应使船首有向右或微向右的偏转趋势后再倒车,以利用倒车横向力使船尾向(左)码头侧靠拢,船首向右离开码头,切忌倒车制动前船首有向左偏转的趋势,以避免船舶内当受流压力大于倒车偏转力,使船尾向右偏转、船首向左偏转扎向码头的不利局面或出现船舶"翻筋斗"的现象。

(4) 合理分布拖船

湛江港 300#泊位是在原重力式码头基础上改造升级的,码头水下部分机构透水性差,因此码头迎流端有"挑流"现象,产生冲开流。因此,在分布拖船时,迎流端配备拖船功率要大于去流端,以克服流压对船舶操纵的不利影响。

(5) 控制船舶靠泊角度和法向速度

船舶距码头约 1.0~1.5 倍船宽时,适时调整拖船用车,调整靠泊角度和控制法向速度,力求使船舶与码头平行或与码头尽可能小的角度(<3°)缓慢贴靠码头,法向速度小于 5 cm/s,纵向速度为 0。

(6) 根据船舶吃水、潮汐和码头的受流特点,适当增加系泊缆绳,以确保船舶系泊安全。

6.9 大型船舶涨潮时段移泊操纵

1) 码头概况

402#泊位(图6-17)位于湛江港霞山港区北港池入口南侧,是湛江港霞山港区7万吨级散货船深水码头,与401#泊位直线连接,主要承接满载巴拿马型散货船的卸载任务,码头总长度540 m,真方位112°~292°,停泊水域宽度90 m,底标高-13.1 m(2019年9月1日),旋回水域500 m×310 m,底标高-11.0 m(2019年9月1日)。

图6-17 湛江港霞山港区402#泊位实景

404#泊位(图6-18)位于麻斜航道西侧,是湛江港霞山港区7万吨级散装粮食码头,与402#和405#泊位垂直连接,码头长度275 m,真方位021°~201°,停泊水域宽度80 m,底标高-11.6 m(2018.4.1),旋回水域直径500 m,底标高-12.3 m(2018年4月1日)。

图 6-18 湛江港霞山港区 404#泊位实景

2) 气象、潮汐情况

船舶动态:2022 年 5 月 25 日 1800 时离 402#泊位后左靠 404#泊位。

气象:晴天,东南风 3 级,能见度 10.0 n mile 以上。潮汐:低潮潮时 1314,潮高 158 cm;高潮潮时 1938,潮高 310 cm,移泊作业时的涨潮流速约 0.5~1.0 kn。

3) 船舶资料

P 轮:船长 189.90 m,船宽 32.24 m,吃水 10.0 m,载质量 61 456 t。

4) 拖船配置

该轮靠离泊作业需安排 2 艘全旋回拖船,单艘拖船功率应满足≥3 200 HP。

5) 移泊常规操纵

北港池内码头呈 U 型布设,港池内基本无流影响,港池口门与 404#泊位和 4#锚地水域连接,船舶进出口门受横流影响明显。重载船舶离 402#泊位出港时,如果流速较缓,多采用倒车后退离开码头水域,然后在 4#锚地附近水域掉头出港。该离法的主要优点是方便、快捷,缺点是船舶倒车时,船舶偏转不受自身车、舵控制,只能依靠拖船来控制船舶偏转运动;如果流速较大,则在港池内掉好头后再出港池,该离法主要优点是船舶出港池时可利用自身车、舵来改变或保持船舶运动态势,克服流压对船舶操纵的不利影响,缺点是因港池内操纵水域受限,掉头时间较长。

404#泊位为顺岸型码头,高桩梁板结构,码头走向与流向基本一致,靠离泊时受潮流影响较大,且涨潮时码头边南端受推开流影响明显。该码头靠泊作业一般采用首顶流方式靠泊。

6)涨潮时段离402#泊位左靠404#泊位操纵

根据靠离泊时的风流情况和港口生产需要,决定采用倒车后退方式离402#泊位,船舶退离402#泊位的同时,调整拖船作业方式和用车以改变船舶运动态势,采用船尾顶流倒车后退靠泊404#泊位。

具体操纵过程见图6‑19,如下:

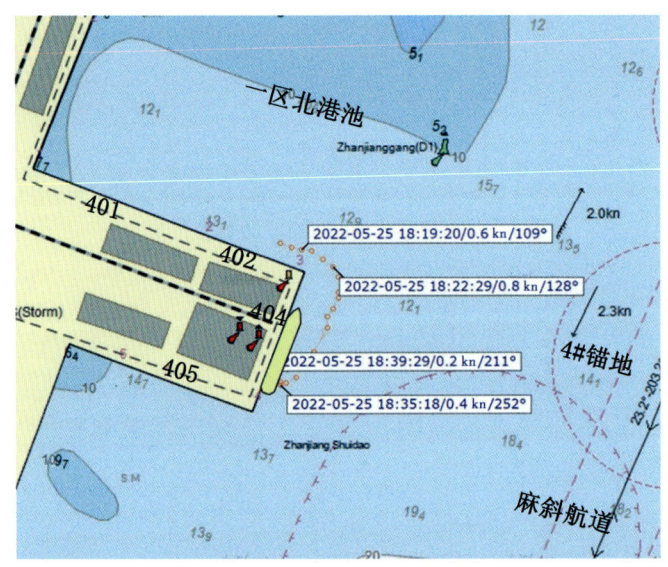

图6‑19　P轮离靠码头操纵轨迹和相关码头布设示意

(1)拖船带好拖缆后,令船首尾拖船开车顶住船舶,使船舶牢固地平贴于码头。

(2)按艏艉缆、倒缆顺序依次解缆,码头缆绳解离清爽后,及时指挥前后拖船放缆备拖,根据船舶离开码头的运动态势及时调整拖船用车,使船舶缓慢离开码头。

(3)船舶离开码头约0.5倍船宽后,下令微速退(DEAD SLOW ASTERN)。

(4)船尾正横402#泊位端部时停车,使船舶缓慢退出并观察船尾受流压影响情况和船舶运动变化趋势,据此调整前后拖船用车,保持船舶与402#泊位约1倍船宽距离后安全退出。

(5)驾驶台与404#泊位线正横时令右舷船尾拖船收短拖缆就位顶推,逐步减小船舶左舷所受流压角,同时下令船舶倒车并适时停车淌航,此间调整前后拖船用车,逐渐使船舶外当(右舷)受流并后退至404#泊位水域,船舶抵达靠泊水域前适时开进车停船。

(6)当船舶与码头横距约1倍船宽时,利用拖船调整入泊角度和控制法向速度,使船舶平行或以尽可能小的角度贴靠码头。

(7)拖船开车顶住船体,调整船舶靠泊位置,按倒缆(前后各2根)、艏艉缆(各4根)顺序带好并收紧各缆。

7)离、靠码头注意事项

(1)制定引航方案:根据引领船舶基础资料、气象和潮汐、拖船配备、航行障碍物等制定详细的引航方案和应急预案。

(2)与船长交流引航方案,认真阅读引航员卡信息,了解并熟悉驾驶台各种操纵设备和助航仪器工况,双锚应急备妥并安排相关人员值守。

(3)为防止船舶在解缆过程中因受风流影响而出现前冲后缩运动或船体离开码头,解缆前应指挥拖船开车顶住大船,使船舶平行贴住码头。确认所有码头缆绳解离清爽后,指挥拖船放缆备拖。

(4)为防止拖船拖缆所受冲击力过大而断缆,指挥拖船用车时,应逐步加车;同时要求船员远离拖缆位置,以避免因意外断缆造成人身伤害事故。

(5)倒车退出402#泊位过程中船舶首尾所受流压不一致:由于402#泊位港池内基本无流影响,出入口处受横流影响明显,当船尾退出至402#泊位角时,船尾开始受横流影响使船尾(向下流侧)产生横移,而未出港池的船体部分则不受流压影响,致使船舶受流部分产生(向下流侧)横移、首向左偏转运动。为克服退出过程中风流压的不利影响,应根据船舶船位变化和其运动态势,适时指挥拖船用车加以控制。

(6)控制船尾顶流入泊:当船舶从402#泊位退出至驾驶台正横404#泊位线时,船尾拖船收短拖缆贴靠在船舶右舷尾顶推并调整前后拖船用车,逐步减小船舶从402#泊位退入404#泊位时所受的流压角,并逐渐使船尾顶流或船舶外舷受流以减小船舶靠泊横距。

(7)控制后退速度。船尾顶流倒车退入404#泊位水域的过程中,调整船舶运动状态主要是依靠拖船作用力,为充分发挥拖船作业效能,后退速度宜不超过1.5 kn,同时在指挥拖船用车时,应充分考虑拖船作用力和船舶倒车横向力的叠加影响,避免船舶以过快退速和与码头线过大夹角退入所靠泊位水域。

（8）控制船舶靠泊角度和法向速度：船舶距码头约1倍船宽时，应根据船首向与码头夹角及船舶靠拢速度，适时指挥用拖船用车，调整靠泊角度和控制法向速度，力求使船舶平行或尽可能小的角度缓慢贴靠码头，法向速度小于 0.5 cm/s，纵向速度为 0。

6.10　超大型油船引航过程中拖船的运用

1）船舶资料

超大型油船 N 轮：船长 332 m，型宽 60 m，吃水 20.5 m，总吨 157 814，载质量 299 543 t，排水量 320 000 t。

2）拖船配置

通常是配备 4~5 艘拖船。天气恶劣情况下两种马力拖船采用 3+2 模式配置。船舶从龙腾航道进港时一般使用 2 艘拖船全程护航，以作为应急措施。

这里以 5 200 HP 和 4 000 HP 拖船各 2 艘为配置方案进行分析，并按照图 6-20 的方式带妥协助拖船。

由图 6-20 可见，系带于船舶右后的 3#拖船和船尾的 4#拖船主要用于船舶接近泊位前的减速和制动。

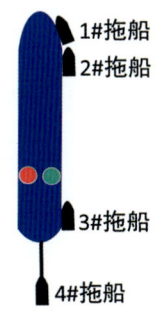

图 6-20　拖船配置

ZP 港作拖船的推进器位于船中之后，主要适用于顶推，拖缆绞缆机位于船首，从驾驶台前的导缆孔送出拖缆，便于拖船灵活地调整拖缆的长度与方向。

3）理论计算

由于 VLCC 满载情况下需乘高潮进港，在抵达码头前一般还处于顺流状态，虽然水流较缓，但还需要较长时间进行减速，因此，从南三岛西航道转入石头角航道后船舶开始减速。

（1）拖船制动作用距离的计算

为了简化计算，船舶在低速航行时，船舶所受到水的阻力较拖船的倒车拉力要小得多，因此可以近似地认为船舶的动能都耗于拖船向后拉力作功，同时，船舶淌航的动量与拖船倒车的冲量相等。因此，拖船制动作用距离和时间为

$$\begin{cases} S = \dfrac{m + m_x}{2T_p} \cdot (v_1^2 - v_2^2) = \dfrac{\Delta \times K_x}{2gT_p}(v_1^2 - v_2^2) \\ t_s = \dfrac{m + m_x}{T_p} \cdot (v_1 - v_2) = \dfrac{\Delta \times K_x}{gT_p}(v_1 - v_2) \end{cases}$$

式中:$m+m_x$ 为为船舶的质量和附加质量;Δ 为船舶的实际排水量;v_1 为使用拖船制动时大船的初始速度(m/s);v_2 为拖船制动一定时间后船舶的速度(m/s);T_p 为拖船的倒车拉力(t);t_s 为制动的时间;S 为制动的距离(m)。

为了进行估算,可用船舶的实际排水量 Δ 乘以前进方向的虚质量系数 1.07 得出船舶总质量(t)。如果已知船舶开始制动前的余速 v_1、船舶的排水量、拖船的功率,就可以估算出拖船制动的距离与时间。运用到湛江港超大型油船的减速靠泊过程的操纵,就可以估算从 53#灯浮转向后利用拖船制动的时机与所需拖船马力。

拖船推力大小取决于推进器类型、机器功率以及拖船运动状态等因素。在常见的几种拖船中,ZP 拖船的进车推力虽然小于导管 CPP 拖船,但其倒车拉力可达到进车推力的 90%~95%。ZP 拖船每 100 HP 所能给出的推力是 1.15~1.35 t,取平均值 1.25 t,计算

4 000 HP 的拖船的倒车拉力:(4 000÷100)×1.25 t×90% = 45 t

5 200 HP 的 ZP 拖船的倒车拉力:(5 200÷100)×1.25 t×90% = 58.5 t

船舶经过 53#灯浮转向后停车淌航,速度 5 kn,淌航距离约 1.1 n mile(2 037 m),拖船全速制动的距离

$$S = \dfrac{\Delta \times K_x}{2gT_p}(v_1^2 - v_2^2) = \dfrac{320\,000 \times 1.07}{2 \times 9.8 \times 45} \times (0.514 \times 5)^2 = 2\,564 \text{ m}$$

制动的时间

$$t_s = \dfrac{\Delta \times K_x}{gT_p}(v_1 - v_2) = \dfrac{320\,000 \times 1.07}{9.8 \times 45} \times (0.514 \times 5) = 1\,995 \text{ s} = 33 \text{ min}$$

显然,在实际操纵中,只是用 1 艘拖船对超大型油船进行制动,在 5 kn 余速的情况下是不能达到预期效果的。

如果不增加制动拖船,就必须降低淌航的初始速度,我们来计算一下余速是 4 kn 的制动距离与时间:

$$S = \frac{\Delta \times K_x}{2gT_p}(v_1^2 - v_2^2) = \frac{320\,000 \times 1.07}{2 \times 9.8 \times 45} \times (0.514 \times 4)^2 = 1\,641 \text{ m}$$

$$t_s = \frac{\Delta \times K_x}{gT_p}(v_1 - v_2) = \frac{320\,000 \times 1.07}{9.8 \times 45} \times (0.514 \times 4) = 1\,596 \text{ s} = 27 \text{ min}$$

可见,降低船舶制动的初始速度,就能在使用 1 艘拖船的条件下有效地进行减速制动。

以上是要将船舶的余速消减为 0 的情况,如果使用拖船对大船进行减速,使其到达泊位南端的余速在 1.5 kn 以内,剩余速度利用大船主机倒车进行消减,则拖船的制动距离和时间是

$$S = \frac{\Delta \times K_x}{2gT_p}(v_1^2 - v_2^2) = \frac{320\,000 \times 1.07}{2 \times 9.8 \times 45} \times 0.514^2 \times (5^2 - 1.5^2) = 2\,333 \text{ m}$$

$$t_s = \frac{320\,000 \times 1.07}{9.8 \times 45} \times 0.514 \times (5 - 1.5) = 1\,305 \text{ s} = 22 \text{ min}$$

东头山航道转向点距离 200#泊位南侧缆桩约 2 037 m,因此,使用 1 艘拖船协助减速到达泊位南侧剩余距离为 2 037 m−2 333 m=−296 m。

显然,到达泊位前将船舶的余速刹减到预期值,只使用 1 艘拖船对大船进行减速是无法做到的,必须增加拖船协助。

系带在船舶右后部位的 3#拖船参与减速,这艘拖船所能提供的拖力为

$$(5\,200 \div 100) \times 1.25 \times 90\% = 58.5 \text{ t}$$

考虑到此拖船向后施力时产生一个使大船右转的力矩,为了减小这种趋势,3#拖船只使用 50%的功率,即拖力为 58.5 t×50%=29.25 t,则拖船总拉力为 45 t+29.25 t=74.25 t。因此:

$$S = \frac{\Delta \times K_x}{2gT_p}(v_1^2 - v_2^2) = \frac{320\,000 \times 1.07}{2 \times 9.8 \times 74.25} \times 0.514^2 \times (5^2 - 1.5^2) = 1\,414 \text{ m}$$

到达泊位前的剩余距离是 2 037 m−1 414 m=623 m,即 2 倍的船长。

在小于 2 倍船长的距离内,利用大船较低转速的倒车拉力,这种做法是能够比较有效地完全消减船舶的速度的。虽然大船倒车的同时会产生横向力,但由于倒车的时间短,倒车转速低,大船右转的趋势不明显,可利用位于船首右舷的 1#和/或 2#拖船加以有效抑制。

因此,采用拖船制动和大船主机倒车制动的组合方式,既能在所限的距离内

有效地消减船舶的余速,同时也能提高靠泊效率。

我们再来计算一下使用 4 000 HP 拖船和 5 200 HP 拖船各 1 艘对大船进行制动的效果,淌航的初始速度同样为 5 kn,则

$$S = \frac{\Delta \times K_x}{2gT_p}(v_1^2 - v_2^2) = \frac{320\,000 \times 1.07}{2 \times 9.8 \times (45 + 58.5)} \times (0.514 \times 5)^2 = 1\,114 \text{ m}$$

$$t_s = \frac{\Delta \times K_x}{gT_p}(v_1 - v_2) = \frac{320\,000 \times 1.07}{9.8 \times (45 + 58.5)} \times (0.514 \times 5) = 868 \text{ s} = 14 \text{ min}$$

也就是说,在利用 2 艘拖船共同协助大船减速时,可以在船舶(驾驶台位置)距离 200#泊位尾倒缆桩 1 220 m 左右开始下令拖船全速向后拖拉减速,实际操纵中,当船舶在东头山航道淌航时,船舶的驾驶台与 54#灯浮左正横时开始使用拖船制动,使大船到达泊位前沿速度基本为 0。

如果采用这种方式对大船进行制动,就会产生一个使船舶右转的转船力矩,1 艘 5 200 HP 的 ZP 拖船系带在大船的右后部位,受力点与船舶首尾线的距离约为 0.5 倍船宽(B)(由于船舶甲板前后弧线的原因,实际距离小于 0.5 倍船宽),当拖船向后拖拉大船时,所产生的转船力矩为

$$N_1 = 0.5B \times T_p$$

式中:B 是船舶型宽(60 m)。

在实际船舶操纵中,这个力矩相对于重载的超大型油船来说是很小的,同时,还有另外一艘 5 200 HP 的拖船系带在大船的右前部位(Starboard Bow),距离船中约为 0.5 倍船长(L),当采取与船舶航向垂直的姿势顶推大船首时,所产生的力矩 N_2 是远远大于 N_1 的。

因为船舶的长宽比(L/B)= 332/60 = 5.5,也就是说船首拖船顶推船头的力矩至少是右船尾拖船向后拖拉船舶的转船力矩的 5.5 倍,如果把拖船正、倒车的推力和拉力差以及 3#拖船的拖缆由于存在俯角而损失部分拖力的因素,N_2/N_1 比值将会更大,因此,只要观察到船舶在制动过程中有向右转的趋势,指令位于右首的拖船进行横向顶推,是比较容易克服这一转船力矩的。此外,通过计算结果,结合东头山航道的实际情况,这种方式的制动较短,这就给在此过程中短暂操纵大船的车、舵进行保向或调整靠泊角度留有充分的余地。笔者在实际操纵中一直运用这种操作方式,达到了安全和高效的效果。

（2）在东石航道上的减速操纵

满载状态下的超大型油船一般都要乘潮进港,船速较快。由于从南三岛西航道转入石头角航道的转向角度达66°,为了维持好的舵效,驾引人员通常都采用主机全速或半速运转时转向,以保持有良好的舵效。尽管超大型船舶在大角度转向后船速会有一定降低,但在顺流情况下,船舶驶过50#灯浮时的船速通常还有9~10 kn,因此这一航段是否能有效减速,将会关系到后续靠泊的成败。船舶在石头角航道中还处于微顺流状态,即使停车淌航,减速的效果也不明显,毕竟50#灯浮至53#灯浮的距离只有2.4 n mile,通过淌航减速是很难使船速在到达53#灯浮时减为5 kn左右的,利用大船倒车减速更不可取,船舶将产生较大的偏转角度和偏航量,存在搁浅的隐患,而利用尾随的护航拖船进行减速则是简单有效的方法。

采用 N 轮的资料,计算船舶以 10 kn 的速度经过 50#灯浮,利用拖船拖拉使船舶到达 53#灯浮的速度降为 5 kn,则

$$S = \frac{\Delta \times K_x}{2gT_p}(v_1^2 - v_2^2) = \frac{320\,000 \times 1.07}{2 \times 9.8 \times (45 + 58.5)} \times 0.514^2 \times (10^2 - 5^2)$$
$$= 3\,344 \text{ m} = 1.8 \text{ n mile}$$

$$t_s = \frac{\Delta \times K_x}{gT_p}(v_1 - v_2) = \frac{320\,000 \times 1.07}{9.8 \times (45 + 58.5)} \times (0.514 \times 10 - 0.514 \times 5)$$
$$= 868 \text{ s} = 14 \text{ min}$$

根据这一距离推算,当船舶的驾驶台与东头山东咀左正横时开始指令拖船向后拖拉减速,减速的时间是 14 min。

如果操纵者希望船速降到 4 kn,则

$$S = \frac{\Delta \times K_x}{2gT_p}(v_1^2 - v_2^2) = \frac{320\,000 \times 1.07}{2 \times 9.8 \times (45 + 58.5)} \times 0.514^2 \times (10^2 - 4^2)$$
$$= 3\,746 \text{ m} = 2.0 \text{ n mile}$$

$$t_s = \frac{\Delta \times K_x}{gT_p}(v_1 - v_2) = \frac{320\,000 \times 1.07}{9.8 \times (45 + 58.5)} \times (0.514 \times 10 - 0.514 \times 4)$$
$$= 1\,041 \text{ s} = 17 \text{ min}$$

由此可知:石头角航道的 50#与 53#灯浮的距离为 2.4 n mile,当驾驶台与 50#灯浮正横时下令拖船全速倒车,向后拖拉进行减速,就可以使船舶抵达转向点附近的速度降到 4 kn 左右,但所需时间为 17 min。

N 轮在几种初始速度状态下利用一艘 4 000 HP 拖船分别减速到 5 kn 和 4 kn 后的制动距离见表 6-10。

表 6-10 N 轮制动距离

初始速度 v_1/kn	抵达 53#灯浮时速度 为 5 kn 的距离和时间	抵达 53#灯浮时速度 为 4 kn 的距离和时间
10	7 692 m/1 995 s	8 615 m/2 394 s
9	5 743 m/1 596 s	6 666 m/1 995 s
8	4 000 m/1 197 s	4 923 m/1 596 s

4）注意事项

（1）初始速度较高时，下令拖船倒车为大船减速应逐步进行，开始先开低挡倒车，观察拖船没有异常后再逐级增加倒车马力。同时，船速较高情况下系带拖缆较困难，也要耗费一定时间。因此，在实际操纵中应适当增加减速所需的距离。

（2）为了避免拖船长时间大负荷倒车，进港船舶在石头角航道 49#灯浮完成转向后，根据此时的船速而定，适时地停车淌航，使船速降低到 10 kn 以内，便于拖船带缆，并缩短拖船拖拉的制动时间，同时指令其他拖船在 51#灯浮附近带妥拖缆，这样位于大船右后方的 5 200 HP 拖船也可以加入制动操纵，减轻了正船尾的 4 000 HP 拖船的工作负荷。

（3）实际操纵中，应充分考虑到本港部分拖船船龄较高，机件老化，大大影响了功率的发挥，协助大船操纵时所能发出的功率最大只能达到额定功率的 70%，因此建议系带在大船右后部位的拖船也参与制动操纵，以提高减速的有效性。

（4）在利用拖船协助减速的过程中，船舶航向可能因为各种原因产生偏转，需要利用本船的车、舵修正和稳定航向，可抵消一定拖船拉力的效果，因此，在估算减速距离和时间的时候，也要把这一因素考虑进来，适当增加减速距离，或者拖船向后拖拉减速的时机要提前。

（5）拖船驾驶员有时为了自身的方便，送出的拖缆较短，应注意观察，及时纠正。同时也要注意拖缆的磨损情况，这是拖船全速拖拉应考虑的因素之一。

（6）由于拖船受风、流的影响，或驾驶员操船的原因，在拖拉制动的过程中拖力的方向不一定会与大船的运动方向正好相反，就会产生一定的转船力矩，因此除了密切注意制动效果外，还要仔细观察船首向的转动趋势，必要时果断利用本船的车、舵加以抑制，以免转动惯性达到一定量之后，需要较长时间操纵大船车、舵进行纠正，使拖船的制动效果大打折扣。

第 7 章

船舶航行应急技术

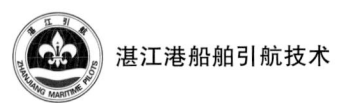

7.1 船舶应急处置方法

7.1.1 船舶搁浅救助措施及脱浅方法

船舶在航行中,由于吃水超过可航水深,致使船舶搁置在浅滩上,称为搁浅(Stranding)。如船舶搁置或触碰礁石,称为触礁(Strike on a Rock)。

1) 搁浅与触礁前的紧急操船

(1) 发现船舶搁浅难以避免时的紧急操船

①如不明浅滩范围和形状,应立即停车满舵,一方面可减缓搁浅的程度,另一方面是希望能逃离浅水区域。

②如本船航向与浅滩边缘走向的交角很小或接近平行,但离浅滩已很近,应立即停车,用短时间满舵与回舵分几次转向,避免一下子大幅度转向而使船尾甩上浅滩。

③如本船航向垂直于浅滩,则应立即停车和快倒车,并抛双锚,以阻滞船前进,减缓搁浅程度,保证船尾处于深水区,有利于以后绞锚脱浅。

④如浅滩仅仅是航道中新生成的小沙滩,一般可以保向快速冲过,或左右交替满舵,使船"蛇航"挤过浅滩。

⑤如由于本船倒退会使船尾搁浅,则应用正舵,快车前进,可减少车、舵受损的机会。

(2) 发现船舶触礁不可避免时的紧急操船

①船首前方是一长排礁石,船与礁石距离已小于本船回旋进距,应立即停车、倒车并抛双锚,保持航向,以避免船身全部上礁,并保护车舵。

②船首前方是孤立小礁石且四周水很深,则当船在未接近前,就应尽早让清,如已无法避让,则应立即停车、倒车,减缓船体前冲,减小触礁程度与损失。

2) 搁浅与触礁后的处置

(1) 忌盲目动车

搁浅或触礁后切忌盲目动车。如盲目动车,可能导致船体、车叶、舵叶遭受更大损失。即使能够脱浅或离开礁石,但也可能再次搁浅或上礁。如是搁在尖锐的礁石上,则很可能被礁石划开船体而扩大破口,致使大量进水而沉没。长时间用车,会使冷却水的吸入口吸入过多泥沙,有导致冷却系统堵塞的危险。若盲目使用倒车,对右旋单桨(FPP)船而言,倒车时尾左偏,易使船舶打横,可能会使险情更加恶化。

(2) 显示信号

立即按国际避碰规则悬挂号型(三只垂直黑球)与/或显示号灯(锚灯与垂直

两盏红灯）。

（3）紧急报告

立即将有关情况告知附近港口主管机关及船东、代理,并请求有关援救机构协助脱浅,从而不耽误施救工作。

（4）水密工作

立即检查或关闭与海底相通的水密门盖。如管弄水密盖、轴弄水密门、水压计程仪舱盖、双层底舱（包括管弄在水线以下测深管的速闭阀与/或管盖及货舱污水井在机舱内测深管的速闭阀与/或管盖）。任何水密门盖漏水,等于丧失双层底的功能。

（5）油、水测量

每间隔 20 min 测量一次与船底相通的各舱室的水位或油位高度。如发现损漏,则应立即确定其部位,关闭有关的水密门盖,采取排水、堵漏、补强等措施。

（6）确定船位、吃水与水深

①利用可靠物标测出准确搁浅位置,并定时进行测量、校核。

②测出搁浅后船舶的六面吃水,并记下观测时间、潮高及高低潮时间、潮型,以便计算损失的排水量。

③测出舷边四周每隔 10 m 处的水深,并记下时间、潮高及高低潮时间。

④通过吃水与水深的比较,可判断船体搁浅部位和程度,决定脱浅方向。如搁浅当时吃水大于搁浅前吃水,则此处船体未搁浅;如搁浅后吃水小于搁浅前又大于舷边水深,则此处船体因撞击或底质软而嵌入或陷入海底或舷边有泥沙堆积;如搁浅后吃水小于搁浅前,也小于舷边水深,则表明船搁在海底突出物上或舷边泥沙已被冲淘走了。

⑤确定搁浅部位的方法,还可在低潮和高潮时,用过底索套过船底,在两舷从首至尾（或顺流）拉曳,以此探测低潮和高潮时的搁浅部位,并概算搁浅船底面积。

（7）摸清底质

对搁浅处海底底质进行取样,确定搁浅处底质,给计算脱浅拉力带来便利。

（8）搁浅后可能出现的危险情况

①墩底。搁浅船舶在浪涌起伏作用下,船底与海底碰击产生墩底,将损坏船壳甚至使船体断裂。

②向岸漂移。搁浅船舶在风、流、浪和潮水升降的作用下,船体易出现摆动及移位,而向岸漂移。

③打横。船首、船尾某一端搁浅时,在风、流、浪的作用下,船体以搁浅处为支点发生转动,导致船体打横。

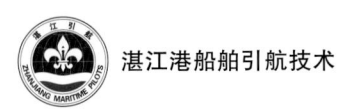

④船体倾斜。船舶搁浅处如坡度较大,且潮差也大时,落潮后船体会发生倾斜,或是迎流舷海底泥沙被水流淘挖成槽,致使船体倾斜。严重时可使船舶倾覆。

⑤船体承受过大应力。在墩底及船中部搁浅或触礁时,船体局部将受到很大的应力,易造成船体变形甚至折断。

(9)保护船体的措施

搁浅船如在短时间内不能安全脱浅,由于会发生上述危险现象,故对船体必须采取保护措施。船体舷侧搁浅时,可从首尾向海方向各 45°左右抛锚,必要时还可向搁浅一侧用锚或缆绳系牢。

(10)了解潮汐、潮流及气象

①根据当时当地的潮汐资料,编制出高潮潮时和潮高表,并应设立临时潮标,以获取实测资料。还应按时记录潮流的大小和方向。

②加强抄收气象预报与传真,密切注意天气变化,测取风向、风速及海浪资料。争取在天气恶化前脱浅。

(11)查明主机、推进器和舵的情况

搁浅后应立即通知机舱改用高水位海底阀,以防泥沙堵塞造成冷却中断后主、辅机停车,并应立即查明车、舵有无变形受损。

3)脱浅拉力的估算

搁浅船舶脱离搁浅状态所需的拉力称为脱浅拉力。它由搁浅船主机推力(或拉力)、绞锚拉力和协助脱浅的救助船拖力三部分组成。

要使船舶顺利脱浅,脱浅拉力必须超过搁浅船舶与海底的摩擦力。

(1)脱浅所需的拉力

①脱浅所需的拉力即为搁浅船舶与海底的摩擦力。其大小为

$$F = f \cdot \delta\Delta \qquad (7-1-1)$$

式中:F 为脱浅所需的拉力(9.8 kN);f 为船底与海底的摩擦因数,如表 7-1 所示;$\delta\Delta$ 为搁浅船损失的排水量(t),可用式 7-1-2 计算,即

$$\delta\Delta = 100 TPC(d_m - d_{m1}) < 10\%\Delta \qquad (7-1-2)$$

式中:TPC 为每厘米吃水吨数(t/cm);d_m 为搁浅前船舶平均吃水(m);d_{m1} 为搁浅后船舶六面平均吃水(m)。

如果 $100TPC(d_m-d_{m1}) > 10\%\Delta$,则应根据庞勤曲线或费尔索夫曲线求排水体积 V_1,得

$$\delta\Delta = \Delta - V_{1\rho} \qquad (7-1-3)$$

式中：ρ 为水的密度(t/m^3)。

在确定 d_m 时，应根据离港前的平均吃水，减去途中燃料、淡水和物料的消耗而产生的吃水变化，即

$$\delta d_m = \delta W/100TPC \qquad (7-1-4)$$

式中：δd_m 为平均吃水变化量(m)；δW 为燃物料消耗量(t)。

如两处海水密度不同，则还应进行相应的修正。

在确定 d_{m1} 时，应考虑脱浅时潮高的变化及各舱室浸水的变化量。

表7-1 船底与海底的摩擦因数

底质	f 值	底质	f 值
泥	0.20~0.32	卵石	0.42~0.45
细砂	0.35~0.38	珊瑚礁	0.50~1.00
砾石	0.38~0.42	礁石	0.80~2.00

②潮高的变化量

$$\text{潮高的变化量} = \text{潮差} \times 1/2[1 - \cos(t/T \times 180°)] \qquad (7-1-5)$$

即任意时潮高与高/低潮潮高之差。

式中：t 为任意时与高/低潮时的时间间隔；T 为落潮或涨潮的时间间隔。

③各舱室浸水变化量为脱浅时全部浸水减去搁浅时已有浸水。如脱浅距搁浅时日较长，则还应减去油、水和物料的消耗量。单舱进水量可用式(7-1-6)求取

$$P_i = \rho \cdot K \cdot \delta \cdot l \cdot b \cdot h \qquad (7-1-6)$$

式中：P_i 为第 i 舱的进水量(t)；ρ 为水的密度，淡水取 1.000 t/m^3，海水取 1.025 t/m^3；K 为船舱的渗透率，可按表7-2查取；δ 为船舱方形系数，首尾部的舱取 0.4~0.5，船中部的舱取 0.95~0.98；l, b, h 分别为进水舱室的长、宽、浸水深度。

各舱进水量为 $\sum P_i$，得

$$\delta\Delta = 100TPC(d_m - d_{m1}) + \sum P_i - W \qquad (7-1-7)$$

式中：W 为搁浅期间油、水和物料消耗量(t)。

表 7-2 船舱的渗透率

舱室名称	渗透率 K	舱室名称	渗透率 K
液货舱	0.60	内燃机机舱	0.85
煤舱、粮舱	0.60	居住舱	0.95
物料间	0.70	油水柜及隔舱	0.97
锅炉舱	0.80	辅机机舱	0.97
蒸汽机机舱	0.80	空货舱	0.98

(2) 脱浅(Refloating)拉力计算

①主机的推力与拉力 F_P

本船主机所能给出的推力与主机机器功率有关,而一般船舶倒车拉力可按正车推力的 60%~70% 计算,大型船可按 30%~40% 计算。

$$F_P = \frac{MHP}{73.5} \quad\quad (7-1-8)$$

式中:F_P 为主机的推力(9.8 kN);MHP 为主机机器功率(kW)。

②绞锚拉力 P_a

与锚抓力 $P_a = \lambda_a W_a$(9.8 kN)相当。

③拖船拖力 F_i

拖船拖力与拖船种类及其主机功率相关,一般 Z 型、CPP 型拖船在全负荷工作时有:

i) Z 型拖船前进拖力 $F_t = MHP/49$ (9.8 kN)

后退拉力 $F_t = MHP/54$ (9.8 kN)

ii) CPP 型拖船前进拖力 $F_t = MHP/54.5$ (9.8 kN)

后退拉力 $F_t = MHP/100$ (9.8 kN)

4) 自力和外援脱浅

当确信船舶脱浅后不致沉没,脱浅操纵时不致进一步损坏船体、车及舵,经计算脱浅拉力大于所需脱浅拉力,则可根据下述方法进行脱浅操作。

(1) 自力脱浅

①等待高潮利用车、锚脱浅。如果船舶不在高潮时搁浅,则可利用高潮时所需脱浅拉力小的时机,经计算可以脱浅时,利用本船主机推力或拉力及绞锚拉力自力脱浅。

②移载脱浅。移动船内货物、油和水,来减轻搁浅部位的压力,再利用车、锚

使船脱浅。移动重物量和距离可根据有关公式计算所得，但应注意脱浅后是否会产生过度的纵横倾而危及船舶安全。

③卸载脱浅。如经移载调整后经计算仍不能自力脱浅，在无外援的情况下，可适当卸载。如果有外援时也不能顺利脱浅，则也应适量卸载。

所需卸载量为 $W(\text{t})$，即

$$W = 100TPC \cdot \delta d_m = \frac{F - (F_P + F_t + P_a)}{f} \qquad (7-1-9)$$

式中：δd_m 即为希望通过卸载而达到的平均吃水减小值(m)。

卸载时最好能卸搁浅位置处的货物，如不可行也应尽可能卸靠近搁浅处的货物。一般先卸出多余的淡水和燃油，然后再卸货物。卸载后应进行首尾吃水差变化和 GM 值的计算。

（2）外援脱浅

搁浅后，如果桨叶、主机受损或经估算无法自力脱浅时，应在努力抢险自救的同时，立即请求外援，使船早日脱浅。如果船体受损严重，已失去漂浮能力的，则应先堵漏排水抢险，并请求外援，经抢救在脱浅后不致沉没时，应尽早脱浅。

救助船可协助搁浅船固定船体、堵漏排水、移载过驳、用大型打捞浮筒增加搁浅船浮力、冲挖脱浅方向海底和提供足够的拖力协助脱浅等。

当救援船到达后，搁浅船应提供如下资料：①主要船舶图像、船舶主要尺度、静水力曲线、主机及甲板机械的功率及现状；②载重吨数、货种及分舱图；油、水的数量及部位；危险品的装舱装置、吨数和性质等；③搁浅前的航向、航速及搁浅的时间、目前首向；搁浅前、后吃水及其变化情况；潮汐、潮流情况；④曾采取的措施和收到的效果及需要的救助要求和对救助的建议等。

7.1.2　船舶碰撞应急措施及救援方法

1）碰撞前后的紧急操船

船舶发生碰撞后的受损程度与发生碰撞的部位、碰撞时的相对运动速度、碰撞角度、船舶大小和结构强度、撞破口的大小、当时风浪的大小、所载货种和数量以及离岸远近等有关，还与碰撞发生前后所采取的操船方法和船员应变处置能力有着密切的关系。

（1）碰撞前的紧急操船

碰撞发生前如操船措施得当，就会有效地减低受损程度，甚至避免受损。在

碰撞不可避免时,很重要的是操纵船舶应尽可能避开船体重要部位,改变碰撞角度,降低船舶运动速度。在某些情况下,如果船身由于倒车制动横于对方船舶运动轨迹前方,被动挨撞时,应用车、舵尽量转动船身,避开船体要害部位,减小或增加碰角,降低碰撞损失。

(2)碰撞后的紧急操船

①以船首撞入他船船体时,应尽力操纵船舶顶住他船破洞,以减少被撞船的进水量,让被撞船留有相对多的时间来判明情况,采取应急措施。如果盲目倒车脱出,会加快被撞船进水。当有沉没危险时可能会压住本船船头而祸及本船。在风浪较小且无沉没危险时,还可用缆绳相互系住,以防船首脱出破洞,起"堵漏"作用。如被撞船有沉没危险,则在不严重危及自身安全的情况下,应尽力施救该船乘员和贵重物品。

船舶碰撞的姿态很多,情况也千变万化,因此,很多情况下操船措施不能一概而论。

②作为被撞船应尽量把船停住,以利两船保持撞击啮合状态,减少进水,并立即进入堵漏应变部署。若无法保持啮合状态,应操纵船舶使破损处处于下风侧,以减轻波浪的冲击和进水量并有利于实施堵漏作业。

③当碰撞发生海区附近有浅滩、被撞船有沉没危险时,在不严重危及自身安全的情况下,应操纵本船顶其抢滩或顶到浅滩附近由被撞船自力抢滩。

2)碰撞后的紧急处置

(1)应变部署

船舶发生碰撞造成船体破损后,全体船员应立即按应变部署进行排水堵漏等抢救工作。

(2)排水与堵漏

应及时进行排水和堵漏。

(3)调整纵横倾

船体进水后,船舶必然会发生纵横倾及稳性高度的改变。为了保持比较合理的纵横倾和初稳性高度(GM 值),就必须利用排出或调驳油水来进行调整,但应注意减小自由液面对 GM 值的影响。

向他船转驳货物或抛弃部分货物也是调整船体纵横倾的一种方法,对于位于水线附近的破口,同时还可减少进水量。但抛弃货物必须满足下列条件:

①该货物浸水后会引发火灾或爆炸等危险;

②该货物浸水后会急剧膨胀;

③ 为了保留储备浮力或减少进水量；
④ 为了保持船舶具有足够的稳性。
其中，③、④项应在达到目的后立即停止。

3) 碰撞后的续航

（1）自力续航

碰撞后的船舶经全面检查，在主、辅机状况良好无损、船体破损部位经过堵漏和加强后进水得以有效控制、排水畅通、仍保留足够的储备浮力、浮性符合航行要求、救生设备完整无损，且确认续航中不会出现危及船舶安全的情况时，才可自力续航到最近的港口进行检修。

自力续航操纵应十分谨慎，并应注意以下几个方面：

① 减速航行，密切注意排进水情况变化并详细记录。如情况恶化，应立即查明原因，并重新堵漏或修复排水设备，清理排水吸入口等。

② 尽量近岸航行，勤测船位。操纵船舶尽量使破损处处于下风侧，并根据风浪情况及时调整航向、航速，以减轻船舶的摇摆。

③ 密切注意气象、海况变化，随时准备择地避风或采取其他应急操船措施。

④ 与附近岸台、公司或船舶所有人保持密切联系，及时报告航行情况和船位，根据指示结合实际情况，采取相应的有效措施。

（2）拖航

对于不能自力续航的船舶，则必须请救助船或其他船舶拖航至附近港口检修。拖带船舶操纵要领如下：

① 起拖与加速

拖缆系妥后，就可起拖。拖船用微速前进，待拖缆刚受力，马上停车，在拖缆松弛下垂后再微速前进。如此反复，直到被拖船有 2 kn 前进速度时，再以 0.5 kn 的速度增加，直至达到预定拖速。

② 改向操纵

应避免一次转向达 20° 及以上，大角度转向应分几次完成，最好每次转 5°～10°。一次转向后，要等被拖船改到新航向后，再进行下一次转向。

③ 被拖船偏荡的抑制

被拖船在被拖航中，由于各种原因会产生偏荡。偏荡的出现增大了拖缆所受的张力，加剧了拖缆的磨损和应力集中，增加了拖带操纵的难度，降低了拖带速度；偏荡严重时，甚至无法进行拖带航行或者造成断缆。

拖带中被拖船的偏荡，可用下述方法进行抑制：

ⅰ)调整被拖船首尾吃水,使其成尾倾状态,以增加其航向稳定性。尾倾吃水差的标准如表7-3所示。方形系数小的船舶,尾倾吃水差还应比表列数据大些。

表7-3 尾倾吃水差的标准

船舶排水量/t	尾倾吃水差/m
1 000以下	0.3
1 000~7 000	0.6~1.0
7 000~15 000	1.0~2.0
15 000以上	1.2~2.4

ⅱ)降低拖带速度使被拖船偏荡力减小。

ⅲ)适当缩短拖缆长度,也可在拖缆中部系挂重物以增加悬垂量。

ⅳ)在拖缆两头增加抑制索,可减小偏荡。

ⅴ)在偏荡不很剧烈时,被拖船操一固定舵角(小于20°),使被拖船稳定在航迹的一侧;如舵已损坏或失落,可安装临时舵。

ⅵ)固定尾轴,以增加被拖船尾部阻力,提高被拖船航向稳定性。

应注意的是,在采取上述某些措施时,会增加拖带阻力,增大拖缆受力,应权衡利弊采取。

④调整拖缆长度

在拖带过程中,为了使拖船与被拖船在波浪中的位置同步,应调整拖缆的长度。在浅水域和狭水道航行时,则应适当缩短拖缆,以便于操纵及防止拖缆拖底。

⑤大风浪拖航

设计航线时,应根据气象、海况资料,避开大风浪海区。一旦遇到大风浪,则应滞航,若风浪继续增大,则应果断解拖漂滞。解拖时,应在拖缆端部系一较大的漂浮物,以便风浪过后续拖。

⑥减速与停拖

减速应逐级进行,并逐渐收短拖缆,被拖船则应做好抛锚准备,以防不测。

⑦解拖

如需解拖,则应在两船都已停航后进行。

4)碰撞后的抢滩和弃船

(1)抢滩(Beaching)

抢滩是指船舶面临沉没危险时,利用附近浅滩主动搁浅,以争取时间实施自救或等待救援而避免沉没的自救性措施。

①选择抢滩地点时应考虑

ⅰ）抢滩处底质：泥、砂、砂砾底均可，但软泥底应注意防止船体下陷而难以脱浅。礁石区不可抢滩。

ⅱ）抢滩处坡度：条件许可时应尽量选择适合于该船的坡度；一般小型船舶选 1∶15；中型船舶选 1∶17；大型船舶选 1∶19~1∶24。

ⅲ）水深：抢滩后，船甲板在高潮时应露出水面。

ⅳ）风、流：条件许可时，应选流较缓、风较小的地点。

ⅴ）周围环境应有利于固定船舶，且尽可能远离航道，便于出滩和救助作业。

②抢滩出滩作业步骤

ⅰ）抢滩前应尽量利用压舱水来调整船舶吃水差，以与抢滩处坡度相适应。

ⅱ）条件许可时，应尽可能选择高潮后的落潮适当时间进行抢滩作业（应视所需留滩时间确定）。

ⅲ）一般都取船首上滩方式。抢滩时应尽量保持船身与等深线垂直，适时停车，慢速接近，让船体和缓地擦滩而上。

ⅳ）随着船首上滩，可抛双锚，起稳定船身和协助出滩的作用。在必要时，可在抢滩后再利用拖船、救生艇或起重机等运锚向后抛出，可避免因拖锚抢滩而影响抢滩效果。

ⅴ）抢滩后应尽快堵好漏洞或初步修复，排尽积水，做好出滩准备工作。如不能在短时间内出滩，则应对船身加以固定。

ⅵ）出滩时，打出压载水，待高潮到来时，绞收双锚，配合倒车出滩。如经计算仅凭双锚拉力和倒车拉力不能出滩时，应请足够功率的拖船协助出滩。

（2）弃船（Abandon Ship）

我国《海商法》第 38 条规定："船舶发生海上事故，危及在船人员和财产的安全时，船长应当组织船员和其他在船人员尽力施救。在船舶沉没、毁灭不可避免的情况下，船长可以作出弃船决定；但是，除紧急情况外，船长应当报经船舶所有人同意。"决定弃船后应：

①发出弃船警报信号（警铃或汽笛 7 短 1 长声，连放 1 min），并向外发出遇难求救信号，打开无线电应急示位标（EPIRB）等。

②全体船员根据应变部署表分工，做好各种弃船准备工作。在船长下达放艇命令以后，放下救生艇，携带好航海日志等重要文件和本航次使用的海图、国旗以及邮件、现金等贵重物品迅速登艇，并尽快将艇放至水面，驶离大船。

7.2 船舶失控应急处置

7.2.1 在航中船舶主机故障应急处置

时间：2021年8月17日。

地点：43#灯浮至39#灯浮之间水域。

事故船舶：散货船KL轮，船长225 m，船宽32.24 m，吃水7.8 m。

当时气象潮汐情况：晴天，东偏南风2~3级；1200时潮高148 cm，1300时潮高150 cm，1400时潮高156 cm。

事故应急处置过程：

2021年8月17日1130时，KL轮离霞山港区404#泊位出港，离泊一切正常，离泊完成后航行出港过程中，最大车钟给到半车(Half)，全速车机舱一直开不起来，只能保持半速航行，主机保持半速运行时最高航速也超过9 kn，虽美中不足，但只能这样保持下去，多用点时间，顺顺利利把该轮安全引领到港外开阔水域，引航任务也算圆满完成，继续航行还是抛锚维修，可以留待船方自己决断。

但最终意外还是发生，该轮航经湛江港43#灯浮时，驾驶台突然接到机舱打来电话，机舱油管爆裂，需要立即停车处理，庆幸船舶刚好安全转到南三岛西航道上，前方水域比较宽阔，控制船舶稳定航向后，引航员同意船方主机停车，应急检修，当时船速8 kn多，保持淌航状态，微涨潮和顶风，在较大余速中船位和航向相对好控制，前方当时也没有大型进港船，故没有立即向引航站寻求救援协助。

船舶停车淌航几分钟后，要求船长询问机舱抢修情况，答复短时间内无法修复，引航员立即报告引航站领导和调度室，要求立即派拖船协助，实施救援，利用拖带把该轮拖到附近锚地应急锚泊抢修主机。救援协助拖船到达前船舶的控制过程见图7-1。

从图7-1可以看出，在没有主机动力的情况下，引航员向站里报告请求拖船救援协助的同时，利用船舶舵设备和余速，谨慎操纵，并间隙发布航行警告，告知周围船舶本船的动态，要求它们主动避让，集中最大的精力，及时发现该轮船首向的微妙变化，下达正确严谨的指令，利用船舶的剩余舵效操控船舶沿南三岛西航道航行出港，历时0.5 h，船速从9.4 kn减低到1.3 kn。此时，由于船速进一步降

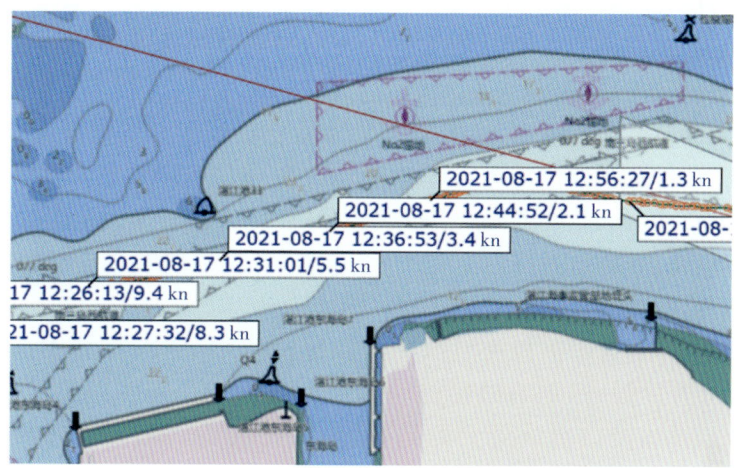

图 7-1　拖船到达救援前船舶利用余速控制过程

低,船舶受风、流的影响趋于明显,在东南风和涨潮流的作用下,船舶向第二引航锚地偏航,逐渐接近在锚地中锚泊的船舶。随着本船与锚泊船距离越来越近,建议船长做好抛锚准备,以便稳住船位,避免碰撞锚泊船。当距离最近的锚泊船约 400 m 时,两艘拖船及时赶到,协助本船抑制了偏航,并实施拖带作业。

拖船到位后的实施拖带到就近锚地的救援过程示意见图 7-2。

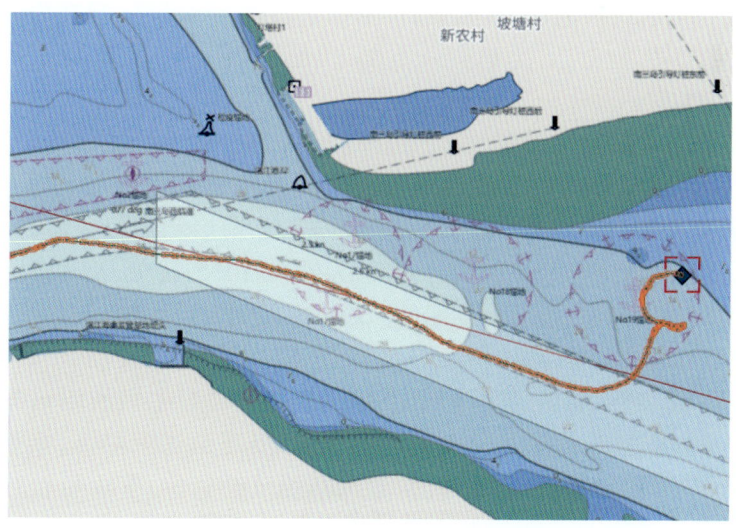

图 7-2　拖船协助救援过程示意

考虑当时失控船舶离湛江港第二引航锚地小型锚泊船较近,带拖缆也需要时间,在拖船的配置上,把及时控制住船首为主要目的,故拖船都配置在船舶前部左舷和右舷一舱位置。该轮最终在拖船的协助下,逐渐远离北侧众多小型的锚泊船,缓缓驶向大黄江口的锚地,考虑港口超大型船舶进出港及会遇避让安全的需要,事故船舶的应急锚泊位置应尽可能远离航道,有效保障湛江港主航道正常通航,确保了港口水域和船舶的安全,同时避免该轮发生搁浅等次生事故,让机舱从容修理故障设备,落锚点选择在19#锚地的东侧,此处远离航道,事故船舶锚泊后也有足够的水域供旋回。

在这次被引船机舱主机突发故障的救援过程中,引航员利用自身过硬的引航技术,沉着冷静,采取有效措施,稳妥控制船舶,化解各种险情,解决特殊难题,避免船方和港口造成更大的损失,为保护港口水域环境做出了应有的贡献。

7.2.2 离泊后船舶主机故障应急处置

时间:2014年7月2日。

地点:52#灯浮(现在为64#灯浮)至58#灯浮(现在为70#灯浮)之间水域。

事故船舶:PE 轮,船长 181 m,船宽 25 m,载质量 29 067 t。

PE 轮于1730时安全离开湛江港302#泊位,协助拖船完成离泊任务解拖,本船主机运行正常航行出港,十多分钟后,船舶刚转过58#灯浮(现在为70#灯浮),驾驶台突然接到机舱电话,主机突发故障,机舱浓烟滚滚,机舱人员无法正常工作,要求立即停车。

当事引航员考虑船舶已在顺直的霞海航道中,航向稳定,故同意立即停车,在控制好船位的同时,及时把突发情况向湛江交管中心和引航站调度室报告,在 VHF 上发布航行警告。站领导接报后高度重视,立即启动应急预案,事发时船舶距湛江海湾大桥仅有约 1.5 n mile,为确保大桥和船舶的安全,及时协调在附近的两艘拖船尽快备机,赶往救助事故船舶。航行中船舶没有主机,就如脱缰野马,很难控制,当事引航员沉着冷静,胆大心细,处变不惊,及时发现淌航中的船舶航向、船位的微小变化,利用船舶的余速和舵,稳妥地控制没有主机的船舶按引航员的意图航行,等待拖船的到来。随着船舶的淌航,船速也逐渐降低,接近53#灯浮(现在为65#灯浮)附近的转向水域时,救助拖船已经到位,事故船舶的船速也降到了 2 kn 以下。在转向点附近较为宽阔的水域,水深条件好,当事引航员稳妥操控船舶成功抛下应急锚,1820时把失控的船舶稳妥地控制在安全水域,不致搁浅、擦碰浮筒或灯浮,更重要的是在距大桥不足 0.5 n mile 的距离上把船稳住,确保了大桥和船舶的安全。应急锚泊位置见图 7-3。

图 7-3　船舶失控后应急锚泊位置

在引航员应急停车操控船舶期间,该轮机舱及时对主机情况进行检查,经查为主机有一个气缸漏气,导致机舱浓烟滚滚,机舱人员无法正常工作。应急锚泊后,该轮机舱人员紧急抢修,2130 时,初步抢修完毕,但依然有少量漏气,经与海事部门沟通,权衡得失,最终确定把船靠回 302#泊位,避免长时间堵塞航道,影响他船的安全通航。

7.3 大型船舶脱浅操作技术

时间：2019年12月27日。

地点：大黄江口，东海岛东北侧岸边，附近为沙滩。

事故船舶：GY 轮，船长 225 m，船宽 32.24 m，前吃水 4.7 m，后吃水 7.2 m，型深 19.7 m，载质量 75 864 t。

气象、潮汐情况：东北风 3~4 级；2349 时，潮高 389 cm。

脱浅救援过程：

2019年12月27日0115时，GY 轮出港过程中，受通航环境不利影响（急退潮、施工船和小渔船共同影响）及操纵不当，在东海岛东北角的岸边搁浅，搁浅船船位 21°04.20′N/110°32.81′E，如图 7-4 所示，搁浅时潮高约有 300 cm，搁浅时船速约 10 kn。

图 7-4 搁浅过程和位置

27日0130时，该轮代理申请引航员协助脱浅，引航站领导及时指派经验丰富的资深高级引航员担任该轮脱浅救助任务。考虑到 GY 轮是在大退潮半潮时搁浅，最早可能拖浅时机也要到中午（硇洲高潮时1236，潮高 237 cm），但接受该任务的引航员还是及时与搁浅船舶的船长取得联系，了解现场情况，并提出自己的合理建议，要求保留压载状态，并抛一个舷锚，以更好地固定船身，如图 7-5 所示。

第 8 章

雷州港区船舶引航技术

8.1 雷州港区位置及概况

雷州港区目前只有大唐国际雷州发电厂码头,该码头位于雷州市乌石港镇西南部海岸线,面向北部湾,沙滩面平缓稳定,北侧比邻乌石港船舶进出航道,南侧水域连接流沙港。大唐国际雷州发电厂码头位置示意见图8-1。

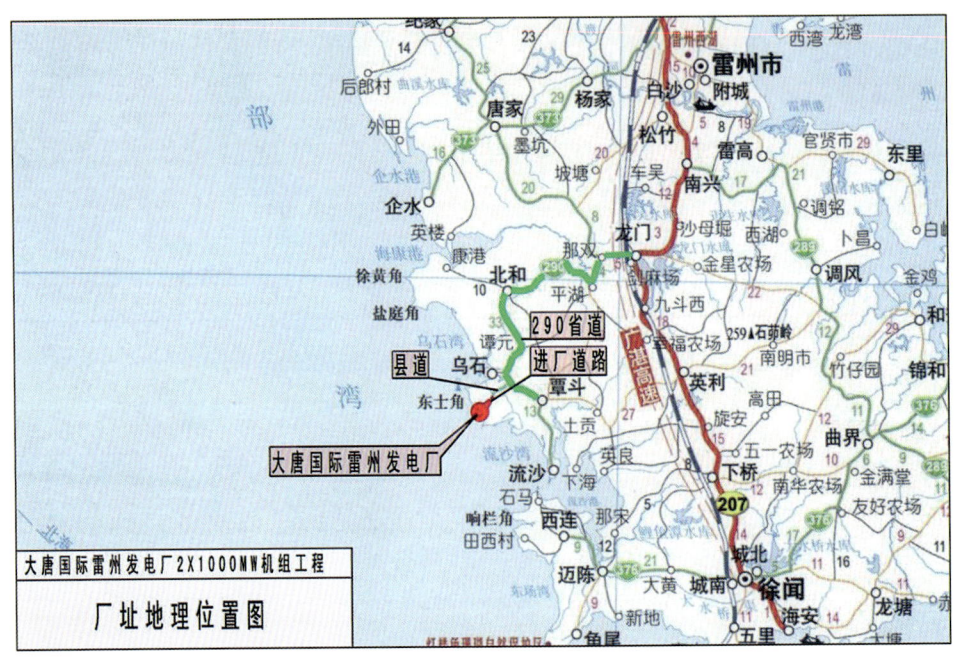

图8-1 大唐国际雷州发电厂码头位置示意

8.2 雷州港区引航环境

8.2.1 水文气象

1) 气象

雷州港区地处热带北缘,属热带季风区,海洋性季风气候。具有气温较高,夏季长,无寒冬;湿度较大,雨水充沛;风力不大,但季风明显等气候特征。热带气旋是影响本海域的主要灾害性天气。主要气象站见表8-1。

表8-1 大唐国际雷州发电厂厂址附近主要测站概况表

站名	测站位置	使用资料年限	离厂址距离
厂址气象站	20°33′53″N/109°49′54″E	2008—2009年	
雷州市气象站	20°55′N/110°06′E	1959—2004年	55 km
海康盐场气象站	20°30′N/109°51′E	1982—1992年	8 km
湛江市气象站	21°13′N/110°24′E	1953—2005年	102 km

(1) 气温

根据港区附近海康盐场气象站提供的(1982—1992年)气温统计资料表明:

多年平均气温为23.4 ℃;

多年最高平均气温为31.2 ℃;

多年最低平均气温为8.5 ℃;

历年极端最高气温为38.2 ℃(1990年8月23日);

历年极端最低气温为3.6 ℃(1991年12月28日);

最高气温≥35 ℃的酷热天气有7天,占全年总日数的1.9%。

(2) 降水

本地区属典型的季风气候区,常年均有降雨。

年平均降水量为1 382.5 mm;

年最大降水量为2 134.1 mm(1985年);

年最小降水量为812.4 mm(1987年);

日最大降水量为471.5 mm(1960年6月30日);

降水量多集中在6—10月,五个月降水量约占全年降水量的77%。

(3) 风

本港区属于典型的东亚季风区,东西临海,夏季盛行偏南风,冬季盛行偏北风。根据大唐国际雷州发电厂厂址水文气象站实测资料(2008 年 4 月—2009 年 3 月)分析得到:全年厂址海域常风向为 NE,出现频率为 20.38%;次常风向为 ENE,出现频率为 19.55%;强风向为 WSW,其最大风速为 19.9 m/s;次强风向为 W、SW、SSW,最大风速分别为 18.3 m/s、18.2 m/s、16.2 m/s。

形成的大风天气过程主要为寒潮与台风。每年的冬季与春季为寒潮发生季节,而夏季为台风多发季节。每年的 7—9 月是台风盛行期,根据多年资料统计,影响或路经本海域的台风平均每年可达 1.6 个。当台风路经本区时,可形成狂风、暴雨、风暴潮。

(4) 雾况

根据海康盐场气象站提供资料表明,年平均雾日为 31 d,最多为 60 d,最少为 10 d。经统计,年能见度低于作业标准的天数统计为 30 d,见表 8-2。

表 8-2 海康盐场气象站雾况统计表

月份	1	2	3	4	5	6	7	8	9	10	11	12	全年
天数/d	16	5	7	7	1	0	0	0	6	8	5	12	60

2) 水文

本海区水文资料较少,电厂码头建成前在该海域设有专用的波浪、潮位等观测站,并进行了全潮水文观测及泥沙表层、底质取样试验。周年潮位、波浪站测站情况详见表 8-3。

表 8-3 水文测站概况表

测站	测站位置	观测时间	备注
周年潮位测站	20°32′57″N/ 109°49′56″E	2008 年 3 月—2009 年 2 月	
周年波浪测站	20°32.077′N/ 109°47.186′E	2008 年 3 月—2009 年 2 月	测波点底标高约-9 m

潮位测量采用了加拿大 RBRTG—2050 自动验潮仪。测站位于 20°32′57″N/109°49′56″E;观测时间为 2008 年 3 月—2009 年 2 月。

(1) 潮汐类型

雷州港区为规则日潮。按照目前我国采用的潮汐类型划分标准,雷州港区的

调和常数计算 $R=(H_{K_1}+H_{O_1})/H_{M_2}=63$。其特征为在半个月中有连续 7 天以上在一个太阴日内只有一次高潮和低潮,其他日期则有两次高潮和两次低潮。

(2) 潮位特征值

由一年实测资料统计可知:

平均海平面为 0.59 m;

最高潮位为 3.06 m(2008 年 9 月 24 日 1040);

最低潮位为-1.21 m(2008 年 7 月 4 日 0620);

平均高潮位为 1.74 m;

平均低潮位为-0.4 m;

平均潮差为 2.14 m;

最大潮差为 3.90 m(2008 年 12 月 14 日)。

(3) 潮流

受月赤纬变化和海湾地形等因素的影响,不同水域不同季节的涨、落潮历时有所差异,除流沙港水域外,涨潮历时冬季小于夏季,落潮历时反之,冬季大于夏季;流沙港水域涨、落潮历时冬季均大于夏季。

海区潮流基本呈往复流,涨、落潮流向分别为 329°和 154°,呈 NNW~SSE 向,基本沿湾岸流动,最大流速接近 2 kn。

雷州大唐电厂港区的大潮急涨和急落潮情况见附录 5。

3) 波浪

波浪测站设备采用挪威诺泰克阔龙,测站位于发电厂厂区 NW 向,距厂区约 5 km 处的开敞水域,天然泥面标高为-9 m,地理坐标为 20°32.077′N/109°47.186′E,观测时间为 2008 年 4 月—2009 年 3 月。

根据测波站观测资料分析:海区全年波况,常浪向为 WSW,出现频率为 15.55%;次常浪向为 WNW,出现频率为 13.05%;强浪向为 W,最大波高为 5.25 m;次强浪向为 WSW、SW,最大波高分别为 4.67 m、3.72 m。

4) 地质

雷州港区土层具有水平呈层的特点,且具有一定的结构性,土颗粒间距有钙、铁元素的胶结,土质表层有少量淤泥和淤泥质粘土,以砂土类和黏性土类为主,部分有玄武岩分布,土体有较高的结构强度。

8.2.2　地理条件

1) 进出港航道

进出大唐国际雷州发电厂码头的航道总长 5 530 m,航道直线段长度为

4 158.4 m,通航宽度 192 m,方位角 73°35′6″/253°35′6″。进港航道转向角为 40°,航道转弯段长度为 1 371.6 m,转弯半径为 1 250 m。进出港航道示意见图 8-2。

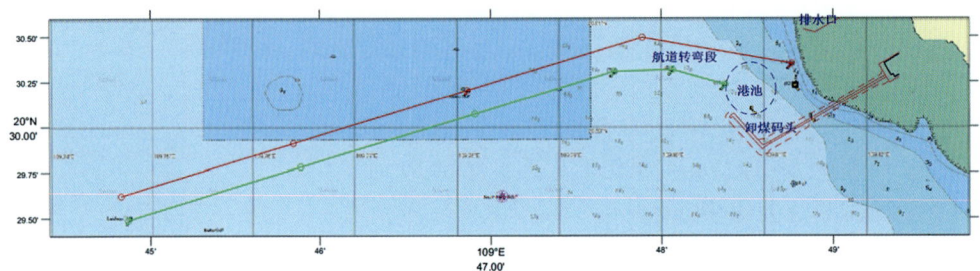

图 8-2 大唐国际雷州发电厂泊位进出港航道示意

2) 导助航设施

大唐国际雷州发电厂泊位共设有 12 座水上浮标和 2 座码头灯桩,水上浮标参数见表 8-4。

表 8-4 水上浮标参数

名称	2000 坐标系统		类型	灯质
	纬度(N)	经度(E)		
大唐雷州 1#灯浮	20°29′29.30″	109°44′52.00″	右侧标	闪绿 4 s(同步闪)
大唐雷州 2#灯浮	20°29′37.20″	109°44′49.50″	左侧标	闪红 4 s(同步闪)
大唐雷州 3#灯浮	20°29′46.80″	109°45′53.20″	右侧标	闪绿 4 s(同步闪)
大唐雷州 4#灯浮	20°29′54.60″	109°45′50.70″	左侧标	闪红 4 s(同步闪)
大唐雷州 5#灯浮	20°30′04.20″	109°46′54.40″	右侧标	闪(2)绿 6 s
大唐雷州 6#灯浮	20°30′12.10″	109°46′51.80″	左侧标	闪(2)红 6 s
大唐雷州 7#灯浮	20°30′18.30″	109°47′43.60″	右侧标	快绿
大唐雷州 8#灯浮	20°30′29.60″	109°47′53.40″	左侧标	快红
大唐雷州 9#灯浮	20°30′18.90″	109°48′03.90″	右侧标	快绿
大唐雷州 10#灯浮	20°30′21.00″	109°48′45.50″	左侧标	闪(2)红 6 s
大唐雷州 11#灯浮	20°30′14.00″	109°48′22.10″	右侧标	闪(2)绿 6 s
大唐雷州 12#灯浮	20°30′13.70″	109°48′46.60″	方位标	联甚快闪(9)白 10 s

3）锚地

雷州港区目前没有配套锚地，根据《湛江港总体规划（2020—2035年）》（送审稿）和《湛江港雷州港区总体规划》，雷州港区流沙和乌石作业共规划锚地6个，总面积约48.64 km²。

（1）1#锚地：候泊锚地，底标高－14 m，锚地面积7.06 km²；

（2）2#锚地：候泊锚地，底标高－15 m，锚地面积7.06 km²；

（3）3#锚地：危险品锚地，底标高－19 m，锚地面积9.00 km²；

（4）4#锚地：危险品船防台锚地，底标高－18 m，锚地面积11.4 km²；

（5）5#锚地：非危险品船防台锚地，底标高－15 m，锚地面积7.06 km²；

（6）6#锚地：候泊锚地，底标高－13 m，锚地面积7.06 km²。

4）泊位

目前建有一个7万吨级（结构10万吨级）泊位和一个3 000吨级的重件泊位。7万吨级码头采用直立式防浪结构形式，内侧靠船，外侧挡浪，一期卸煤码头长度为310 m，码头方位角137°/317°，前沿停泊水域宽度66.5 m 码头与防波堤采用合并式的布置形式。重件码头位于引堤中段，天然泥面标高－12 m处，采用顺岸布置。重件码头长136 m。除考虑卸载重大件之外，重件码头还兼顾停靠工作船的功能。港池布置在码头的北侧，卸煤码头和重件码头共用掉头圆，掉头圆直径为2 L=456 m。泊位示意见图8－3。

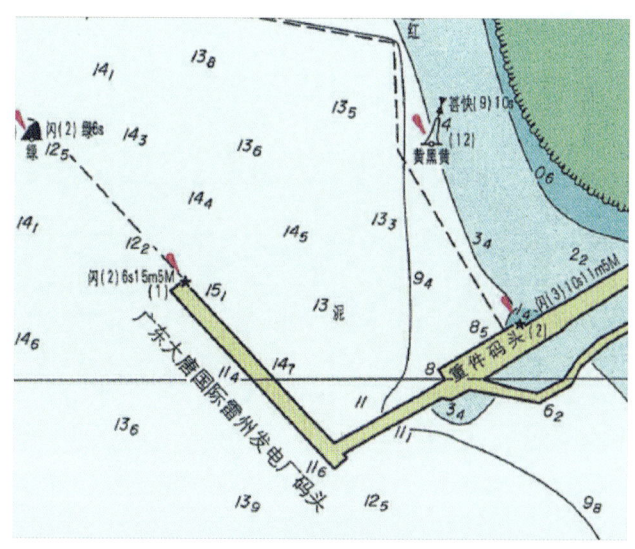

图8－3　大唐国际雷州发电厂泊位示意

8.2.3 港区服务与引航服务

1）拖船配置

大唐电厂配备有两艘 5 200 HP 全旋回拖船,其技术参数见表 8-5。

表 8-5 大唐电厂拖船技术参数一览表

船名	船长/m	船宽/m	型深/m	最大吃水/m	马力/HP	牵引力/t	建造日期	类型
雷州发电 01	33.0	10.5	4.8	3.8	5 200	62	2018.2	全回转
雷州发电 02	33.0	10.5	4.8	3.8	5 200	62	2018.2	全回转

2）登离船水域

交通运输部海事局 2021 年公布的湛江港引航登离船水域中雷州大唐电厂船舶的登离船点为以 20°28′.00N/109°43′.00E 为中心的半径 1 n mile 的圆形水域,见图 8-4。

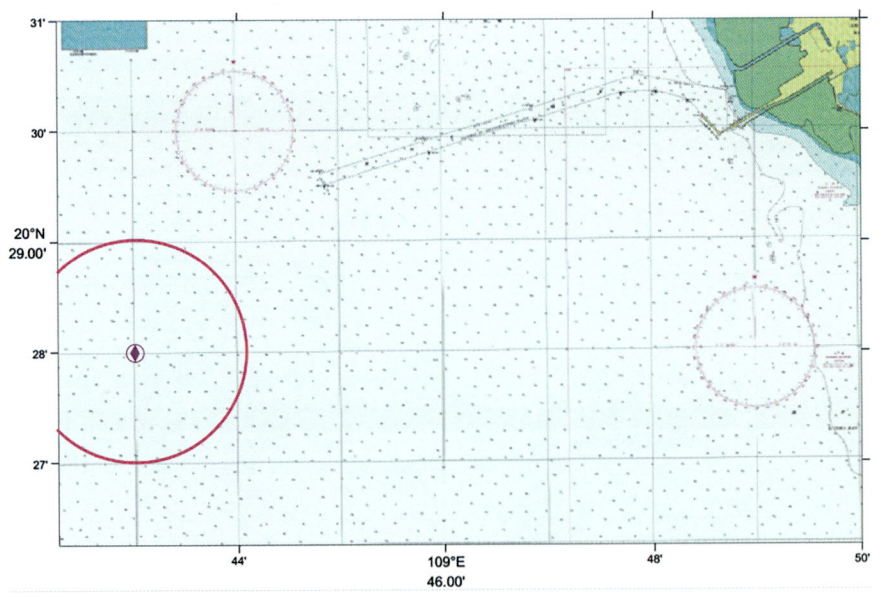

图 8-4 雷州港区引航员登离船水域示意

8.3 电厂码头船舶进出港操纵

8.3.1 操纵要求

1）代表船型

大唐国际雷州发电厂码头设计代表船型见表 8-6。

表 8-6 大唐国际雷州发电厂码头设计代表船型

码头	船舶载重吨级	船型	总长/m	型宽/m	型深/m	满载吃水/m
重件码头	3 000	甲板驳	75	16.2	4.8	3.81
	3 000	杂货船	108	16	7.8	5.9
卸煤码头	5 万	散货船	223	32.3	17.9	12.8
	7 万	散货船	228	32.3	19.6	14.2
	远期 10 万	散货船	250	43.0	20.3	14.5

2）实操船舶

H 轮：船长 225 m，船宽 32.26 m，进港最大吃水 11.5 m，载质量 70 213 t，主机最大功率 8 456 kW，倒车功率为进车功率的 75%。

3）水文概况

2022 年 5 月 9 日，气象情况：晴天，东北东风 2~3 级，能见度良好。当日流沙为全日潮，低潮为 0805 时 65 cm，高潮为 2231 时 338 cm，计划 1430 时右舷靠泊电厂卸煤码头。

4）拖船配备

助靠拖船为"雷州发电 01"（5 200 HP）和"雷州发电 02"（5 200 HP）。

8.3.2 进港靠泊操纵

（1）引航员按照靠泊计划，提前一个小时，1330 时在 1#灯浮西面 1 n mile 处登船，在与船长进行简单信息交换后，下令加车驶入雷州航道，由于涨潮流的影响，船舶在航道航行时始终受右舷正横方向流压影响，通过不断修正流压角大小控制船位在航道中心线航行。航至 5#灯浮时航速 5.5 kn，在左舷带好拖船。

（2）从 7#灯浮开始进入转向入泊阶段，从 7#灯浮航至码头前沿水域需进行三次不间断转向,整个转向角度约64°。因重载巴拿马型船舶在低速航行状态下的操纵性能会变差,开始转向时应早用舵、用大舵,观察船首转头角速度的快慢和7#灯浮距离变化,适时修正舵角,考虑到涨潮流压影响,转向时可适当贴近7#灯浮,预留流压作用向北横移余量。当驶过7#灯浮后受右舷横流和右转向反移量的影响,船舶整个船身向北压态势明显,应果断加大舵角加快转头速率,航至9#灯浮时提早压舵,减缓转向角速度,使船首保持缓慢向右偏转即可。

(3) 船舶驶过9#灯浮的航速为4.1 kn,下令船尾拖船松长缆绳做好向船尾方向拖拉的准备,同时停车淌航降速,观察船舶淌航偏转态势和流压角的大小,保持船首缓慢向右,一旦发现船首转头角速率过快时可利用短时进车抑制。受北边岸线和南边防洪堤影响,11#灯浮附近出现南向回流,不应过早考虑入泊角的问题,以免在流压作用下压碰11#灯浮,应先稳定航向对准重件码头方向行驶。

(4) 确定让清11#灯浮后,下令前后拖船做好顶推准备同时开始倒车降速,控制船速2 kn以下进入码头对开水域,使用车、舵和拖船调整船舶入泊角度和靠拢速度,随着横距的减小,控制前冲后缩,减小横移法向速度和入泊角度,实现安全靠泊。靠泊操纵示意见图8-5。

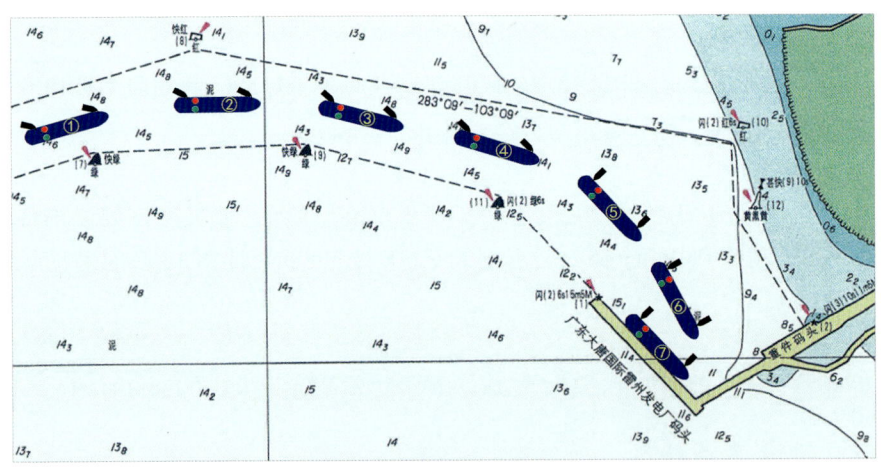

图8-5 卸煤码头靠泊示意

8.3.3 离泊出港操纵

1) 实操船及条件

A轮:船长224.95 m,船宽32.25 m,离港最大吃水6.55 m,载质量73 018 t,

主机最大功率10 620 HP,倒车功率为进车功率的30%。2022年5月9日,气象情况:晴天,东北东风2~3级,能见度良好。当日流沙为全日潮,低潮为0805时65 cm,高潮为2231时338 cm,计划1130时离泊电厂卸煤码头。拖船配备:助离拖船为"雷州发电01"(5 200 HP)和"雷州发电02"(5 200 HP)。

2)离泊操纵过程

卸煤码头离泊的船舶均为空载,干舷高,受风面积大。卸煤码头掉头圆直径456 m,码头对开水域因为防洪提的保护,受流影响很小,船舶离泊操纵基本选择在对开水域直接向左掉头离泊出港。离泊操纵示意见图8-6。首先在左舷首尾带妥拖船,下令拖船垂直顶推,使船舶紧贴码头,防止船舶在解缆过程中受风影响产生前冲后缩或者首尾有角度的甩开和贴拢。所有缆绳解掉清爽后,下令拖船松缆、摆位、起拖,先平行拖开然后慢慢加大船尾拖船拖力,使船尾先离开码头形成一定的离泊角度后倒车,使船舶有缓慢后退趋势,随着船尾与码头横距增大,慢慢减小船尾拖船拖力,当船尾与码头横距大于1倍船宽时,下令船尾拖船停止拖拉调整为顶推状态,同时慢慢加大船首拖船拖力,使船舶开始向左掉头。同时,观察船尾与码头横距的变化,适时用舵和进车,增大旋回速度和抑制船舶退速,确保船尾与码头的安全横距,掉头过程中,利用车和调整拖船拖拉的角度控制船舶的前冲速度,掉头接近完成时,果断用车配合拖船把定所需航向,待航向稳定后,停车解清船首、尾拖船,进车出港,离泊结束。

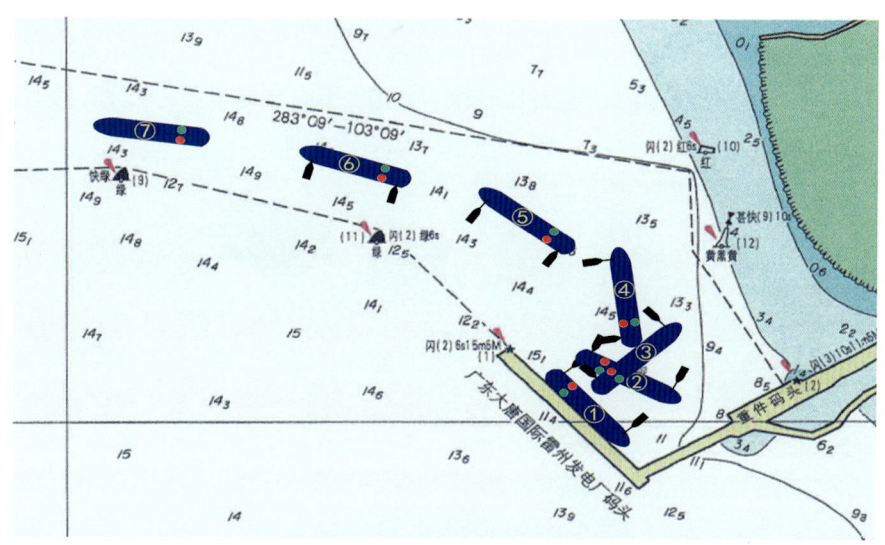

图8-6 卸煤码头离泊示意

8.3.4 靠离泊注意事项

1）选择合适的靠泊时机。重载巴拿马型船舶水线以下受流面积大，受流影响明显，容易发生船位横移，而且其排水量大、停车惯性大、失去舵效的余速高、低速条件下操纵性能差，因此一般选择平潮流缓时机靠泊。大唐雷州电厂码头水域的潮流情况一般参照中版《潮汐表》流沙的潮汐情况，但通过实际引航经验和规律总结，流沙的高、低平潮时前两至两个半小时的流速最小，选择在该时段进港靠泊可以最大程度减小强流对重载船舶的影响。

2）港区位置相邻乌石渔港，小型渔船常无序穿梭航道及码头前沿水域，航道内捕鱼作业现象时有发生，驾引人员应在船舶进出港前提前了解航道和港区的通航情况，必要时提早通知拖船进行清障和护航。

3）大唐电厂码头位于雷州半岛西海岸开敞水域，进港航道遮蔽条件较差，在海况恶劣的情况下，船舶航行受风浪影响大，协助靠泊拖船将产生激烈的横摇和垂荡，自身的操纵性能将受到严重影响，在转向和降速阶段是无法给予过多帮助的，驾引人员应充分考虑拖船使用的局限性。

4）重载巴拿马型船舶如在退潮时段靠泊，应注意船舶进入码头西面前沿水域后，受防洪提影响，船舶驶至11#灯浮时退潮流流速虽呈减缓态势，但左舷船尾受流强于左舷船头，当需要倒车抑速时，船舶右舷螺旋桨有时会出现船首向左偏转态势，驾引人员应及早预判采取相应措施。

5）由于航道7#灯浮至卸煤码头的距离较短，转向角度大，为减小流压作用影响和保证舵效转向，船舶的余速会比较快，故重载船舶要提早备好双锚，做好应急措施，防止船舶倒车无反应或是倒不停而出现紧迫局面。

附 录

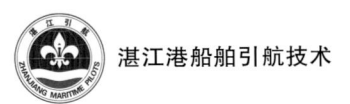

附录1 湛江港主航道最新水上浮标一览表

1）湛江港30万吨级航道水上浮标一览表

序号	名称	国家2000坐标系统		类型	灯质
		纬度(N)	经度(E)		
1	湛江港0#灯浮	21°00′34.0″	110°59′42.4″	右侧标	快绿
2	湛江港1#灯浮	21°00′45.0″	110°58′07.7″	右侧标	闪绿4s(同步闪)
3	湛江港2#灯浮	21°00′30.8″	110°58′05.9″	左侧标	闪红4s(同步闪)
4	湛江港3#灯浮	21°00′53.9″	110°56′50.1″	右侧标	闪绿4s(同步闪)
5	湛江港4#灯浮	21°00′39.7″	110°56′48.6″	左侧标	闪红4s(同步闪)
6	湛江港5#灯浮	21°01′02.9″	110°55′31.3″	右侧标	闪绿4s(同步闪)
7	湛江港6#灯浮	21°00′48.7″	110°55′29.4″	左侧标	闪红4s(同步闪)
8	湛江港7#灯浮	21°01′11.6″	110°54′15.7″	右侧标	闪绿4s(同步闪)
9	湛江港8#灯浮	21°00′57.4″	110°54′13.7″	左侧标	闪红4s(同步闪)
10	湛江港9#灯浮	21°01′20.3″	110°53′00.0″	右侧标	闪绿4s(同步闪)
11	湛江港10#灯浮	21°01′06.1″	110°52′58.0″	左侧标	闪红4s(同步闪)
12	湛江港11#灯浮	21°01′28.9″	110°51′44.3″	右侧标	闪绿4s(同步闪)
13	湛江港12#灯浮	21°01′14.8″	110°51′42.4″	左侧标	闪红4s(同步闪)
14	湛江港13#灯浮	21°01′37.6″	110°50′28.6″	右侧标	闪绿4s(同步闪)
15	湛江港14#灯浮	21°01′23.4″	110°50′26.7″	左侧标	闪红4s(同步闪)
16	湛江港15#灯浮	21°01′46.3″	110°49′12.9″	右侧标	闪绿4s(同步闪)
17	湛江港16#灯浮	21°01′32.0″	110°49′11.1″	左侧标	闪红4s(同步闪)
18	湛江港17#灯浮	21°01′55.1″	110°47′55.4″	右侧标	闪绿4s(同步闪)
18	湛江港18#灯浮	21°01′40.9″	110°47′53.6″	左侧标	闪红4s(同步闪)
20	湛江港19#灯浮	21°02′03.4″	110°46′43.1″	右侧标	闪绿4s(同步闪)
21	湛江港20#灯浮	21°01′49.2″	110°46′41.3″	左侧标	闪红4s(同步闪)
22	湛江港21#灯浮	21°02′11.8″	110°45′29.3″	右侧标	闪绿4s(同步闪)
23	湛江港22#灯浮	21°01′57.6″	110°45′27.4″	左侧标	闪红4s(同步闪)
24	湛江港23#灯浮	21°02′19.8″	110°44′18.8″	右侧标	闪绿4s(同步闪)

附录1(续表)

序号	名称	国家 2000 坐标系统		类型	灯质
		纬度(N)	经度(E)		
25	湛江港 24#灯浮	21°02′05.6″	110°44′17.0″	左侧标	闪红 4 s(同步闪)
26	湛江港 25#灯浮	21°02′28.1″	110°43′06.2″	右侧标	闪绿 4 s(同步闪)
27	湛江港 26#灯浮	21°02′13.8″	110°43′04.5″	左侧标	闪红 4 s(同步闪)
28	湛江港 27#灯浮	21°02′36.2″	110°41′54.1″	右侧标	闪绿 4 s(同步闪)
29	湛江港 28#灯浮	21°02′22.0″	110°41′52.3″	左侧标	闪红 4 s(同步闪)
30	湛江港 29#灯浮	21°02′44.4″	110°40′42.0″	右侧标	闪绿 4 s(同步闪)
31	湛江港 30#灯浮	21°02′30.2″	110°40′40.2″	左侧标	闪红 4 s(同步闪)
32	湛江港 31#灯浮	21°02′52.6″	110°39′29.6″	右侧标	闪绿 4 s(同步闪)
33	湛江港 32#灯浮	21°02′38.4″	110°39′27.9″	左侧标	闪红 4 s(同步闪)
34	湛江港 33#灯浮	21°03′01.0″	110°38′15.9″	右侧标	闪绿 4 s(同步闪)
35	湛江港 34#灯浮	21°02′46.8″	110°38′14.2″	左侧标	闪红 4 s(同步闪)
36	湛江港 35#灯浮	21°03′10.1″	110°37′04.0″	右侧标	快绿
37	湛江港 36#灯浮	21°02′55.2″	110°36′59.8″	左侧标	快红
38	湛江港 37#灯浮	21°03′33.0″	110°36′02.9″	右侧标	闪(2)绿 6 s
39	湛江港 38#灯浮	21°03′19.8″	110°35′57.0″	左侧标	闪(2)红 6 s
40	东海岛灯船	21°03′40.1″	110°35′05.0″	灯船	闪(2)白 6 s
41	湛江港 39#灯浮	21°03′56.9″	110°34′07.5″	左侧标	闪(3)红 10 s
42	湛江港 40#灯浮	21°04′47.6″	110°31′58.6″	左侧标	闪(3)红 10 s
43	湛江港 41#灯浮	21°05′22.2″	110°31′51.2″	右侧标	快绿
44	湛江港 42#灯浮	21°05′04.8″	110°29′59.1″	右侧标	闪绿 4 s
45	湛江港 43#灯浮	21°04′53.6″	110°29′08.0″	右侧标	闪(2)绿 6 s
46	湛江港 44#灯浮	21°04′33.2″	110°28′42.2″	左侧标	闪(2)红 6 s
47	湛江港 45#灯浮	21°04′51.7″	110°28′18.4″	右侧标	快绿
48	湛江港 46#灯浮	21°04′19.4″	110°27′39.8″	左侧标	快红
49	湛江港 47#灯浮	21°05′07.2″	110°27′31.6″	右侧标	闪绿 4 s
50	湛江港 48#灯浮	21°04′59.7″	110°27′06.7″	左侧标	闪红 4 s
51	湛江港 49#灯浮	21°05′38.0″	110°26′54.3″	右侧标	闪绿 4 s
52	湛江港 50#灯浮	21°05′54.5″	110°26′21.4″	左侧标	闪红 4 s

附录 1(续表)

序号	名称	国家 2000 坐标系统		类型	灯质
		纬度(N)	经度(E)		
53	湛江港 51#灯浮	21°06′56.2″	110°25′30.4″	左侧标	闪红 4 s
54	湛江港 52#灯浮	21°07′56.3″	110°24′35.6″	推荐航道左侧标	闪(2+1)红 6 s
55	湛江港 53#灯浮	21°07′56.8″	110°25′01.2″	右侧标	快绿
56	湛江港 54#灯浮	21°08′34.5″	110°24′33.7″	推荐航道左侧标	闪(2+1)红 9 s
57	湛江港 55#灯浮	21°08′58.8″	110°24′47.9″	右侧标	闪绿 4 s

2) 湛江港 7 万吨级航道水上浮标一览表

序号	名称	国家 2000 坐标系统		类型	灯质
		纬度(N)	经度(E)		
1	湛江港 56#灯浮	21°09′33.4″N	110°24′47.6″E	右侧标	闪(2)绿 6 s
2	湛江港 57#灯浮	21°10′03.70″N	110°24′57.10″E	右侧标	闪(3)绿 10 s
3	湛江港 58#灯浮	21°10′54.8″N	110°25′06.2″E	左侧标	闪(3)红 10 s
4	湛江港 59#灯浮	21°11′56.4″N	110°25′28.2″E	右侧标	闪绿 4 s
5	湛江港 60#灯浮	21°13′02.6″N	110°26′05.5″E	右侧标	闪(2)绿 6 s
6	湛江港 61#灯浮	21°13′59.9″N	110°25′50.3″E	左侧标	闪红 4 s
7	湛江港 62#灯浮	21°14′50.7″N	110°25′10.2″E	左侧标	同步闪闪(2)红 6 s
8	湛江港 63#灯浮	21°14′56.2″N	110°25′19.9″E	右侧标	同步闪闪(2)绿 6 s
9	湛江港 64#灯浮	21°15′16.4″N	110°24′49.0″E	左侧标	同步闪闪(3)红 10 s
10	湛江港 65#灯浮	21°15′21.6″N	110°24′59.0″E	右侧标	同步闪闪(3)绿 10 s
11	湛江港 66#灯浮	21°15′44.9″N	110°24′33.1″E	左侧标	同步闪闪(2)红 6 s
12	湛江港 67#灯浮	21°15′46.2″N	110°24′46.9″E	右侧标	同步闪闪(2)绿 6 s
13	湛江港 68#灯浮	21°16′33.4″N	110°24′52.9″E	左侧标	同步闪闪(3)红 10 s
14	湛江港 69#灯浮	21°16′30.9″N	110°25′02.7″E	右侧标	同步闪闪(3)绿 10 s
15	湛江港 70#灯浮	21°17′04.7″N	110°25′14.8″E	右侧标	闪绿 4 s
16	湛江港 71#灯浮	21°17′45.1″N	110°25′15.1″E	右侧标	闪(2)绿 6 s
17	湛江港 72#灯浮	21°18′21.4″N	110°25′07.3″E	右侧标	闪(3)绿 10 s

附录 2　湛江港岸上导标汇总表

标志名称	前/后	灯质	灯高/m	射程/n mile	引导线真航向
硇洲岛灯塔	单塔	闪 5 s 环向	103	26	
斗龙村东航道引导灯桩	前桩	定白	29.6	14	270°/090°
	后桩	等明暗白 6 s	44	14	
龙水岭航道引导灯桩	前桩	定白	27.8	14	303°46′/123°46′
	后桩	闪(2)白 4 s	60.8	10	
斗龙村北航道引导灯桩	前桩	等明暗白 4 s	15.3	8	346°57′/166°57′
	后桩	闪白 1 s	38.6	8	
南三岛南航道引导灯桩	前桩	等明暗白 6 s	22	7	325°05′/145°05′
	后桩	定白	34.2	10	
南三岛西航道引导灯桩	前桩	等明暗红 4 s	25.8	10	256°47′/076°47′
	后桩	等明暗红 4 s	40.27	10	
东石航道引导灯桩桩（石头角）	前桩	等明暗红 6 s	23.6	7	322°12′/142°12′
	后桩	等明暗红 6 s	35.4	7	
东头山航道引导灯桩	前桩	定红	37.23	7	357°40′/177°40′
	后桩	定红	43.54	7	
麻斜航道引导灯桩	前桩	定红	17.4	5	023°10′/203°10′
	后桩	定红	22.8	5	
莫烟楼航道引导灯桩	前桩	定绿	34.8	5	030°17′/210°17′
	后桩	定绿	41.9	5	
调顺航道引导灯桩	前桩	等明暗红 4 s	15.8	6	322°31′/142°31′
	后桩	等明暗红 4 s	24.8	6	
霞海航道引导灯桩	前桩	等明暗红 4 s	32.5	7	019°46′/199°46′
	后桩	等明暗红 4 s	38.2	7	

注：龙腾航道外段导标改造中，目前还没有准确数据。

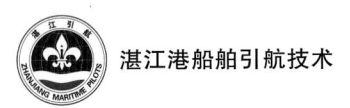

附录3 湛江港湾内有编号锚地

1）湛江港湾内有编号锚地一览表

序号	名称	位置 纬度(N)	位置 经度(E)	半径/m	海图水深/m	备注
1	1#锚地	21°11′36.0″	110°25′17.0″	270	13	平时不用,仅防台用
2	2#锚地	21°11′17.5″	110°25′14.5″	270	14	
3	3#锚地	21°10′39.0″	110°25′06.5″	250	13	可供临时候泊、防台用
4	4#锚地	21°10′23.0″	110°24′59.0″	250	11.4	
5	5#锚地	21°10′08.5″	110°24′52.5″	250	13	平时不用,仅防台用
6	6#锚地	21°08′51.0″	110°24′33.5″	250	13	
7	7#锚地	21°08′27.5″	110°24′46.5″	250	10.2	占航道不用
8	8#锚地	21°07′14.0″	110°25′36.0″	300	13	东北侧的水深快速变浅,使用时应特别注意
9	9#锚地	21°06′59.0″	110°25′50.0″	300	13	
10	10#锚地	21°06′42.0″	110°26′03.0″	300	9	
11	11#锚地	21°06′06.0″	110°26′36.0″	400	14.9	大型船舶锚地
12	13#锚地	21°05′14.0″	110°30′08.0″	270	13	引航锚地,平时和防台期间多为小船占用,大型船舶时应注意使用安全
13	14#锚地	21°05′14.0″	110°30′28.0″	270	13	
14	15#锚地	21°05′20.0″	110°30′48.0″	270	14	
15	16#锚地	21°05′23.0″	110°31′08.0″	270	14	
16	17#锚地	21°05′05.0″	110°32′02.0″	450	20	大型船舶待泊、防台锚地,浅点或浅区在锚圈内北侧,锚泊时应注意安全
17	18#锚地	21°04′58.0″	110°32′35.0″	500	12.6	
18	19#锚地	21°04′55.0″	110°33′20.0″	500	9.1	
19	20#锚地	21°04′42.2″	110°34′04.0″	450	9.1	

附录 3(续表)

序号	名称	位置 纬度(N)	位置 经度(E)	半径/m	海图水深/m	备注
20	平乐 1#锚地	21°15′20.5″	110°24′53.5″	250	10	1#、2#因建桥无法使用;3#、4#离大桥近,周围有浮筒,仅能供小型船舶用
21	平乐 2#锚地	21°15′05.5″	110°25′12.5″	250		
22	平乐 3#锚地	21°14′48″	110°25′31″	250	13	
23	平乐 4#锚地	21°14′32.5″	110°25′44″	250	12.6	
24	加 1#锚地	21°08′18.5″	110°24′29.3″	300	5.8	锚圈内浅点为岩石底
25	加 2#锚地	21°04′38.2″	110°27′33.5″	400	8	浅点在锚圈西侧
26	加 3#锚地	21°04′31.5″	110°28′02.7″	400	7.4	浅点在西侧
27	加 4#锚地	21°04′45.0″	110°29′00.0″	400	8.4	浅点在圈内北侧
28	加 5#锚地	21°04′47.9″	110°29′31.0″	400	9.4	浅点在圈内北侧
29	加 6#锚地	21°05′12.7″	110°31′31.0″	400	20	加锚地仅供防台用

2) 湛江港湾内有编号锚地位置

序号	名称	面积/km²	海图水深/m	范围	用途
1	特呈岛千吨级油船锚泊区	0.30	6	21°08′14″N/110°25′12″E;21°08′14″N/110°25′03.5″E;21°08′53″N/110°24′45″E;21°08′53″N/110°24′54.0″E;四点连线范围内的水域	小型油船锚地
2	南三河口南小型油船锚泊区	0.27	5	21°10′32″N/110°25′25.5″E;21°10′32″N/110°25′15″E;21°11′08″N/110°25′25.5″E;21°11′08″N/110°25′32″E;四点连线范围内的水域	

(续表)

序号	名称	面积/km²	海图水深/m	范围	用途
3	长桥锚泊区	0.13	6	1#、2#锚地旋回圈西切线以西至长桥码头及中燃湛江公司供水码头的水域（不含霞山湛江市水产供销总公司渔港码头水域）	小型船舶锚地
4	200净吨以下船（国轮）熏蒸锚泊区	0.01	6	21°11′41″N/110°25′30″E；21°11′41″N/110°25′32″E；21°11′35″N/110°25′30″E；21°11′35″N/110°25′32″E；四点连线范围	
5	菉塘小型机动船锚泊区（长桥北）	0.11		21°12′26″N/110°25′21″E；21°13′00″N/110°25′35″E 两点连线以西范围水域	
6	沙湾港小型机动船锚泊区（霞海港务局、外贸码头对开）	0.25	2.4~5.0	21°15′34.0″N/110°24′15.5″E；21°15′43″N/110°24′22.5″E；21°15′55.5″N/110°23′50.0″E；21°15′52″N/110°23′46.0″E；四点连线范围水域	小型船舶锚地
7	调顺岛南小型机动船锚泊区	0.20	3.3	21°15′50″N/110°24′15.5″E；21°15′43.0″N/110°24′22.5″E；21°16′3.5″N/110°23′38.5″E；21°15′58.5″N/110°23′35.5″E；四点连线范围内的水域	
8	渔业船舶锚泊区	0.26	3~10	湛江市水产供销总公司渔港码头、湛江海洋渔业公司码头（调顺岛）、硇洲淡水和东海龙安渔业管理区	渔业船舶锚地

附录 4 湛江海湾大桥数据

湛江海湾大桥通航参数如下：
- 大桥主孔通航宽度 380 m（设计为不小于 400 m）；
- 大桥通航净空高度 48 m，设计最高通航水位 4.54 m（1985 年国家高程基准）；
- 船舶、设施通过大桥时，富余高度不小于 2 m；
- 大桥桥区水域为大桥轴线两侧各 500 m；
- 大桥桥位海域海面宽度 2 600 m，东西两侧的 10 m 等深线之间宽 800 m；
- 大桥主孔单孔双向通航；
- 大桥上下端航道的底边宽 195 m，可满足 2 万吨级船舶双向通航；
- 大桥设计通航船舶等级为 5 万吨级散货船舶；
- 大桥主墩及其柔性吸能防撞装置，可承受 5 万吨级船舶，3 m/s 速度的撞击力 84 mN（其中桥墩可承受 60 mN，柔性吸能装置吸收 24 mN）；
- 大桥轴线与航道轴线交角约 6°；
- 大桥北面的航道转向后的稳定航向点至大桥的距离小于规范要求的 4 L。（L 为大桥设计代表船型 5 万吨级散货船船长）

通过湛江海湾大桥的船舶，水线以上高度（龙骨以上最大高度-船舶吃水）≤[(48-2)+(4.54-通过时潮高)]，否则船舶不能通过海湾大桥。

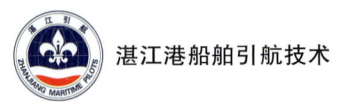

附录 5 湛江港潮流图

1) 湛江港湾内落急流图

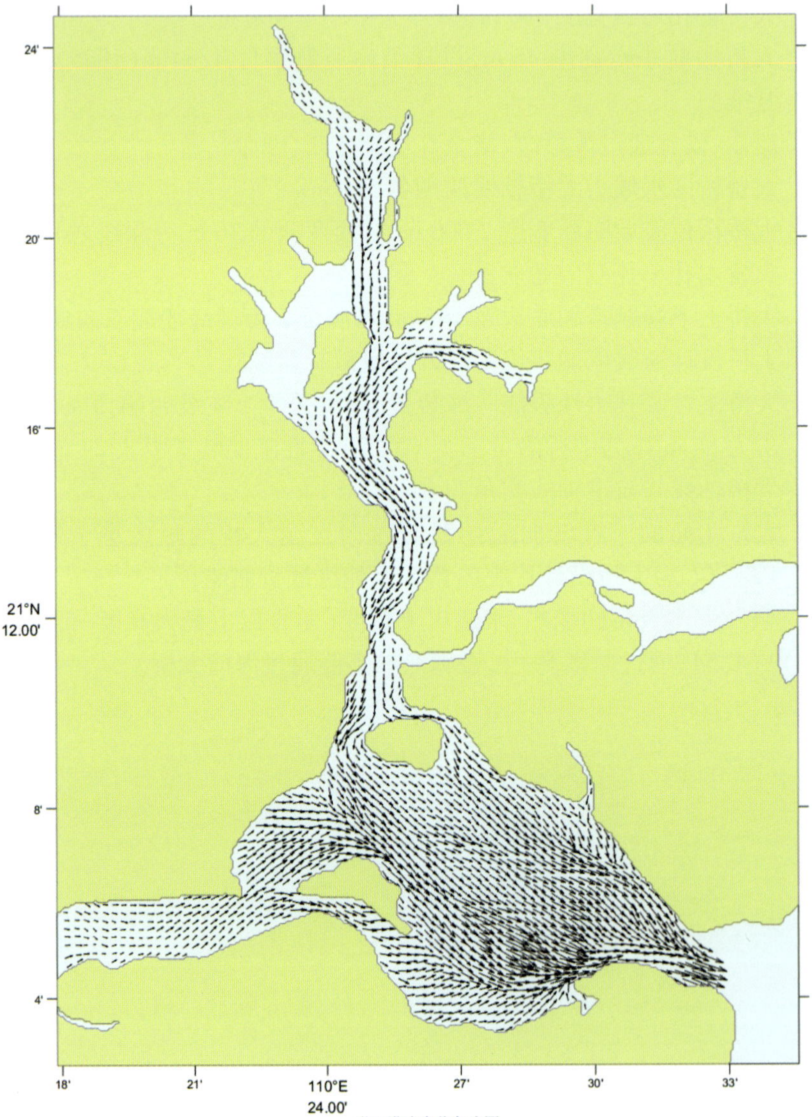

湛江港湾内落急流图

2）湛江港湾内涨急流图

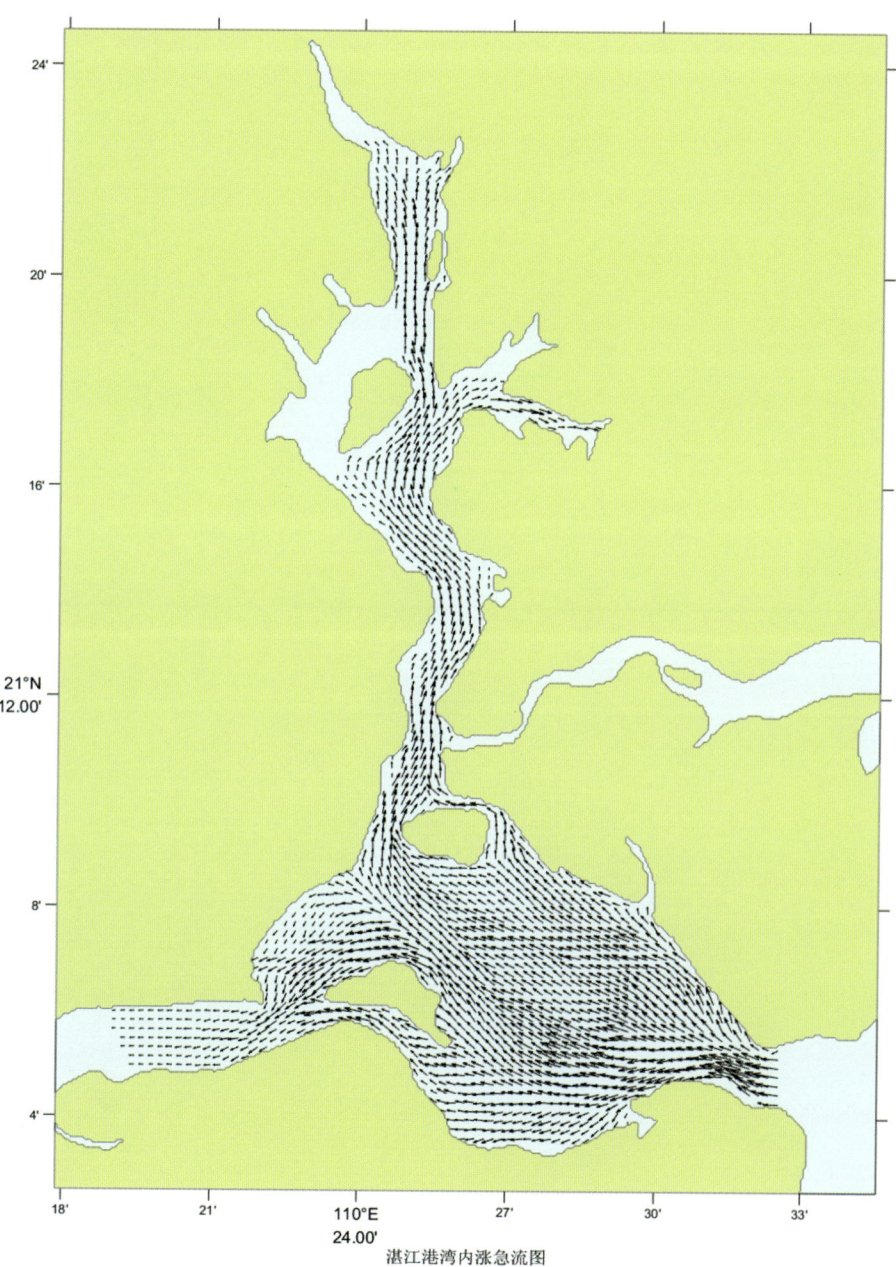

湛江港湾内涨急流图

3）湛江港湾外落急流图

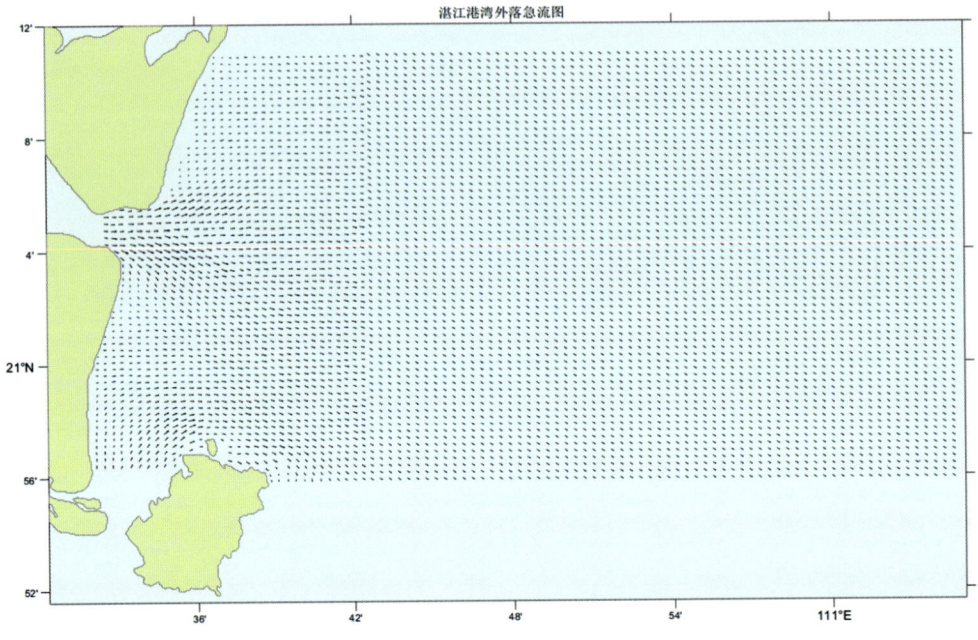

4）湛江港湾外涨急流图

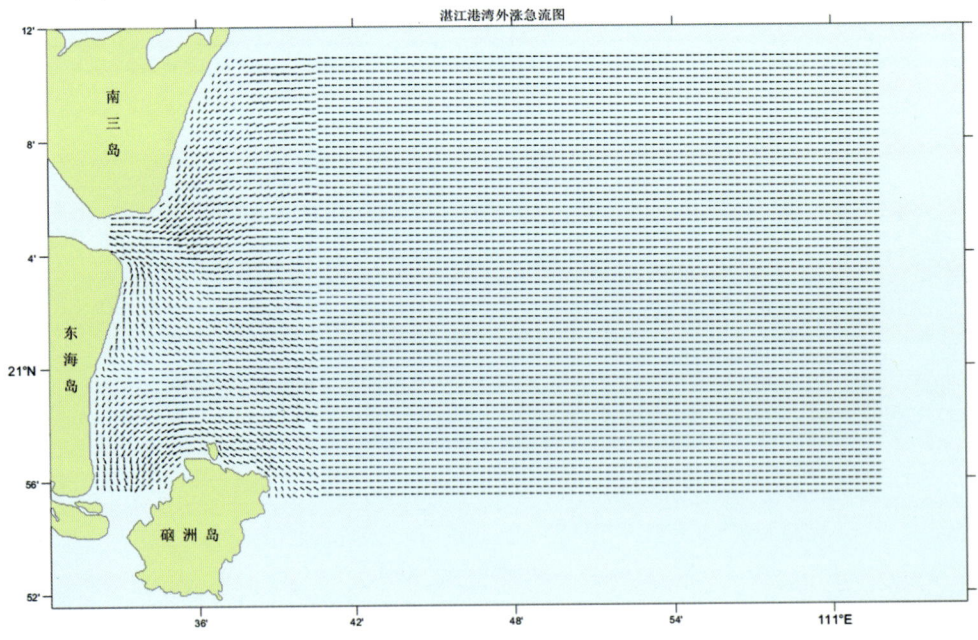

5）雷州大唐电厂落急流图

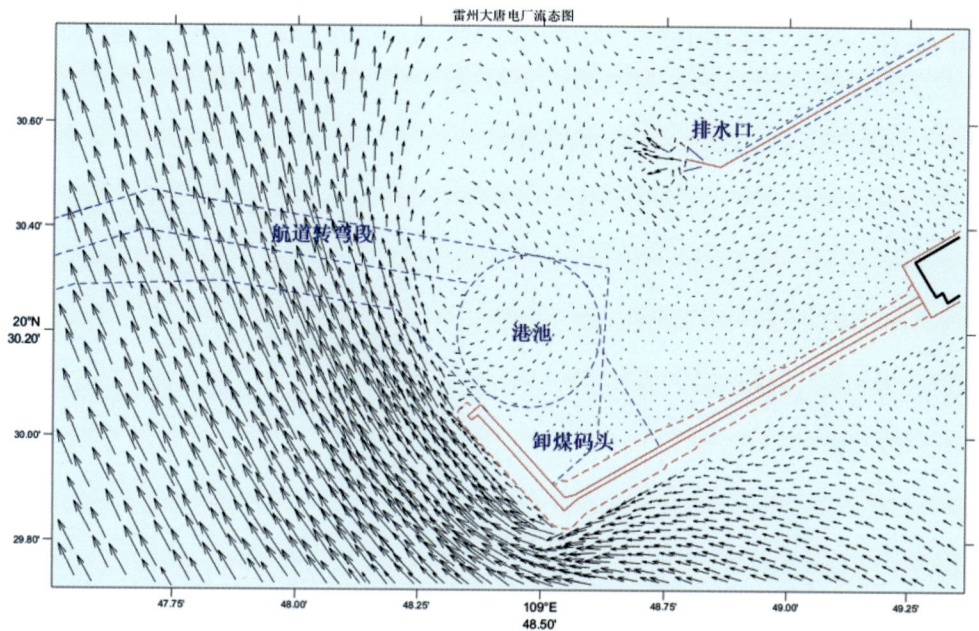

6）雷州大唐电厂涨急流图

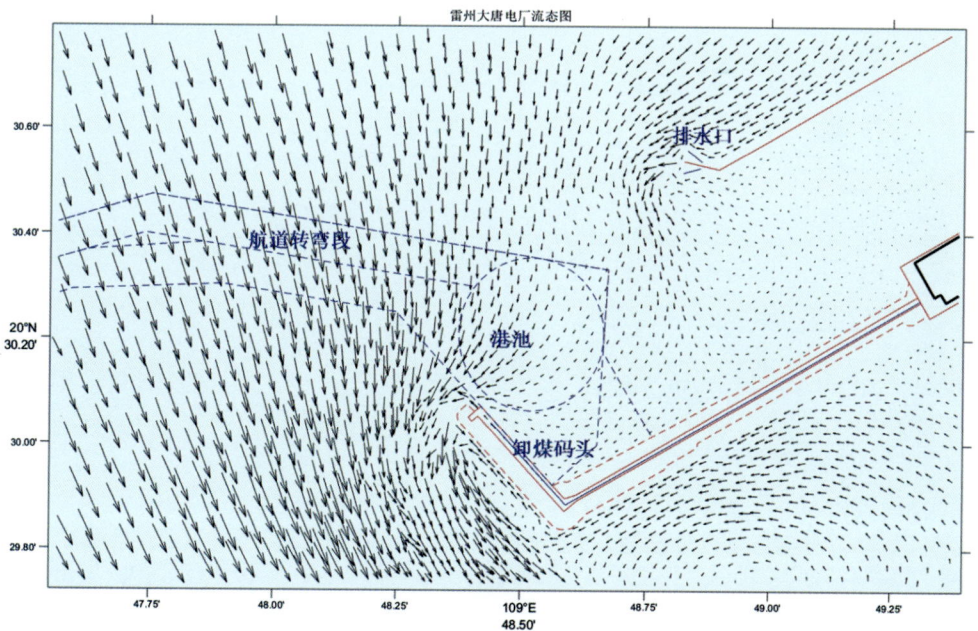

附录 6 湛江港海图

1）湛江港外（硇洲岛至南三岛）海图

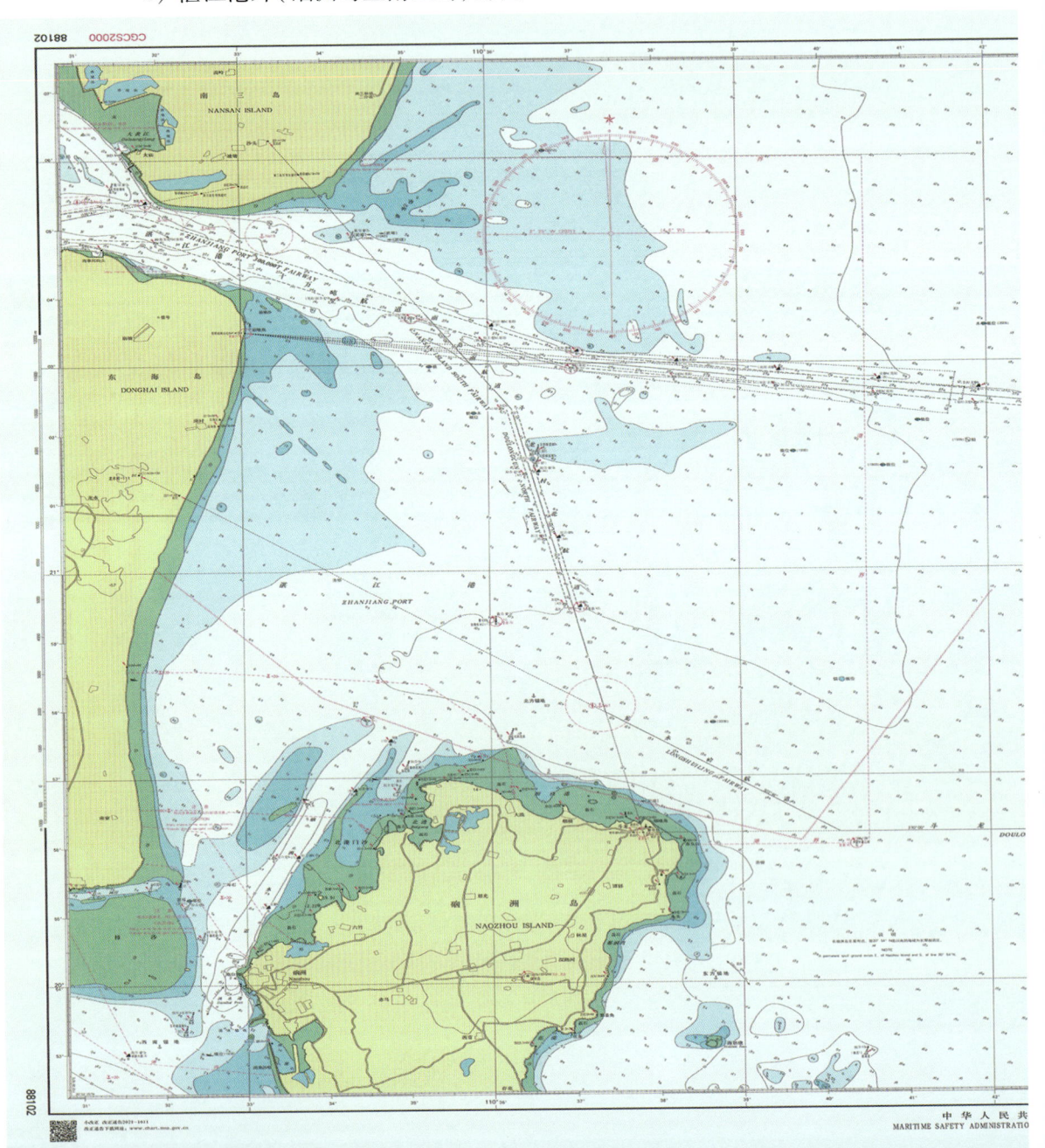

硇洲岛至南三岛
NAOZHOU ISLAND TO NANSAN ISLAND

1:40 000 (20° 53′)

墨卡托投影
2000国家大地坐标系
(航海用途等同于WGS-84世界大地坐标系)
深度……米……理论最低潮面
高程……米……1985国家高程基准
基本等高距40m
图式采用GB 12319-1998

2) 湛江港内（东海岛至调顺岛）海图

3) 雷州大唐电厂航道

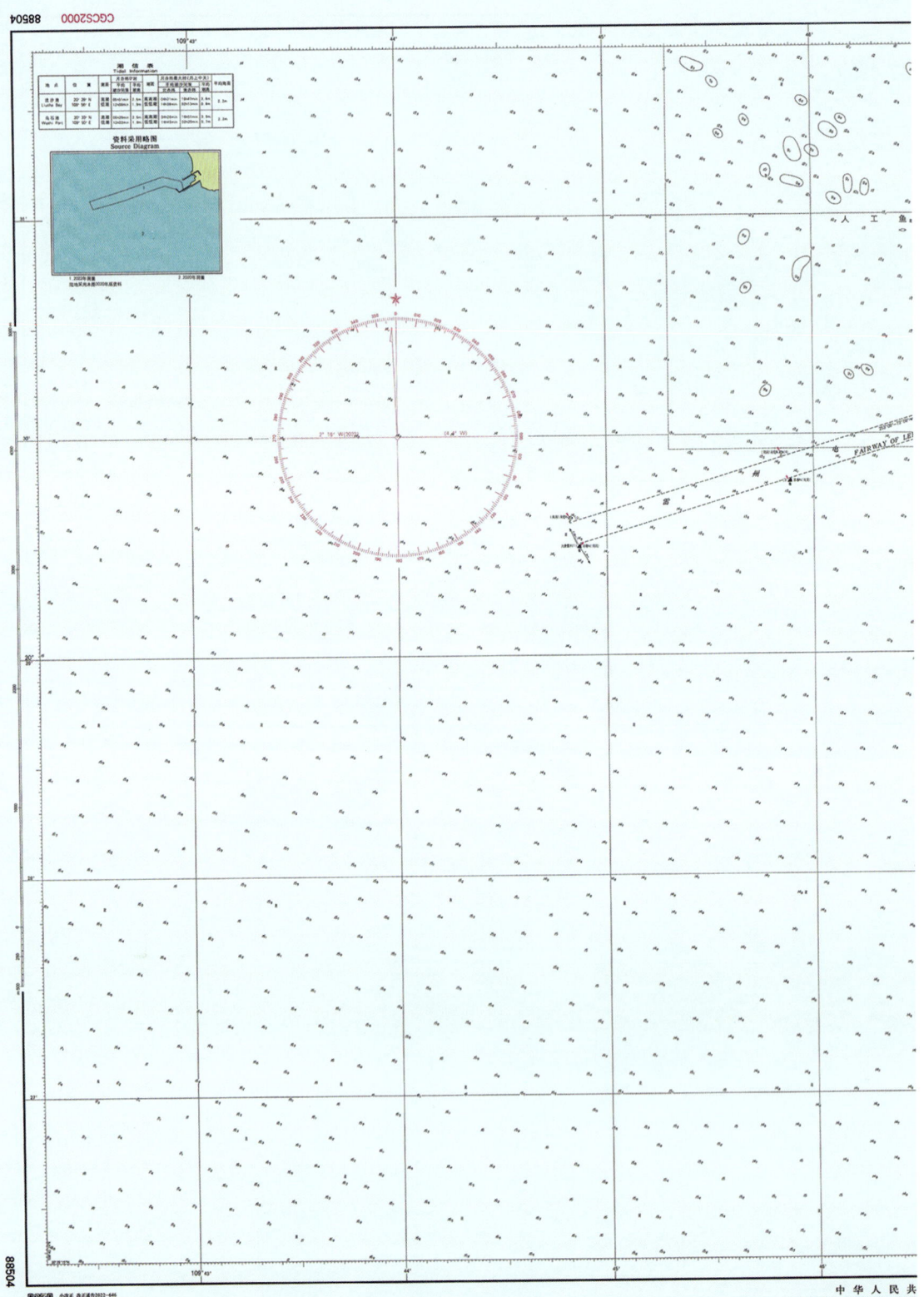

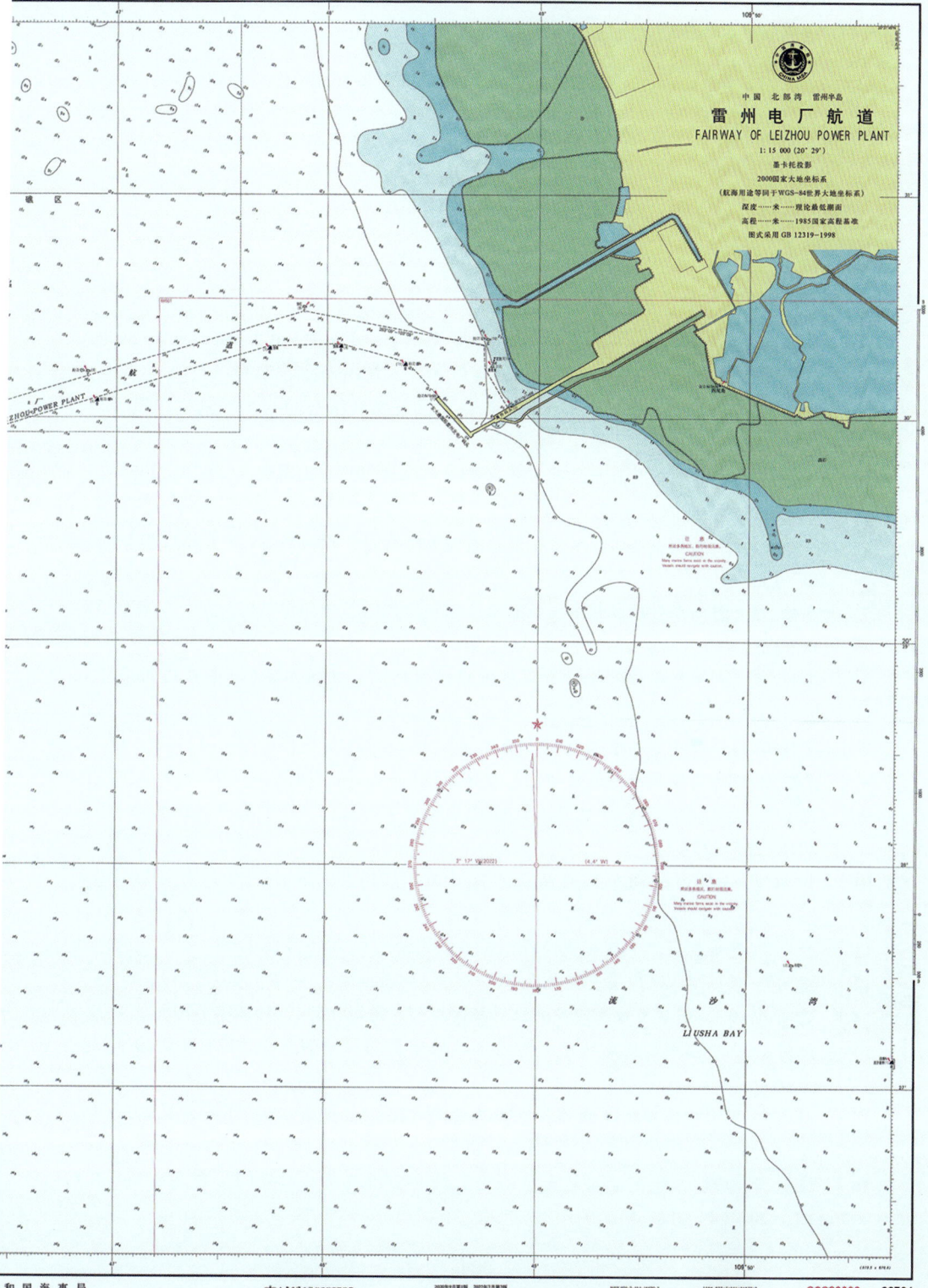

参考文献

[1] ZHUO Y, ZHU J. Study on Vessel Grounding Alert Based on Threat Assessment Technology[C]// 2020 Chinese Automation Congress（CAC）,2020:7327-7330.

[2] 吴公保.湛江海滨船厂厂修无动力军舰系离浮筒操纵探析[J].中国水运,2021(2):134-135.

[3] 吴公保.大型船舶高潮前靠泊湛江港300#泊位探讨[J].中国水运（下半月）,2021(1):7-8.

[4] 卢一肇.分析船舶在湛江港水域搁浅的成因及对策[J].中国水运（下半月）,2020(5):13-15.

[5] 李俊.超大型船舶引航过程中失控时的处理和操控[J].中国水运（下半月）,2020(5):11-12.

[6] 李俊.浅谈利用拖船操控无动力军舰进出修船坞[J].中国水运（下半月）,2020(3):9-10.

[7] 吴铸澎.浅谈掉头靠泊湛江港602#泊位[J].中国水运（下半月）,2020(1):16-17.

[8] 吴铸澎.浅谈大型船舶顺流靠泊[J].中国水运（下半月）,2019(10):13-14.

[9] 陈真日.湛江港超大型油船海上过驳作业及应急对策[C]//中国引航论文集2017,2018:253-257.

[10] 李祖飞.一种新航向距离的简易算法及应用[C]//中国引航论文集2017,2018:320-324.

[11] 卢一肇.船舶在湛江港安全航行的对策[J].航海技术,2016(1):1-3.

[12] 雷明光.湛江港VLCC安全富余水深浅探[J].中国水运（下半月）,2015(11):46-47.

[13] 雷明光.船长、引航员权责问题的探讨与分析[J].珠江水运,2015(20):70-71.

[14] 杜海鹏.小型船舶无拖船协助靠离湛江港的体会[J].中国水运（下半月）,2015(4):5-6.

[15] 杜海鹏.探究锚地油轮过驳作业危险及解决方法[J].中国水运（下半月）,2015(1):5-6.

[16] 王权,杜海鹏.三十万吨级超大型油轮引领安全措施及其对策[J].中国水运（下半月）,2014(4):14-15.

[17] 王权,庄盛发.引航员登离船存在风险和安全对策[J].中国水运(下半月),2014(3):40-41.

[18] 符仕龙.超大型船舶锚泊操纵基本方法分析[J].中国水运(下半月),2014(3):21-22.

[19] 符仕龙.密切合作,确保引航安全——引航员、船长权利和责任的探讨[J].中国水运(下半月),2014(2):30-31.

[20] 雷明光.驾驶台资源的有效使用与引航安全[J].珠江水运,2014(1):78-79.

[21] 庄盛发,朱建平.湛江港锚地容量评估与锚地开发[J].中国水运,2010(10):48-49.

[22] 庄盛发,朱建平.超大型船舶安全靠泊湛江港400#泊位的操纵[J].中国水运,2010(6):58-59.

[23] 李祖飞,梁飞.单车船自力靠离泊操纵[J].中国水运,2010(9):50-51.

[24] 黄钻升.湛江港200#泊位安全评估及靠离操纵中存在的问题与对策[C]//中国航海科技优秀论文集,2009:63-73.

[25] 王荣.浅析我国引航员职业的特点及其成长规律[J].航海技术,2009(1):73.

[26] 唐清,张寿科,张映锡.油轮间海上过驳的船舶操纵[C]//中国航海学会2007年度学术交流会优秀论文集,2007:211-213.

[27] 雷明光,庄盛发.人为因素与安全引航[C]//中国航海学会2007年度学术交流会优秀论文集,2007:196-201.

[28] 张映锡.关于船舶在狭窄航道航行几个问题的探讨[J].中国港口,2001(6):30-31.

[29] 范少勇,黄钻升,朱建平.7万DWT船舶靠离湛江港300~#泊位通航分析[J].航海技术,2008(S1):2-5.

[30] 范少勇,朱建平,黄钻井.论湛江港300#泊位技改后对通航环境的影响及措施[J].天津航海,2008(2):4-6.

[31] 黄钻升,朱建平.利用DGPS系统在狭窄航道内导航值得注意的问题探讨[C]//中国航海学会2005年度学术交流会优秀论文集,2005:139-142.

[32] 黄绍锋.在实践中挖掘锚的使用潜力[J].航海技术,2004(2):26-27.

[33] 黄绍锋.大型船舶大风中大角度入靠方法探讨[J].航海技术,2003(5):14-15.

[34] 蔡法,张映锡.湛江港船舶防抗台风的部署及引航操纵技术[J].航海技术,2003(3):11-12.

[35] 蔡存强,蔡法.造成搁浅海事的原因剖析[J].上海海运学院学报,1995(4):55-61.